Ab jetzt finanziell unabhängig

Ein nachhaltiger Finanzplaner für Frauen

Unser Service für Sie

Wenn neue Gesetze und Verordnungen in Kraft treten oder sich zum Beispiel Förderbedingungen oder Leistungen ändern, finden Sie die wichtigsten Fakten in unserem Aktualisierungsservice zusammengefasst.
Mit dem Klick auf **www.ratgeber-verbraucherzentrale.de/aktuell** sind Sie dann ergänzend zu dieser Auflage des Buches auf dem neuesten Stand. Diesen Service bieten wir so lange, bis eine Neuauflage des Ratgebers erscheint, in der die Aktualisierungen bereits eingearbeitet sind. Wir empfehlen, Entscheidungen stets auf Grundlage aktueller Auflagen zu treffen.
Die lieferbaren aktuellen Titel finden Sie in unserem Shop:
www.ratgeber-verbraucherzentrale.de

Ab jetzt finanziell unabhängig

Ein nachhaltiger Finanzplaner für Frauen

ANKE HENRICH

verbraucherzentrale

Inhalt

111 Babyglück und Geldsorgen

161 Keine Angst vor der Rentenlücke

Was Ihnen dieses Buch bringt

Ab jetzt finanziell unabhängig – zugegeben, das klingt vielleicht ein bisschen nach Freiheit und Abenteuer. Mein Haus, mein Auto, mein Boot? Leider nein. Sich als Frau um die eigenen Finanzen zu kümmern, ist existenziell. Das zeigen schon diese wenigen Zahlen: Frauen haben im Jahr 2023 in Deutschland pro Stunde durchschnittlich 18 Prozent weniger verdient als Männer. Mit 20,84 Euro erhielten sie einen um 4,46 Euro geringeren Bruttostundenverdienst als Männer (25,30 Euro).

Bei der Geburt ihres ersten Kindes sind Frauen im Schnitt 30 Jahre alt – ab diesem Zeitpunkt stagniert ihr Bruttostundenverdienst nahezu, während er bei Männern weiter fast stetig ansteigt. Mögliche Erklärung: Karrieresprünge und damit höhere Löhne werden für Frauen seltener, weil sie familienbedingt in Teilzeit arbeiten. Das bleibt nicht ohne Auswirkungen auf die spätere Rente. Das geschlechtsspezifische Gefälle bei den Alterseinkünften, der sogenannte Gender Pension Gap, lag im Jahr 2023 laut Statistischem Bundesamt bei rund 27,1 Prozent. Konkret: Frauen über 65 hatten in Deutschland im Schnitt Alterseinkünfte in

Höhe von 18.663 Euro brutto im Jahr. Bei Männern der gleichen Altersgruppe waren es durchschnittlich 25.599 Euro brutto. Nicht verwunderlich also, dass Frauen wesentlich häufiger armutsgefährdet sind.

Frauen werden zudem im Schnitt fünf Jahre älter als Männer – ihre Ersparnisse müssen daher auch länger reichen, um die Lücke zwischen niedriger Rente und den laufenden Kosten für den Lebensunterhalt auszugleichen.

Fakt ist auch, dass mehr als ein Drittel aller Ehen vor dem Scheidungsrichter landet. „Wir lieben uns, dann werden wir das mit dem Geld schon hinkriegen." – dieses blinde Vertrauen können sich nur die wenigsten Paare leisten. Und es rächt sich in meist wenig romantischen Auseinandersetzungen, wenn der Ausgleich unterschiedlicher Leistungen der Partner nicht geregelt ist.

Auch ist das vermeintliche Erbe der Eltern keineswegs sicher. Denn wer weiß, ob und wann diese pflegebedürftig werden? Eine Heimunterbringung kostet monatlich schnell mal fast 3.000 Euro, im Eigenanteil! So manches Vermögen schrumpft dann rasch dahin.

Klar also, dass Sie die Themen Finanzen und Geldanlage nicht auf die lange Bank schieben sollten. Ihnen ist aber unklar, wie Sie das angehen sollen? Dieser Ratgeber begleitet Sie durch die Themen Bestandsaufnahme und Kassensturz, Geldanlage, Versicherungen, Vorsorge und Erbschaften. Bevor Sie sich sorgen, dass es zu kompliziert wird: Wir haben vier Protagonistinnen ausgewählt, die sich in ganz unterschiedlichen, aber typischen Lebenssituationen von Frauen Fragen rund ums Thema Finanzen stellen. Sie begegnen Ihnen im Buch immer wieder, wenn es beispielhaft gilt, passende Lösungen zu finden oder Entscheidungen zu treffen. Lernen Sie Elif, Julia, Katharina und Oda kennen – wir hoffen (nein, eigentlich sind wir sicher 😉), dass Sie sich als unsere Leserin ähnliche Fragen auch schon einmal gestellt haben oder angesprochene Probleme angehen wollten. Wir freuen uns aber nicht nur übers Wiedererkennen, sondern auch, wenn Sie das Buch für sich als echten „Finanzplaner" nutzen.

Dürfen wir also vorstellen?

Elif, 28, hat ihren ersten festen Job mit sicherem Einkommen und wohnt allein in einer Mietwohnung. Seit drei Jahren ist sie mit Tom liiert. Beide können sich vorstellen, dauerhaft zusammenzubleiben und möchten gerne zusammenziehen.

Elif hat ihren Bachelor in Kommunikationswissenschaft gemacht und arbeitet nun im Marketing eines mittelständischen Unternehmens. Sie verdient im Jahr 45.000 Euro brutto und kommt damit gut über die Runden. Elif genießt ihre Unabhängigkeit und ist bereit, Geld für Freizeitaktivitäten und Urlaub Geld auszugeben, würde aber nie ihr Konto überziehen.

Elif wohnt in der Stadt, in der sie studiert hat und kennt daher viele Leute. Für ihre Lebensplanung favorisiert sie das klassische Modell, ihr ist aber bewusst, dass sie dafür noch ein paar Jahre Zeit hat. Ihr ist es wichtig, dass es ihr auch in Zukunft finanziell gut geht. Deshalb ist sie auch bereit, sich mit dem Thema Vorsorge auseinanderzusetzen, auch wenn es nicht ihr Lieblingsthema ist.

Julia, 33, hat nach dem Jura-Studium ihren ersten Job als Personalreferentin begonnen und ist inzwischen Gruppenleiterin eines Teams von sechs Mitarbeitenden. Als Angestellte im öffentlichen Dienst hat sie ein festes Einkommen und einen sicheren Job. Sie ist seit drei Jahren mit Philipp verheiratet, die beiden erwarten jetzt ihr erstes Kind.

Philipp ist im Außendienst eines Brillenherstellers tätig und hat dadurch unregelmäßige Arbeitszeiten. Sie haben zusammen ein Einkommen von etwa 120.000 Euro. Sie wohnen in einer Eigentumswohnung im grünen Vorort einer mittleren Großstadt. Die Immobilie gehört ihnen jeweils hälftig, für die monatliche Abzahlung der Hypothek sind 1.000 Euro aufzubringen.

Nach der geplanten Elternzeit von zwei Jahren will Julia wieder in Teilzeit in den Job einsteigen. Julia möchte nicht, dass sie später – wie ihre Mutter – wegen der Kindererziehung deutlich weniger Rente bekommt und auch über kein eigenes Vermögen verfügt. Ihr ist klar, dass sie und Philipp während der Elternzeit kürzertreten müssen, weil Einkommen wegfällt und neue Ausgaben anstehen. Sie macht sich aber auch Gedanken, was das für ihre Altersvorsorge bedeutet. Vor allem, weil das Paar noch ein weiteres Kind plant und damit der „motherhood gap“ noch größer zu werden droht.

Katharina, 45, Mutter einer pubertierenden Tochter (15) und noch mit Christian verheiratet, befindet sich aber im Trennungsjahr, die Scheidung steht in Kürze an.

Sie lebt mit ihrer Tochter Lina in der Altbauwohnung, die zuvor Familienwohnung war. Christian ist nach der Trennung zu einem Freund gezogen. Er sucht noch nach einer Wohnung, in der auch die gemeinsame Tochter ein eigenes Zimmer bekommen soll.

Katharina ist Erzieherin und arbeitet in einer Mädchenwohngruppe in Teilzeit. Sie liebt ihren Beruf, aber ihre Arbeitszeiten sind durch Wechsel- und Wochenenddienste weder familienfreundlich noch sozial verträglich. Christian und sie hatten kein gemeinsames Konto, die gemeinsamen Ausgaben gingen von seinem Konto ab, bisher hat sie ihm einen Anteil für Miete und Lebenshaltung überwiesen, ihr blieb von ihrem kleinen Gehalt wenig eigene Spielmasse. In ihrer Berufstätigkeit hat sie schon öfter den Arbeitgeber gewechselt und verfügt daher über drei unterschiedliche Altersvorsorge-Verträge.

Ihr Mann Christian ist Grafik-Designer in einer gut gehenden Werbeagentur und der kreative Kopf des Teams. Dies war auch ein Grund für die Trennung, da Katharina das Gefühl hatte, dass er das gute Leben genießt und alle Verpflichtungen an ihr hängen blieben. Mit 45 ist Katharina bewusst, dass eine Teilzeittätigkeit bis zur Rente nicht ausreicht, um sie im Alter zu versorgen. Sie befürchtet, dass sie durch die Scheidung ihren Lebensstandard trotz Unterhalt für sich und ihre Tochter nicht halten kann.

Oda, 56, lebt in einer mittelgroßen Stadt zur Miete in einer kernsanierten Altbauwohnung im gehobenen Segment. Obwohl sie verschiedene Partnerschaften in ihrem Leben hatte, ist sie nun seit einigen Jahren wieder Single. Der Zug der Familiengründung ist für sie abgefahren und sie hat sich emotional damit abgefunden.

Sie liebt ihren Job in der Museumspädagogik, mit ihrem Gehalt kommt sie aufgrund ihrer Vollzeittätigkeit gut aus und legt jeden Monat etwas zurück. Kostspielig sind in ihrem Leben die Fernreisen, die sie einmal im Jahr unternimmt, und auch ihre Wohnung ist verhältnismäßig teuer. Sie ist Einzelkind und wird das Reihenhaus ihrer Eltern erben, in dem zurzeit noch ihr Vater mit einer osteuropäischen Haushaltshilfe lebt, die die Pflege übernimmt. Die Mutter ist vor einigen Jahren verstorben.

Sie weiß nicht, ob das Vermögen ihres Vaters weiterhin für die Pflegekosten ausreicht, oder ob sie das Haus verkaufen oder mit einer Hypothek versehen müssen. Sie stellt sich mit zunehmendem Alter auch die Frage, wie ihre eigene Lebenssituation aussehen wird, wenn sie in Rente geht. Ihr aktueller Rentenbescheid hat ihr einmal mehr vor Augen geführt, dass sie mit der gesetzlichen Rente ihren Lebensstandard nicht wird halten können.

Finanzen auf dem Prüfstand

Das Thema Geld nicht weiter auf die lange Bank zu schieben – das haben sich schon viele Frauen oft vorgenommen. Aber womit anfangen? Welche Aspekte sind wichtig? Wie finde ich eine passende Strategie? Und nicht zuletzt: Sind Geldangelegenheiten nicht alle furchtbar kompliziert und kosten obendrein viel Zeit? Mit dem Einstieg in dieses Kapitel bekommen Sie das notwendige Handwerkszeug für Ihren persönlichen Fahrplan rund ums Thema Finanzen.

Starten wir mit unseren vier Protagonistinnen: Während Elif überlegt, wie die gemeinsamen Finanzen organisiert werden, wenn sie mit ihrem Freund Tom zusammenzieht, versucht Julia die Lücken zu schließen, die sich während der Elternzeit oder mit ihrer Stellenreduzierung nach der Geburt des ersten Kindes ergeben. Katharina hingegen muss nach der Trennung den finanziellen Neustart organisieren. Oda hat mit Blick auf den nahenden Ruhestand eher Sorge, dass ihre Rente nicht reicht und sie beim Lebensstandard künftig Abstriche machen muss.

Wenn sich Lebenssituationen ändern, ist es Zeit, die Aspekte finanzieller Ab- und Unabhängigkeit wieder in den Blick zu nehmen. So unterschiedlich die Ausgangssituationen sein können, so einheitlich die Herangehensweise: Für jede Frau steht zunächst mal eine Bestandsaufnahme mitsamt Kassensturz an. Das heißt: Wer seine Finanzplanung solide und effektiv aufstellen will, muss sich einen Überblick über Einnahmen und Ausgaben, über Erspartes und sonstiges Vermögen verschaffen.

Kassensturz: Was besitze ich?

Nur wenn klar ist, welches Vermögen schon vorhanden ist, kann ein Fahrplan mit dem Ziel „Finanzielle Unabhängigkeit" erstellt werden. Dabei sollten Sie nicht nur auflisten, wie viel Geld etwa auf dem Girokonto oder auf einem Sparbuch geparkt ist. Gibt es schon ein Wertpapierdepot? Oder winken Erträge aus Sparverträgen? Zählt eine Immobilie zum Besitz oder ein Grundstück aus einer Erbschaft? Liegt im Banktresor Gold in Barren oder Münzen? All das wird aufsummiert. Bestehende Schulden – ob Hypothekendarlehen, die Rate für den Autokauf oder noch die Restschuld aus dem BAföG der Studienzeit – werden davon abgezogen.

Eine Hilfestellung dabei bietet das Vermögensverzeichnis – was übrigens auch Grundlage ist, wenn Sie sich um die Übertragung Ihres Vermögens kümmern wollen (→ Seite 183).

Unterm Strich sehen Sie dann Ihr Nettovermögen – der erste Schritt beim Kassensturz ist also gemacht.

Aufstellung der Vermögenswerte

STAND	EHEFRAU (IN EURO)	EHEMANN (IN EURO)
Vermögen		
Bargeld		
Guthaben auf Girokonten, Sparkonten, Spar- oder Bausparverträgen, Tagesgeld, Festgeld		
Wertpapiere, z. B. Fonds, Aktien, Anleihen		
Ansprüche aus Lebensversicherungen (nur garantierte Werte auflisten)		
Guthaben aus Bausparverträgen		
Forderungen aus Darlehen (z. B. Bauspardarlehen, Kreditverträge)		
Ansprüche aus Erbschaften		

STAND	EHEFRAU (IN EURO)	EHEMANN (IN EURO)
Beteiligungen an Kapitalgesellschaften (z. B. Genossenschaftsanteile bei Volks- und Raiffeisenbanken oder bei Wohnungsbaugenossenschaften)		
Grundvermögen (Grundstücke, Eigentumswohnungen, Erbbaurechte)		
Autos		
Eine bescheidene Lebensführung übersteigende Hausratsgegenstände (zum Beispiel Möbel, Fernsehgeräte, wertvolle Gebrauchsgegenstände)		
Rechte oder Ansprüche aus Urheber- oder Patentrechten		
Betriebsvermögen		
Sonstiges Vermögen		
Vermögen insgesamt		
Schulden		
Verbindlichkeiten gegenüber Banken, z. B. Konsumkredite, Immobilienfinanzierungen, Autoleasing		
Verbindlichkeiten aus Bauspardarlehen, Wohnriester (Wohnförderkonto)		
Sonstige Verbindlichkeiten gegenüber Dritten, etwa Schulden bei Verwandten oder Freunden		
Schulden insgesamt		

GUT ZU WISSEN

Sind Sie verheiratet? Dann ist es sinnvoll, für Sie und Ihren Ehepartner jeweils ein eigenes Vermögensverzeichnis anzulegen. Darin sollte festgehalten werden, welche Vermögenswerte bereits vor der Ehe vorhanden waren und welche während der Ehe erworben wurden. Das kann bei einer eventuellen Scheidung auch im Rahmen des Zugewinnausgleichs hilfreich und bedeutsam sein.

Analyse: Wo bleibt das Geld?

Mal ehrlich: Wissen Sie genau, wofür Sie jeden Monat Geld ausgeben? Die meisten Leserinnen schütteln hier vermutlich mit dem Kopf. Fragen Sie doch Ihr Haushaltsbuch!

Haushaltsbuch führen

Haushaltsbuch – das klingt nach Großmutter, Bleistift und mühsam. Ist es aber nicht. Damit verschaffen Sie sich schon in wenigen Monaten den Überblick über Ihre Einnahmen und Ausgaben. Die Plus-Minus-Rechnung führt nicht automatisch zu mehr Geld. Doch sie zeigt, wo Ihr Geld bleibt: Sie führt Ihnen vor Augen, wie viel Sie für Lebensmittel, Versicherungen, Freizeit oder Mobilität ausgeben.

Das Haushaltsbuch hilft auch, Ausgabenspitzen auszumachen und rechtzeitig dicken Löchern gegenzusteuern. Zudem verhindert es Impulskäufe, denn das Ende des Geldes wird deutlich dokumentiert. Entwickeln Sie eine Routine beim Notieren, die zu Ihnen und Ihrer Zeit passt. Die Mühe lohnt sich. Etwa drei Monate lang sollte jede noch so kleine Ausgabe erfasst werden, um die Kostentreiber auszumachen. Zusatzeffekt: Wenn alles gut läuft, bleibt jeden Monat noch eine kleine oder auch größere Summe übrig. Die können Sie dann gleich einplanen, um sich ein finanzielles Polster aufzubauen.

Ein Haushaltsbuch ist schnell organisiert. Manche notieren ihre Ausgaben in ein kleines Heft oder auch nur auf einem Zettel am Kühlschrank. Andere nutzen Exceltabellen als Budgetplaner. Dafür gibt es im Internet auch kostenlose Downloads. Manche Banken bieten ebenfalls Tools zum Führen eines Haushaltsbuchs an.

→ **TIPP**

Mit dem Haushaltsbuch der Verbraucherzentrale können Sie jederzeit einsteigen, um Einnahmen und Ausgaben für zwölf Monate festzuhalten.
www.ratgeber-verbraucherzentrale.de

Haushaltsbuch mit einer App

Vielen macht die Buchhaltung mithilfe einer App auf dem Smartphone mehr Spaß als das Notieren auf Papier. Diese Apps gibt es sowohl für das Betriebssystem Android als auch für iOS.

In der Grundversion sind die Apps in der Regel gratis. Wer vor allem seine Ausgaben verfolgen will, ist damit gut bedient. Der Kauf oder das Abo einer App – sie kosten zwischen 2,99 Euro beim einmaligen Kauf und bis zu 39,99 Euro für ein Jahresabo – bietet dann weitere Funktionen: Damit werden neue Kategorien freigeschaltet oder es lassen sich mehrere Geräte synchronisieren. Außerdem sind manche dann ohne Werbung – die muss man bei den kostenlosen Varianten in Kauf nehmen. Einige Apps können mit den Konten der Nutzerin verknüpft werden, also mit dem Girokonto, der Kreditkarte, dem Tagesgeldkonto oder dem Wertpapierdepot. Dann werden Buchungen automatisch eingepflegt und bestimmten Kategorien zugeordnet. Das verschafft einen schnellen Überblick. Dafür muss der App dann jedoch gestattet werden, auf das oder die angebundenen Konten zu schauen. Angebote mit einem „Vertragswecker“ erinnern rechtzeitig an die Kündigungsfristen für bestehende Verträge.

Allerdings: App-Nutzerinnen geben ihre persönlichen Daten preis. Deren Sicherheit war – so ein Check der Stiftung Warentest im Oktober 2023 – bei allen der acht getesteten Apps – „in angemessenem Umfang" gegeben.

www.test.de/node/5600647-0/

Egal ob auf Papier oder elektronisch, das Prinzip Haushaltsbuch bleibt gleich: Notieren oder erfassen Sie alle regelmäßigen Einnahmen sowie feste und variable Ausgaben. Einmal im Monat ziehen Sie Bilanz.

Machen Sie es sich zur Routine, abends kurz die Zahlen festzuhalten. Sonst wird schnell etwas übersehen oder vergessen.

So verschaffen Sie sich den Überblick

1. **Einnahmen:** Laufende Einnahmen haben die meisten im Kopf. Aber denken Sie auch an Posten wie Kindergeld, Unterhalt, Steuerrückzahlungen oder Nebenkostenerstattungen.
2. **Feste Ausgaben:** Das ist die Liste, die beim ersten Mal – aber nur dann – etwas mehr Arbeit macht. Hohe monatliche Kosten wie Miete, Bus- und Bahntickets, Energiekosten, Telefon und Internet oder den Rundfunkbeitrag haben die meisten Menschen im Blick. Aber wissen Sie aus dem Kopf genau, was Sie pro Jahr zum Beispiel für Versicherungen, Kredite, Mitgliedsbeiträge, Streamingdienste und Kfz-Steuern zahlen? Machen Sie es sich leicht und gehen Sie einmal durch Ihre Kontoauszüge der vergangenen zwölf Monate und durch

Ihre laufenden Verträge. Rechnen Sie viertel- oder jährliche Ausgaben auf einen Monatsbetrag um.

3. **Budget für variable Ausgaben ermitteln:** Ziehen Sie die festen Kosten von Ihren Einnahmen ab. Dann wissen Sie sofort, wie viel Geld Ihnen jeden Monat für wechselnde Ausgaben und Unerwartetes zur Verfügung steht.
4. **Belege sammeln:** Notieren Sie alle Ausgaben so vollständig wie möglich. Teilen Sie sie im Haushaltsbuch in Kategorien ein, etwa Essen und Trinken, Kleidung, Schule, Sport, Auto, Hygiene und Kosmetik. Sammeln Sie die Einkaufsbelege. Kleine Beträge ohne Kassenbon notieren Sie auf einem Zettel. Nicht vergessen: Auch Zahlungen mit der EC- oder Kreditkarte müssen eingerechnet werden. Sammeln Sie Belege und Notizen in einer Box. Nehmen Sie sich einmal pro Woche zehn Minuten Zeit und tragen Sie alles in Ihren Budgetplaner ein.
5. **Kassensturz:** Jetzt wissen Sie, was Sie im vergangenen Monat ausgegeben haben. Ziehen Sie diese Summe von Ihrem vorher ermittelten Budget ab. Und dann schlägt die Stunde der Wahrheit. Jetzt haben Sie schwarz auf weiß den Überblick über Ihre monatlichen Finanzen.

GUT ZU WISSEN

Haushaltsbuch für Paare

Wer hat eigentlich wann was ausgegeben? Und warum? Darüber können sich Paare ganz schön in die Haare bekommen. Ein gemeinsames Haushaltsbuch oder eine App können da vorbeugen. Das sorgt für die nötige Transparenz, vermeidet Missverständnisse und schafft Vertrauen. Beide Partner sind dann auf dem gleichen Stand und können gemeinsame Regeln festlegen. Zum Beispiel, wie viel Geld für Lebensmittel, Entertainment oder Sport im Monat ausgegeben werden kann. Und im besten Fall klären sie auch, wie viel Geld jeden Monat auf die hohe Kante kommt.

Vielleicht stellen Sie fest, dass Sie nur haarscharf mit Ihrem Geld auskommen? Oder dass Sie auf Ihrem Girokonto immer wieder in die Miesen rutschen? Dann ist es Zeit zu überlegen: Wo kann ich sparen? Ein gutes Beispiel ist der tägliche coffee to go auf dem Weg zur Arbeit. Schon der summiert sich im Monat locker auf 60 Euro. Das gilt auch für die Nutzung mehrerer Streaming-Dienste oder das Fitnessstudio, in das man doch nicht geht.

Wenn die festen Ausgaben Ihre Einnahmen immer wieder übersteigen, prüfen Sie, welche Verträge Sie kündigen oder mit abgespeckten Leistungen fortführen können.

Welchen Weg zum Kassensturz Sie auch einschlagen: Sie haben nun einen guten Überblick über Ihre Einnahmen und Ausgaben. Und Sie wissen jetzt auch, wie viel Geld Sie für Notfälle zurücklegen und welche Summe Sie für längerfristige Ziele sparen und anlegen können.

Reserven für Unvorhergesehenes

Irgendwas ist immer: Die Spülmaschine streikt. Der Eigenanteil an der Zahnarztrechnung ist erschreckend hoch. Eine Klassenfahrt steht an oder das Auto steht still. Von plötzlicher Arbeitslosigkeit oder einem Schicksalsschlag ganz zu schweigen. Wenn Sie dann eine eiserne Reserve haben, können Sie erst einmal tief durchatmen. Notgroschen hieß das früher treffend und ist immer noch sinnvoll: Denn er ist eine Versicherung gegen böse Überraschungen. Wie viel für die eiserne Reserve zurückgelegt wird, hängt immer von der persönlichen Situation ab. Drei Monatsnettoeinkommen könnten eine Größe zur Orientierung sein.

Wie das fast wie von selbst klappt, zeigen wir unter dem Abschnitt „Tagesgeld“ (→ Seite 34).

Und Achtung: Festgeld (→ Seite 63) ist keine gute Idee für einen Notgroschen. In der Not liegt das Geld – wie es der Name sagt – fest. Sie kommen nur zum Ende der vereinbarten Vertragslaufzeit wieder daran. Finger weg auch von Aktienanlagen beim Notgroschen. Sonst müssen Sie Ihre Aktien im Ernstfall womöglich genau dann verkaufen, wenn die Börsenkurse gerade fallen.

! WICHTIG

Notfallreserve

Die Notfallreserve sollte vorhanden sein, bevor über die Vorsorge fürs Alter nachgedacht wird. Bei jungen Frauen wie Elif, die gerade erst am Anfang ihres Berufslebens stehen, kann es auch schon mal etwas dauern, bis ausreichend Polster für Unvorhergesehenes angespart ist. Da ist Geduld gefragt. In der Beratung der Verbraucherzentralen hat sich immer wieder gezeigt, dass viele Menschen auf ihre Altersvorsorge zurückgreifen müssen, wenn sich berufliche oder persönliche Lebensverhältnisse ändern und der Notgroschen fehlt.

Einnahmen erhöhen – aber wie?

Mehr Geld in der Haushaltskasse wäre schön? Dann prüfen Sie doch, ob Sie eine oder mehrere dieser Leistungen und Möglichkeiten nutzen können.

→ **TIPP**
Auf der Webseite des Bundesbauministeriums können Sie die voraussichtliche Höhe Ihres Wohngelds berechnen
www.bmwsb.bund.de
Suchwort: Wohngeld-Rechner

Wohngeld

Haben Sie einen gesetzlichen Anspruch auf Wohngeld vom Staat? Das ist eine Sozialleistung, die sich vor allem an Menschen mit niedrigerem Einkommen richtet. Viele Berechtigte nehmen sie aber leider gar nicht in Anspruch. Wenn Sie wenig verdienen und anteilig viel Geld für Ihre Miete oder Ihren Immobilienkredit aufbringen müssen, sind die Chancen am größten. In teuren Großstädten ist die Wahrscheinlichkeit deshalb hoch. Wie viel Wohngeld gezahlt wird, hängt von der Höhe der Miete, dem Einkommen und weiteren Faktoren ab. Die Einkommen aller im Haushalt lebenden Personen werden addiert. Den Zuschuss gibt es nach einem Antrag bei der Wohngeldbehörde Ihrer Gemeinde-, Stadt-, Amts- oder Kreisverwaltung. Dort erhalten Sie auch eine umfassende Beratung.

Vermögenswirksame Leistung (VL, auch VWL abgekürzt)

Hier verhelfen Ihnen Ihr Arbeitgeber und der Staat zu mehr Kapital. Wer auf diesen Zuschuss verzichtet, verschenkt Geld. Die VL fließt allerdings nicht sofort in die Haushaltskasse. Zunächst wird über sechs Jahre monatlich Geld angespart. Im siebten Jahr ruht die Geldanlage. Danach können Sie das Geld unter verschiedenen Voraussetzungen nutzen.

So funktioniert's: Je nach Tarifvertrag haben Arbeitnehmer und Arbeitnehmerinnen gegenüber ihrem Arbeitgeber einen Anspruch auf Vermögenswirksame Leistungen. Diese fließen direkt monatlich vom Arbeitgeber über die Gehaltsabrechnung in einen bestehenden oder neu abzuschließenden Sparvertrag. Die Optionen hierbei reichen von einem Bausparvertrag über einen Banksparplan bis hin zu einem Aktienfondssparplan. Die Schuldentilgung von Immobiliendarlehen ist ebenso möglich. Die Höhe der VL regelt ein Tarifvertrag oder eine Betriebsvereinbarung. Im Schnitt sind es zwischen sechs und 40 Euro pro Monat. Wird in Teilzeit gearbeitet, kann VL eventuell auch nur anteilig gezahlt werden. Eine verbindliche Obergrenze gibt es nicht. Der Anspruch auf VL ist allerdings bei hohen Gehältern gedeckelt.

Liegt Ihr zu versteuerndes Einkommen unterhalb bestimmter – jährlich neu festgesetzter – Grenzen, können Sie zusätzlich eine staatliche Arbeitnehmersparzulage beantragen. Gefördert werden Bausparverträge oder die Tilgungen von Darlehen für selbst genutzte Immobilien. Auch Fondssparpläne werden unterstützt. Bei der staatlichen Förderung liegt die Grenze bei 40.000 Euro zu versteuerndem Jahreseinkommen für einen Single und 80.000 Euro für ein Ehepaar. Bei Bausparverträgen winkt zusätzlich eine Wohnungsbauprämie.

Achtung: Das zu versteuernde Einkommen ist wegen diverser Freibeträge niedriger als das jährliche Einkommen! Das heißt, auch wenn Sie etwas über dieser Summe verdienen, könnte die Zulage noch möglich sein. Sie müssen die Arbeitnehmersparzulage jährlich mit Ihrer Einkommensteuererklärung beantragen. Musterrechnungen und Förderkonditionen sind hier zu finden **www.verbraucherzentrale.de/node/22719**

VL-Varianten, Zuschüsse und Einkommensgrenzen (Stand 2024)

VL-VERTRAG	ZUSCHUSS VOM STAAT	EINKOMMENSGRENZEN (MAX. ZU VERSTEUERNDES EINKOMMEN) SINGLE/EHEPAAR PRO JAHR	GEFÖRDERTE EINZAHLUNGEN UND SPARRATEN (BIS ZU) FÜR SINGLE/EHEPAAR PRO JAHR
Banksparplan	keiner		
Bausparvertrag	Arbeitnehmersparzulage	17.900 €/35.800 €	9 % von maximal 470 €/940 €, höchstens 43 €/86 €
	Wohnungsbauprämie	35.000 €/70.000 €	10 % auf maximal 700 €/1.400 €, höchstens 70 €/140 €, VL werden nicht angerechnet
Sparplan für Aktienfonds	Arbeitnehmersparzulage	20.000 €/40.000 €	20 % auf maximal 400 €/800 €, höchstens 80 €/160 €
Tilgung einer Baufinanzierung	Arbeitnehmersparzulage	17.900 €/35.800 €	9 % auf maximal 470 €/940 €, höchstens 43 €/86 €

Gehaltsverhandlungen

Frauen fordern zu wenig Gehalt, verlangen seltener Gehaltserhöhungen und selbst wenn sie sich damit durchsetzen, geben sie sich oft mit weniger Geld als ihre männlichen Kollegen zufrieden – bei gleicher Arbeit. Das zeigen Studien immer wieder. „Confidence Gap" nennt das die Wissenschaft: Frauen gehen weniger selbstbewusst in Gehaltsverhandlungen als Männer.

45 Prozent der Frauen hätten nach einer Erhebung der Online-Jobbörse Indeed noch nie um mehr Gehalt verhandelt. Das ist doppelt fatal. Denn das bisherige Gehalt ist Basis für Verhandlungen bei einem Jobwechsel – und weniger Gehalt heute bedeutet auch weniger Rente morgen. Auch schon nur etwas mehr beim Gehalt hat also einen doppelten Effekt! Deshalb: Verkaufen Sie Ihre Arbeit nicht unter Wert. Ergreifen Sie selbst die Initiative, um mehr Gehalt zu fordern.

Vorbereitung auf die nächste Gehaltsverhandlung

Vor dem Gespräch:

→ Was haben Sie dienstlich eigentlich alles schon geschafft?
Schreiben Sie Ihre Erfolge im Job auf. Wo haben Sie zusätzliche Verantwortung übernommen? Was für Sie selbstverständlich ist, bekommen Vorgesetzte oft gar nicht mit. Nennen Sie Ihre Erfolge selbstbewusst im Gespräch.

→ Kennen Sie Ihren Marktwert?
Auf Online-Portalen wie Glassdoor und Kununu finden Sie schnell heraus, was andere Unternehmen für vergleichbare Arbeit zahlen. Legen Sie Ihr Zielgehalt fest – und die Untergrenze, unter die Sie sich nicht herunterhandeln lassen wollen.
Üben Sie vorher freundliches, aber hartnäckiges Verhandeln mit einer Freundin oder einem Freund.

Im Gespräch:

→ Machen Sie sich nicht unabsichtlich klein.
Ausdrücke wie „hätte, würde, sollte" vermitteln Unsicherheit. „Vielleicht" oder „Ich denke" machen es nicht besser. Reden Sie Klartext. Formulieren Sie Ihre Argumente und Vorschläge eindeutig.

→ Schlagen Sie als erstes eine konkrete Gehaltssumme vor.
Reagiert Ihr Gegenüber nicht sofort auf Ihren Wunsch? Das ist oft Teil des Spiels. Halten Sie das Schweigen aus, auch wenn es schwerfällt. Irgendwann wird er oder sie schon reden. Verabreden Sie am Ende des Gesprächs eine schriftliche Zielvereinbarung.

Weiterbildung

Investieren Sie in Ihre Weiterbildung. Das macht Sie nicht nur für Ihren aktuellen Arbeitgeber attraktiver. Sie qualifizieren sich intern wie extern für besser bezahlte Stellen. Abgesehen davon tut es auch dem Selbstwertgefühl gut. Wer sich fortbildet, zeigt Interesse an Neuem und beweist Durchhaltevermögen.

Sie können sich parallel zu Ihrem Beruf fortbilden oder die Möglichkeit zum Bildungsurlaub nutzen. Der steht Ihnen einmal jährlich gesetzlich zu, wenn Sie mindestens seit sechs Monaten in einem Betrieb mit mindestens zehn Beschäftigten arbeiten. Sie können bis zu fünf Arbeitstage pro Jahr für ihre Fortbildung an einer anerkannten beruflichen oder politischen Einrichtung nutzen. Ihr Gehalt bekommen Sie auch in dieser Zeit gezahlt.

Der Markt für Weiterbildungsmaßnahmen ist riesig.

Einen Überblick über Weiterbildungs- und Beratungsangebote, hilfreiche Online-Tests und Informationen zu Förderungen gibt es im Onlineportal der Bundesagentur für Arbeit: **www.mein-now.de**

Finanzen organisieren: Konten & Co.

Ab jetzt finanziell unabhängig – wenn Sie sich auf diesen Weg machen, sollten Sie auch das kleine Einmaleins der Bankgeschäfte kennen. Also wissen, welches Konto sich für welchen Zweck anbietet, wie sie funktionieren, was sie kosten und wo sie auch günstig zu haben sind.

i GUT ZU WISSEN

Für die Singles Oda und Elif ist klar, dass sie alleinige Kontoinhaberin sind. Sie sollten jedoch Vorsorge treffen, wer über ihre Geldangelegenheiten verfügen kann, wenn sie es selbst nicht mehr können (→ Seite 125). Für Julia stellt sich die Frage, ob sie mit Christian ein gemeinsames Konto einrichtet, über das beide verfügen können. Die Unterschiede des „Und"-beziehungsweise „Oder"-Kontos werden im Kapitel „Partnerschaft" (→ Seite 113) erklärt. Katharina muss sich mit der Frage auseinandersetzen, wie die Kontoführung nach der Trennung organisiert werden soll; also wie die Kontovollmachten an die neuen Lebensverhältnisse angepasst werden.

Girokonto: Ein Muss

Das Wichtigste zuerst: Ohne Girokonto geht fast nichts in Deutschland. Deshalb gibt es auch rund 114 Millionen solcher Konten, weit mehr also als Einwohner. Ob Gehalt, Rente oder Unterhalt gezahlt, eine Rechnung überwiesen oder ein Dauerauftrag eingerichtet wird – immer ist ein Girokonto nötig. Ohne die dazugehörige Bankkarte gibt es am Geldautomaten auch kein Bares. An jedem Tag wird in Deutschland rund 22 Millionen Mal mit einer Bankkarte bezahlt.

GUT ZU WISSEN

Jede Bank in Deutschland ist gesetzlich verpflichtet, jedem Verbraucher und jeder Verbraucherin, unabhängig von deren jeweiliger finanzieller Situation, ein Girokonto auf Guthabenbasis anzubieten. Das ist das sogenannte Basiskonto. Es muss aber nicht automatisch kostenlos sein.

Für die Banken und Sparkassen sind Girokonten ein gutes Geschäft. Im Schnitt zahlte die Kundschaft 2024 rund 119 Euro für Kontoführungsgebühren im Jahr. Das teuerste Angebot lag bei 307,86 Euro jährlich – so eine Erhebung der Stiftung Warentest im August 2024. Je nachdem, bei welchem Geldinstitut das Konto geführt und wie es genutzt wird, gibt es große Preisunterschiede.

Viele Jahre haben sich die Banken mit günstigen Kontoführungsentgelten überboten. Diese Zeiten sind vorbei. Die Stiftung Warentest hat bei ihrem Girokonto-Kostenvergleich im August 2024 gerade einmal zehn kostenlose Konten ausgemacht, bei denen Kontoinhaberinnen – abgesehen vom monatlichen Geld-, Gehalts- oder Renteneingang – keine weiteren Bedingungen erfüllen mussten. Vor rund fünf Jahren gab es bei einer vergleichbaren Erhebung noch rund 20 Konten ohne Wenn und Aber.

Es lohnt sich, einmal jährlich zu checken, ob Ihr Geldinstitut wirklich noch das beste Girokonto für Sie anbietet. Bei der Stiftung Warentest finden Sie aktuelle Angebotsvergleiche.

www.test.de/node/5069390-0/

GUT ZU WISSEN

Die Banken sind gesetzlich verpflichtet, Ihnen den Kontenwechsel einfach zu machen, etwa bei Lastschriften und dem Umstellen von Daueraufträgen. Sinnvoll ist es, für ein oder zwei Monate beide Konten zu behalten. So vermeiden Sie Abbuchungen, die ins Leere gehen und Ärger verursachen.

→ TIPP

Möchten Sie den Wechsel selbst organisieren, helfen Musterbriefe und Checklisten der Verbraucherzentrale.
www.verbraucherzentrale.de/node/16640

Was muss ein Girokonto bieten?

Wenn Sie ein neues Girokonto einrichten wollen, schauen Sie nicht nur auf den Grundpreis. Denn der Jahrespreis setzt sich aus mehreren Leistungen zusammen: So ist etwa der Preis für die Debitcard (früher EC-Karte) zum Konto nicht immer enthalten. Auch Überweisungen, Daueraufträge, Last- und Gutschriften können bei manchen Kontomodellen extra berechnet werden. Die meisten Girokonten werden online geführt – das ist auch die günstigste Art. Und unabhängig davon möglich, ob Sie Kundin bei einer Bank oder Sparkasse mit Filialnetz oder bei einer Direkt- oder Onlinebank sind.

Für Direktbanken mit Sitz in Deutschland gelten die gleichen Regeln und Gesetze wie für alle Banken – von der Einlagensicherung (→ Seite 27) bis zur Aufsicht durch die Bundesanstalt für Finanzdienstleistungsaufsicht (BaFin).

HINTERGRUND

Filialbanken sind Sparkassen, Volks- und Raiffeisenbanken und andere Geldinstitute, die ein eigenes Filialnetz unterhalten. Im Gegensatz dazu gibt es Direktbanken (oder Onlinebanken), die Bankgeschäfte ganz ohne Niederlassungen und persönliche Beratung übers Internet anbieten. Die sind in der Regel aus zwei Gründen günstiger. Sie haben keine teuren Außenstellen und benötigen auch in der Zentrale weniger Personal. Bei ihnen laufen Kundenkontakt und Kontoverwaltung per E-Mail, Chat oder telefonisch ab und Buchungen nehmen die Kundinnen online vor. Vom Eröffnen des Kontos über den Kreditvertrag bis zum Wertpapierhandel läuft bei Onlinebanken alles über das Internet.

Bei der Verbraucherzentrale gibt es eine Checkliste, damit Sie das für Ihre Bedürfnisse passende Girokonto finden und die Kosten im Blick behalten:
www.verbraucherzentrale.de/node/95567

BEISPIEL

Oda ist der persönliche Kontakt in ihrer Bankfiliale, bei der sie schon über viele Jahre Stammkundin ist, wichtig. Dort hat sie auch ein Schließfach. Hier bewahrt sie Sparbücher der Familie, ihre Versicherungspolicen und wichtige Dokumente auf. Ihr Girokonto führt sie auch hier online über Tablet und Handy.

ACHTUNG

Einige Geldinstitute fordern einen monatlichen Mindest-Geldeingang – nur dann ist das Girokonto kostenlos. Bei Filialbanken sind das oft 700 Euro im Monat. In der Regel setzt das einen festen Job, Unterhaltszahlungen oder staatliche Leistungen voraus. Bleiben die aus, können Bankentgelte fällig werden.

Wer Geld auf dem Girokonto parkt, bekommt dafür in der Regel keine Guthabenzinsen von der Bank. Das ist ärgerlich. Dann rechnet es sich, gerade nicht benötigtes Geld auf ein Tagesgeldkonto (→ Seite 34) zu übertragen.

Bankkarten: Welche Karte darf es sein?

→ **Girokarte:** Das ist die Karte zum Girokonto, mit der Sie im Geschäft bezahlen und am Automaten Geld abheben können. Sie ist die Debitkarte der deutschen Kreditwirtschaft. Ihr wesentliches Merkmal ist, dass das Konto beim Bezahlen oder Geldabheben direkt belastet wird. Bezahlt wird durch Eingabe der Geheimnummer oder durch Unterschrift. Im Ausland verwendet werden kann sie nur, wenn die V-Pay-Funktion vorhanden ist. Mit den Debitkarten von Visa und Mastercard kann auch im Internet bezahlt werden.

→ **Kreditkarte:** Ob auf Reisen oder beim Onlinekauf – mit einer Kreditkarte ist das Bezahlen einfach. Bargeld aus dem Automaten im In- und Ausland gibt es damit ebenfalls. Doch aufgepasst, die Kreditkarte Ihrer Hausbank muss nicht die beste sein. Bei Jahresgebühren zwischen 25 und 40 Euro gibt es günstigere Alternativen. Nur bei einem vorgegebenen Jahresumsatz wird die Jahresgebühr manchmal teilweise oder ganz erlassen. Beim Abheben am Automaten werden im Ausland meist 2 bis 3 Prozent der Summe, mindestens aber ein Pauschalbetrag von oft 5 Euro fällig.

HINTERGRUND

Ist das Geld bei der Bank sicher?

Das ganze Bankwesen funktioniert nur, wenn die Kundschaft sicher sein kann, dass sie ihr eingezahltes Geld auch zurückbekommt. Und, dass sie nicht mit leeren Händen dasteht, falls etwa eine Bank Pleite geht. In einem solchen Fall springt die Entschädigungseinrichtung deutscher Banken (EdB) ein: Egal, was mit der Bank passiert, die Kunden haben den rechtlichen Anspruch, bis zu mindestens 100.000 Euro ihrer Einlagen zurückzubekommen. Dazu zählen zum Beispiel Tages- und Festgelder, Geld auf Sparbüchern und in vielen Sparverträgen. Ausgenommen davon sind Wertpapiere wie zum Beispiel Aktien, Fonds und Anleihen, vorausgesetzt, dass der Herausgeber dieser Anleihe nicht die insolvente Bank ist. In Deutschland ist die Mitgliedschaft in einem der Einlagensicherungssysteme eine Voraussetzung dafür, dass ein Finanzinstitut überhaupt Finanzgeschäfte ausüben darf. Die Banken müssen in diesen Topf einzahlen. Neben der gesetzlichen Entschädigungseinrichtung gibt es auch freiwillige Einlagensicherungsfonds mit deutlich höheren Entschädigungssummen. Wissenswertes hierzu unter **www.edb-banken.de**

Eine Kreditkarte von Mastercard, Visa, American Express oder Diners kann jede bekommen. Vorausgesetzt, sie ist älter als 18 und geschäftsfähig, sie wohnt in Deutschland, verfügt über ein regelmäßiges Einkommen und hat keinen negativen Eintrag bei der Schufa, der Schutzgemeinschaft für allgemeine Kreditsicherung.

Zum Kreditkarten-Vergleich der Stiftung Warentest geht es hier:
www.test.de/node/5238561-0/

Dort gibt es auch ein Entscheidungs-Tool, um den für Ihre persönlichen Bedürfnisse passenden Karten-Typ zu finden.

Anders als bei der Girokarte wird das Konto nicht sofort belastet. Meist werden alle Umsätze der Kreditkarte einmal im Monat per Lastschrift vom Girokonto eingezogen (charge card). Eine andere Variante ist die credit card, bei der der Rechnungsbetrag in Raten beglichen wird. Allerdings fallen dann Zinsen auf den offenen Betrag an. Der Zinssatz kann recht hoch sein, häufig liegt er zwischen 18 und 20 Prozent.

Hier gilt: Kontrollieren Sie diese Sammelabrechnungen sorgfältig, um rechtzeitig auf Fehlbuchungen oder gar kriminelle Buchungen reagieren zu können.

Vor allem Online-Händler, Autovermietungen und Fluggesellschaften verlangen von ihrer Kundschaft oft die Zahlung mit einer Kreditkarte. Das ist für die Unternehmen sicherer, denn Kundinnen mit Kreditkarte haben meist einen Kreditrahmen. Dann wird die Zahlung auch beglichen, falls gerade nicht genug Geld auf ihrem damit verknüpften Girokonto ist.

Beim Geld abheben mit Kreditkarte ist wichtig zu wissen: Die kartenausgebende Bank bestimmt die Höhe der Gebühren. Da schützt nur der Blick in die Entgeltinformation vor Überraschungen.

Manche Kreditkarten umfassen auch Extras wie Reise- oder Rechtsschutzversicherungen, Internetkäuferschutz, Unfallversicherungen oder gewähren Rabatte bei Einkäufen oder Veranstaltungstickets. Prüfen Sie daher die Zusatzleistungen: Brauchen Sie die wirklich? Wer etwa eine Auslandskrankenversicherung hat, benötigt keine zweite über die Kreditkarte. Im Ernstfall würde ohnehin nur eine der beiden Versicherung zahlen.

Wenn Sie sich für eine Kreditkarte mit umfangreichem Versicherungspaket entscheiden, achten Sie auf die Versicherungsbedingungen. So gilt etwa der Unfallschutz oft ausschließlich für Reisen, die mit der Kreditkarte bezahlt wurden.

HINTERGRUND

Geld abheben

Über 50.000 Geldautomaten stehen in Deutschland – Bargeld ist hierzulande weiterhin ein beliebtes Zahlungsmittel. Bares gibt es hier (fast) immer, allerdings keineswegs immer kostenlos. Nur beim eigenen Geldinstitut oder dessen Partnerverbund geht das in der Regel, ohne dass Entgelte berechnet werden. Aber Achtung: Vor allem bei Sparkassen und Volksbanken gibt es Kontomodelle, bei denen das Abheben mit der Girokarte selbst am bankeigenen Automaten etwas kostet.

Dank vier großer Automatenverbünde ist das kostenlose Ziehen von Bargeld auch bei anderen Banken möglich. So sind die Sparkassen im Sparkassen-Netz zusammengeschlossen, die Volks- und Raiffeisenbanken im BankCard ServiceNetz, die Deutsche Bank, Commerzbank, Hypovereinsbank und Postbank gehören der Cash-Group an und im Cash-Pool-Netz sind Santander Bank, Targobank, Sparda-Bank und eine Vielzahl kleinerer Banken vertreten. Wer hierzulande Geldautomaten eines „fremden“ Anbieters nutzt, wird zur Kasse gebeten. Dann kostet jede Abhebung zwischen 1,95 und 6 Euro.

Vorsicht vor dem Dispokredit

Er ist verführerisch und praktisch: Mit dem Girokonto gibt es bei Banken und Sparkassen in der Regel auch gleich einen Dispokredit on top. Dessen Höhe ist davon abhängig, wie viel Geld monatlich aufs Konto geht. Wenn das Konto mal ins Minus rutscht, werden Rechnungen weiter abgebucht und Cash am Automaten gibt's auch. Doch dieses scheinbare Entgegenkommen lassen sich die Geldinstitute teuer bezahlen. 2024 lagen die Zinsen für den genehmigten Dispokredit je nach Bank zwischen sieben und 17 Prozent.

Wer auch mit dem Dispo noch nicht auskommt, rutscht womöglich in die „geduldete Überziehung". Und zahlt dafür noch höhere Zinsen. Falls Sie beispielsweise einen eingeräumten Dispositionskredit in Höhe von 5.000 Euro haben, das Girokonto aber mit 7.000 Euro im Minus ist, zahlen Sie bis 5.000 Euro den vereinbarten Zinssatz für Dispositionskredite. Nach Erhebungen der Stiftung Warentest waren es im Januar 2024 durchschnittlich etwa 12 Prozent.
www.test.de/node/5069390-0/

Für die über diesen Rahmen hinausgehenden 2.000 Euro im Minus kann die Bank Ihnen den noch höheren Zinssatz für geduldete Überziehungen berechnen.

Die große Gefahr dabei: Wenn Sie den eingeräumten Kredit samt Zinsen nicht ganz schnell abbauen können, rutscht Ihr Girokonto immer tiefer in die Miesen. So haben schon viele Schuldnerkarrieren angefangen. Ein Dispokredit ist deshalb nur eine teure, kurzfristige Notlösung.

Erste Hilfe in finanzieller Not

Soll keine sagen, dass könnte ihr nie passieren: Auch vorausschauende Menschen können in finanzielle Schwierigkeiten geraten.

Behalten Sie trotzdem einen kühlen Kopf. Bevor Sie Ihr Konto noch weiter überziehen oder wichtige Verträge kündigen, verschaffen Sie sich erst einen vollständigen Überblick über Ihre Einnahmen und Ausgaben. Welche Zahlungen haben Vorrang? Listen Sie alle offenen Zahlungen auf. Danach priorisieren Sie, welche davon Ihre existenziellen Lebensbedürfnisse absichern. Dazu gehören Wohnen (zum Beispiel Miete, mo-

> **! ACHTUNG**
>
> Oft versuchen Kreditgeber ausstehende Raten über ein Inkassounternehmen einzutreiben. Hohe Inkassokosten für die säumigen Zahler sind jedoch oft nicht berechtigt. Nutzen Sie den Inkasso-Check der Verbraucherzentrale für eine Ersteinschätzung, was Ihnen in Rechnung gestellt werden darf:
> **www.verbraucherzentrale.de**
> **Suchwort: Inkasso-Check**

natliche Raten für Zins- und Tilgungsleistungen für selbstgenutzten Wohnraum), Energiekosten, Lebensmittel, notwendige Medikamente, Telefon, Internet und Unterhaltsverpflichtungen.

Lassen Sie sich nicht von Kreditgebern und Inkassounternehmen unter Zeitdruck setzen. Entscheiden Sie nach objektiven Kriterien, welche Leistungen und Zahlungen für Sie im Moment unaufschiebbar sind.

Wenn Ihr Geld nicht reicht, um die wichtigsten Rechnungen zu begleichen, stecken Sie nicht den Kopf in den Sand. Eine erste Hilfestellung bietet die Checkliste unten.

→ TIPP

Nutzen Sie die kostenlose Schuldner- und Verbraucherinsolvenzberatung der Verbraucherzentrale oder der Wohlfahrtsverbände, bevor Ihnen die Lage über den Kopf wächst. In einem ersten Beratungsgespräch werden Ihre dringlichsten „Baustellen" geklärt und Schritte ausgelotet, um Ihre Existenz zu sichern. Gemeinsam wird dann ein gangbarer Weg aus den Schulden erarbeitet.

Die Adressen der Verbraucherzentralen finden Sie unter **www.verbraucherzentrale.de/beratung**

CHECKLISTE

Miete?

Vermieter dürfen kündigen, wenn ein Mieter in zwei aufeinander folgenden Monaten mit der vollen Miete oder eines erheblichen Teils davon in Verzug gerät oder mit der Zeit Mietschulden in Höhe von mindestens zwei vollen Monatsmieten anhäuft. Deshalb: Stellen Sie auf keinen Fall die Mietzahlungen komplett ein! Reden Sie schnellstens mit dem Vermieter oder der Vermieterin und überweisen Sie zumindest einen Teil der Miete weiterhin. Trotzdem müssen Sie irgendwann alle ausstehenden Mietzahlungen leisten.

Hypothekendarlehen für selbstgenutzte Immobilien?

Die Bank kann Kunden kündigen, die ihre Kreditrate zwei Monate lang nicht bezahlt haben. Auch hier gilt: Suchen Sie sofort das Gespräch mit dem Kreditgeber. Wenn Sie nur kurzfristig knapp bei Kasse sind, lassen sich oft Lösungen finden. So kann die Bank die monatliche Verpflichtung eventuell senken. Oft machen die Banken und Sparkassen dann auch Angebote zu einer längerfristigen Umschuldung.

Kredit?
Wenn Sie mit mindestens zwei aufeinander folgenden Raten ganz oder teilweise in Verzug sind, kann die Bank Ihren Kreditvertrag wegen dieser Ratenrückstände kündigen und die gesamte Restschuld fordern. Das darf sie auch, wenn Sie mit mindestens zehn Prozent (bzw. fünf Prozent bei einer Laufzeit des Darlehens von mehr als drei Jahren) des Nennbetrags des Darlehens im Verzug sind. Reden Sie mit Ihrer Bank! Spätestens wenn angedroht wird, dass die Gesamtsumme fällig wird, ist sie verpflichtet, Ihnen ein Gespräch über mögliche einvernehmliche Regelungen anzubieten. Das sind dann oft Umschuldungen, um das Zinskarussell zu stoppen. Wer seine Schulden nicht begleicht, wird sehr schnell einen negativen Eintrag in Wirtschaftsauskunfteien wie der Schufa bekommen. So sinkt die Bonität und neue Kredite werden teuer oder unmöglich.
www.verbraucherzentrale.de/node/53209

Altersvorsorge?
Wenn Sie nur kurzfristig Geldnot haben, sollten Sie nicht vorschnell langfristige Anlagen wie die betriebliche Altersvorsorge oder private Renten- oder Lebensversicherungen kündigen. Damit senken Sie Ihre Alterseinkünfte. Vereinbaren Sie mit Ihrer Verbraucherzentrale einen Beratungstermin, um für den Einzelfall die richtige Entscheidung zu treffen. Nicht immer ist es sinnvoll, niedrigere Beiträge oder die vorübergehende Beitragsfreistellung zu vereinbaren. Manchmal kann es sinnvoller sein, mit dem Rückkaufswert Schulden abzutragen, anstatt über Jahrzehnte weiter Schuldzinsen zu zahlen.

Berufsunfähigkeitsversicherung?
Sie ist existenziell, weil sie Ihnen im Fall einer schweren Krankheit lebenslange Einkünfte sichert. Kündigen Sie sie nur im absoluten Notfall und wenn Sie auf lange Sicht nicht mehr zahlungsfähig sind.

Lebensversicherung?
Kündigen Sie nicht vorschnell. Die Abschlusskosten sind meist nach fünf Jahren vollständig bezahlt. Altverträge haben einen in heutiger Zeit attraktiven Garantiezins von bis zu 4 Prozent auf den Sparanteil. Zudem haben Sie möglicherweise eine Zusatzversicherung abgeschlossen, die Sie heute so nicht mehr bekommen (zum Beispiel eine Berufsunfähigkeitsversicherung). Wenn Sie sich dennoch von einer Lebensversicherung trennen wollen, beachten Sie: Es kann möglich sein, den Vertrag zu widerrufen.
Detaillierte Informationen hierzu unter **www.verbraucherzentrale.de/node/12129**

Sicheres Onlinebanking

Im Jahr 2023 nutzten rund 57 Prozent der Menschen hierzulande das Internet für Banking-Aktivitäten. Am häufigsten – 94 Prozent – verwendeten 30- bis 49-Jährige diesen Service. Im Trend dabei: die Abwicklung der Bankgeschäfte übers Smartphone. Beim Onlinebanking können Sie einen Zahlungsvorgang aber nicht einfach unterschreiben, wie das bei einem Überweisungsträger geht. Mit der Unterschrift überprüft das Kreditinstitut, ob tatsächlich die Kontoinhaberin eine Überweisung auslöst oder ob es sich um einen Betrüger handelt.

Beim Onlinebanking ist das TAN-Verfahren eine weit verbreitete Sicherheitsmaßnahme, neben Benutzerkennung und Passwort. Denn Onlinebanking ist immer wieder Angriffen Krimineller ausgesetzt, die Wahl eines sicheren Verfahrens äußerst wichtig.

Für alle Transaktionen via Onlinebanking – ob Überweisung, Einrichten eines Dauerauftrags oder auch beim Kauf von Aktien – braucht es eine TAN. Die Banken legen selbst fest, welches TAN-Verfahren sie anbieten.

Weit verbreitet ist die Push-TAN/App-TAN: Hier nutzen Sie eine spezielle, kostenlose App der Bank, in der die nötige TAN für jeden Auftrag generiert wird. Ein Plus an Sicherheit gibt es, wenn Sie für Banking und TAN-Generierung jeweils unterschiedliche Geräte nutzen.

GUT ZU WISSEN

TAN

Transaktionsnummern (TAN) sind quasi ein Einmalpasswort, das in der Regel aus sechs Ziffern besteht. Sie werden dazu genutzt, um einen Auftrag an die Bank (zum Beispiel eine Überweisung) online zu genehmigen – ersetzen also die Unterschrift, die etwa auf einem Überweisungsvordruck notwendig ist.

Die TAN wird – Stichwort Sicherheit! – über eine sogenannte Zwei-Faktor-Authentifizierung generiert: Die Kundin muss beim Anmeldevorgang nachweisen, dass sie diejenige ist, für die sie sich ausgibt. Und das mittels zweier unabhängiger Faktoren aus drei verschiedenen Bereichen. Also zum Beispiel durch ein Passwort (Wissen), durch einen Fingerabdruck (Inhärenz) oder durch den Besitz des Handys. Letzteres lässt sich durch die Eingabe einer TAN nachweisen, die die Bank kurz zuvor per SMS an diese Telefonnummer geschickt hat.

→ TIPP

In einem Video erklärt die Verbraucherzentrale verschiedene TAN-Verfahren.
www.verbraucherzentrale.de/node/21921

Ein wichtiger Schutzfaktor beim Onlinebanking? Sind Sie selbst. Denn mit immer ausgeklügelteren Angriffen und nahezu perfekten Tarnungen versuchen Cyberkriminelle, Zugangsdaten fürs Onlinebanking auszuspähen und Konten dann leer zu räumen. 2023 wurden rund 90.000 solcher Phishing-Fälle gemeldet. Die Dunkelziffer dürfte weit höher liegen. In den meisten Fällen wurden Beträge zwischen 5.000 und 25.000 Euro abgebucht. Sogar das festgelegte Überweisungslimit wurde bisweilen ausgehebelt.

Phishing: Betrugswelle rollt

„Die Mail sah täuschend echt aus, genau wie von meiner Bank" – so fangen die Berichte von Betrugsopfern an. Sie folgten der kurzen Bitte in der Mail, über den beigefügten Link rasch die eigenen Kontodaten oder Adresse zu bestätigen. Tatsächlich antworteten sie aber nicht ihrer Bank, sondern Betrügern. Das Schema der Phishing-Angriffe ist fast immer gleich, warnt das Bundesamt für Sicherheit in der Informationstechnik. Sie erhalten eine gefälschte E-Mail, die Links zu

GUT ZU WISSEN

Sicheres Onlinebanking

- → Erstellen Sie für die Anmeldung zu Ihrem Onlinekonto ein starkes Passwort, das Sie nirgendwo anders nutzen! Wie das geht? Mehr unter **www.verbraucherzentrale.de/node/11672**
- → Bewahren Sie die Zugangsdaten an einem sicheren Ort auf und teilen Sie sie niemandem per E-Mail oder SMS mit.
- → Halten Sie Virenschutzprogramme auf Ihren Geräten aktuell!
- → Die Onlineverbindung zur Bank sollte immer verschlüsselt sein: Das „s" in der Browserzeile – also „https" – und das Vorhängeschloss-Symbol machen den Unterschied!
- → Banking-Apps immer nur aus den offiziellen App-Stores herunterladen! Angebote aus E-Mails oder Links könnten Software enthalten, die nur Daten abgreifen möchte.
- → Onlinebanking sollten Sie nie in einem öffentlichen WLAN betreiben. Ausnahme: Sie nutzen einen VPN-Tunnel.
- → Auch den Verlust des Smartphones sollten Sie der Bank melden, deren Banking-Apps Sie nutzen.

ebenso gefälschten Webseiten oder Pop-Up-Fenstern beinhaltet. Dort werden Sie unter einem Vorwand dazu aufgefordert, Zugangs- oder Bezahldaten einzugeben. Geldinstitute und seriöse Unternehmen fordern vertrauliche Zugangsdaten jedoch niemals per E-Mail oder SMS an.

→ TIPP

Der Phishing-Radar der Verbraucherzentrale informiert über alle gängigen Maschen sowie über aktuell gemeldete Betrugsversuche:
www.verbraucherzentrale.de/node/6059

Wenn es Sie erwischt hat, müssen Sie sofort reagieren. Informieren Sie Ihre Bank, egal ob Tag oder Nacht. Lassen Sie alle Karten – unter der Hotline 116 116 – sperren. Diese Nummer ist immer erreichbar.

Tagesgeldkonto

Zurück zum Sparen: Ein Tagesgeldkonto – das kann jede Frau gut gebrauchen. Zum Beispiel, um die Notreserve zu parken. Das verringert die Gefahr, dass sie auf dem Girokonto von den täglichen Ausgaben aufgezehrt wird.

→ TIPP

Überweisen Sie per Dauerauftrag jeden Monat eine kleine Summe auf Ihr Tagesgeldkonto. Sie wird Ihnen im Alltag kaum fehlen, aber Ihre eiserne Reserve wächst stetig.

Das Tagesgeld hat darüber hinaus noch weitere Vorteile: Hier kommen Sie – anders als beim Sparbuch – täglich an Ihr Geld. Daher auch der Name Tagesgeld. Dieses Konto gibt es bei den meisten Filial- und Onlinebanken, für die Kontoführung fallen in der Regel keine Entgelte an. Zudem winken – variable – Zinsen.

Deren Höhe orientiert sich an den Leitzinsen der Europäischen Zentralbank. So waren im September 2024 beim besten Angebot 3,26 Prozent pro Jahr ohne zeitliche Beschränkung zu bekommen. Das ist aber eher die Ausnahme als die Regel: Tagesgeld ist meist niedrig verzinst und der Zinssatz kann von der Bank immer wieder geändert werden.

Aktuelle Tagesgeldvergleiche der Stiftung Warentest finden Sie unter
www.test.de/node/4196794-0

Ein Tagesgeldkonto muss immer mit einem Referenzkonto verknüpft sein – meist ist das Girokonto hinterlegt. Werden Giro- und Tagesgeld bei verschiedenen Geldinstituten geführt, wird ein separates Referenzkonto fürs Tagesgeld angelegt. Vom Tagesgeldkonto kann nur Geld auf das hinterlegte Referenzkonto überwiesen werden, nicht an andere Empfänger.

BEISPIEL

Julia hat noch das Sparbuch, auf dem ihre Oma für sie bis zum 18. Geburtstag gespart hat. Die mickrigen Zinsen dafür ärgern sie schon lange und sie will das Geld nun auf einem besser verzinsten Tagesgeldkonto parken. Dafür braucht sie nun aber Geduld. Denn bei Spareinlagen mit einer Kündigungsfrist von drei Monaten kann sie maximal 2.000 Euro innerhalb eines Kalendermonats abheben. Ansonsten werden Vorschusszinsen fällig. Bei ihrem neuen Tagesgeldkonto gibt es diese Einschränkungen nicht. Allerdings lohnt sich das Rechnen: Die Vorschusszinsen für den nicht gekündigten Teil des Sparbuchs liegen bei einem Viertel des Guthabenzinses. Ist der Tagesgeldzins höher, ist es sogar sinnvoll, das Sparbuch auch mit dem vorschusspflichtigen Teil abzuheben.

Wichtig ist auch zu prüfen, ob die Zinsen idealerweise monatlich, vierteljährlich oder jährlich gutgeschrieben werden. Durch die monatliche Zinsgutschrift erhöht sich mit dem Zinseszinseffekt (→ Seite 63) die Rendite! Beispiel: Bei einem Zins von 3,0 Prozent bleibt es bei jährlicher Zinsgutschrift bei 3,0 Prozent. Bei vierteljährlicher wären es schon 3,034, bei monatlicher Zinsgutschrift sogar schon 3,042 Prozent.

ACHTUNG

Viele Neukundenangebote mit einem sehr guten Zinssatz sind häufig zeitlich begrenzt, beispielsweise für einen Zeitraum von drei oder sechs Monaten. Achten Sie daher auch auf den Anschlusszins und vergleichen Sie!

Lebensrisiken checken und absichern

Glückwunsch, wichtige Schritte zur finanziellen Unabhängigkeit sind jetzt schon gemacht! Sie haben die Übersicht über Ihr Vermögen, Kassensturz und Ausgabenplanung gemacht und einen Notgroschen zur Seite gelegt. Ein passendes Girokonto haben Sie auch gefunden und beim Onlinebanking gehen Sie auf Nummer sicher. Zeit also, sich mit Geldanlegen und dem Thema Altersvorsorge zu beschäftigen? Noch nicht ganz. Zuvor sollten Sie noch die unkalkulierbaren Risiken des Lebens absichern.

→ TIPP

Elementare Risiken sollten immer zuerst und getrennt von einer Geldanlage abgesichert werden.

Im Kapitel „Versicherungen“ zeigen wir, wer was braucht.

Welche Versicherungen brauchen Sie wirklich?

In Deutschland kann man sich gegen fast alles versichern. Selbst gegen Regentage im Urlaub. Tatsächlich sind jedoch nur wenige Policen wirklich unverzichtbar – jeweils abhängig von der eigenen Lebenssituation und -risiken. Dabei gilt das „GAU-Prinzip“: Sich gegen das „Größte Anzunehmende Unglück“ zuerst versichern. Auch für Frauen zählt dazu das Risiko, berufsunfähig zu werden.

Es kann jeder und überall passieren. Beim Besuch bei der Nachbarin wird in einem unachtsamen Moment das Rotweinglas umgestoßen und der Teppich ist ruiniert. Beim Fahrradfahren im Dunkeln wird ein Fußgänger zu spät erkannt. Er wird bei dem Unfall verletzt und fordert unter anderem Behandlungskosten, Verdienstausfall und Schmerzensgeld. Während sich der Teppichschaden womöglich noch aus dem Ersparten regeln lässt, können bei Unfällen mit vielleicht mehreren Beteiligten Schäden in Millionenhöhe zusammenkommen. Was dann?

→ TIPP

Auch Ihre solideste Geldanlage kann sich in Luft auflösen, wenn Sie für einen Schaden mit dem eigenen Vermögen haften müssen. Bevor Sie übers Sparen und Geldanlegen nachdenken: Sichern Sie zuerst Ihre existenziellen Risiken ab. Entscheidend ist dabei Ihr persönlicher Bedarf! Lassen Sie sich auch nicht allein von Faustformeln und standardisierten Checklisten für Produktempfehlungen von Versicherungsvertretern leiten. Hilfestellungen für den individuell passenden Versicherungsschutz gibt es

bei der Versicherungsberatung der Verbraucherzentrale. Zu den Angeboten geht es unter:
www.verbraucherzentrale.de/beratung

HINTERGRUND

Im Jahr 2023 zahlten Versicherungsnehmer in Deutschland fast 225 Milliarden Euro an Beiträgen, um sich privat gegen die unterschiedlichen Risiken des Lebens abzusichern. Der dickste Batzen ging mit 92 Milliarden Euro an die Lebensversicherer. Die Assekuranzen verdienen dabei nicht nur über einbehaltene Verwaltungskosten. Auch die Provisionen für die Versicherungsverkäufer werden von den eingezahlten Beiträgen abgezogen. So bleibt weniger Kapital, das tatsächlich für die Versicherten investiert und später wieder ausgezahlt wird.

Versicherer unterscheiden sich durch die Höhe der Versicherungsprämien, aber auch durch den jeweils vereinbarten Schutz beziehungsweise vertraglichen Leistungen voneinander.

→ TIPP

Bei der Stiftung Warentest gibt es aktuelle Vergleiche und Informationen zu gutem und günstigem Versicherungsschutz.
www.test.de/thema/versicherungen/

WICHTIG

Wenn Versicherungen einen Schaden nicht übernehmen wollen oder es zu Streitigkeiten über Beitragssteigerungen oder Kündigungsfristen kommt, fühlt man sich als Laiin oft hilflos. Kompetente Beratung bieten dann:

Die Verbraucherzentralen
Auf der Internetseite **www.verbraucherzentrale.de/beratung** gibt es eine Übersicht über Beratungsangebote (persönlich, telefonisch, per E-Mail) der Verbraucherzentralen in den einzelnen Bundesländern.

Der Versicherungsombudsmann
Der Versicherungsombudsmann ist eine anerkannte Verbraucherstreitschlichtungsstelle. Er soll Streitigkeiten beilegen und kann Versicherungen zur Zahlung von bis zu 10.000 Euro verpflichten.
www.versicherungsombudsmann.de

Private Haftpflichtversicherung

Nach dem Gesetz haften Sie für alle Schäden, die Sie jemand anderem schuldhaft zugefügt haben – und zwar in unbegrenzter Höhe! Dazu wird nicht nur das vorhandene, sondern auch das zukünftige Vermögen herangezogen. Deshalb ist es wichtig, eine private Haftpflichtversicherung abzuschließen – und das in ausreichender Höhe. Versichert sind dann die „Gefahren des täglichen Lebens" im privaten Bereich, wie es in den Bedingungen der Haftpflichtversicherungen heißt.

Der Versicherer zahlt für Personen-, Sach- und Vermögensschäden allerdings nur bis zur Deckungssumme, die im Versicherungsschein genannt ist. Fällt der Schaden höher aus, muss der Rest aus eigener Tasche bezahlt werden.

GUT ZU WISSEN

Die Verbraucherzentrale empfiehlt als Mindestdeckungssumme pauschal zehn Millionen Euro. Eine bessere Abdeckung bieten jedoch Deckungssummen von 50 Millionen Euro.

Für die junge Elif wie auch für die ältere Oda passt ein Single-Tarif der privaten Haftpflichtversicherung – dieser sichert nur sie als Versicherungsnehmerin ab. Julia und Katharina hingegen sollten einen Familientarif wählen. Da ist der Schutz auf mehrere Personen erweitert, also Ehepartner und Kinder. Den Familientarif können auch eheähnliche Gemeinschaften mit gemeinsamer Wohnung nutzen. Guten Versicherungsschutz für Familien gibt es für etwa 60 Euro Jahresbeitrag.

→ TIPP

Wer kleine Kinder hat, sollte auf den Einschluss der sogenannten Deliktunfähigkeit achten. Kinder unter sieben Jahren können nach dem Gesetz nämlich nicht für einen Schaden verantwortlich gemacht werden (bei Schäden im fließenden Verkehr sogar erst ab einem Alter von zehn Jahren). Wenn die Eltern ihre Aufsichtspflicht nicht verletzt haben, erhält der Geschädigte keinen Schadenersatz. Versichert der Haftpflichtversicherer auch deliktunfähige Kinder, lassen sich Konflikte im Schadensfall vermeiden.

Wenn es im Ehe- und Beziehungsleben kriselt, muss auch bei der Haftpflichtversicherung neu sortiert werden. Denn bei einer Trennung bleiben nur ein Versicherungsnehmer und gegebenenfalls die gemeinsamen Kinder im alten Vertrag abgesichert.

Das gilt, sobald die Scheidung rechtskräftig ist.

Katharina sollte sich also schon vor der Scheidung eine neue Haftpflichtversicherung suchen, um abgesichert in den neuen Lebensabschnitt zu starten.

ACHTUNG

Wenn Katharinas Mann als Versicherungsnehmer bereits während der Trennung eine neue Partnerin hat und diese in den Versicherungsvertrag aufnimmt, erlischt ihr Versicherungsschutz sofort – und nicht erst bei einer rechtskräftigen Scheidung.

→ TIPP

Welche ergänzenden Versicherungen zur privaten Haftpflicht etwa für Selbstständige, Freiberufliche oder Hauseigentümerinnen sinnvoll sind, ist hier zusammengestellt:
www.verbraucherzentrale.de/node/13891

Verloren gegangenes Reisegepäck ist ärgerlich, aber es ruiniert niemanden. Dafür lohnt sich der monatliche Beitrag für eine Reisegepäckversicherung kaum. Glas-, Sterbegeld- und private Arbeitslosenversicherungen sind ebenfalls entbehrlich. Auch Extra-Geräteversicherungen für Fahrräder, Handys, Laptops oder Brillen lohnen sich nur bei extrem teuren Anschaffungen.

Berufsunfähigkeit – Existenz sichern

Ob Elif, Julia, Katharina oder Oda: Für alle vier Frauen ist ihre Arbeitskraft das wichtigste Kapital. Aber ein Unfall oder eine Erkrankung kann jede von ihnen jederzeit so aus der Bahn werfen, dass sie – selbst wenn sie will – nicht mehr arbeiten kann. Jährlich werden in Deutschland mehr als 200.000 Menschen berufsunfähig. Psychische Erkrankungen gelten dabei als häufigste Ursache. Ihr Anteil liegt bei 29 Prozent.

Was ist, wenn dann nicht vorgesorgt ist, um finanziell über die Runden zu kommen? Eine Berufsunfähigkeitsversicherung (BU)

GUT ZU WISSEN

Die Vereinigung der deutschen Versicherungsmathematiker hat berechnet, dass heute 30-jährige Frauen eine Wahrscheinlichkeit von 26 Prozent haben, berufsunfähig zu werden. Was die Statistik auch zeigt: Berufsunfähigkeit trifft sowohl jüngere als auch ältere Arbeitnehmerinnen. Wer berufsunfähig wird, ist im Schnitt 44 Jahre alt.

„So viel wie nötig, so wenig wie möglich“

PHILIPP OPFERMANN, Versicherungsexperte bei der Verbraucherzentrale NRW

An welcher Versicherung sollte man nicht sparen?
Die Antwort ist einfach: Versichern Sie nur die Risiken, die Sie allein finanziell nicht tragen können. Konkret heißt das: Eine Krankenversicherung ist für jede unerlässlich. Eine Haftpflichtversicherung ist wichtig, denn schon ein kurzer Moment der Unachtsamkeit kann zu einem sehr teuren Schaden bei einem Dritten führen. Ganz wichtig ist auch die Absicherung der Arbeitsfähigkeit. Angenommen, Sie werden so krank, dass Sie nicht mehr arbeiten können: Wovon wollen Sie dann – außer von staatlicher Hilfe – leben? Deshalb ist eine Berufsunfähigkeitsversicherung so wichtig, auch schon für junge Frauen.

Apropos Alter, gibt es Versicherungen, die im Laufe des Lebens wichtiger werden?
Nein, es kommt immer auf die individuelle Lebenssituation an. Für Eltern ist zum Beispiel eine günstige Risikolebensversicherung sinnvoll. Stirbt die Mutter oder der Vater, zahlt sie an die Hinterbliebenen eine vereinbarte Summe aus. So hat die Familie im Ernstfall wenigstens etwas mehr finanzielle Sicherheit. Es sollte sich aber nicht nur der Elternteil mit dem größeren Einkommen versichern. Das ist auch wichtig für alle, die die Care-Arbeit übernehmen. Denn wenn sie versterben, muss der verbliebene Elternteil zum Beispiel Betreuungskosten zahlen, um weiter voll arbeiten gehen zu können.

Oft wollen Eltern oder Großeltern die Zukunft der Kinder absichern. Was ist sinnvoll?
Aber bitte nicht mit einer Unfallversicherung. Denn die zahlt nur eine Einmalsumme oder eine lebenslange Rente, wenn das Kind durch einen Unfall zu Schaden gekommen ist, schlimmstenfalls sogar erwerbsunfähig sein wird. Eine Kinderinvaliditätsversicherung ist die bessere Wahl. Denn die zahlt auch, wenn das Kind durch eine Krankheit dauerhaft eingeschränkt bleibt. Tatsächlich passiert das viel öfter als durch einen Unfall.

Was empfehlen die Verbraucherzentralen sonst noch?
Unsere Faustformel für Versicherungen lautet: So viel wie nötig, aber so wenig wie möglich. Wer gern reist, sollte eine Auslandskrankenversicherung haben. Als Hunde- oder Pferdehalterin empfiehlt sich eine Tierhalterhaftpflicht. Sonst müssen Sie als Halterin in unbegrenzter Höhe für alle Personen-, Sach- und Vermögensschäden, die Ihr Tier verursacht, haften.

springt ein, wenn die Versicherte ihren zuletzt ausgeübten Beruf für voraussichtlich mindestens sechs Monate nicht mehr oder nur zu 50 Prozent ausüben kann. Diese Versicherung ist daher, neben der privaten Haftpflichtversicherung (→ Seite 39), ein „Must have" – für Frauen wie für Männer.

> **GUT ZU WISSEN**
>
> Auch Hausfrauen und -männer können eine Berufsunfähigkeitsversicherung abschließen.

Kaum Ansprüche aus gesetzlicher Rentenversicherung

Eine Berufs- und Erwerbsunfähigkeitsrente aus der gesetzlichen Rentenversicherung gibt es schon seit dem Jahr 2001 nicht mehr. Nur noch ältere Versicherte – vor 1961 geboren – können auf diese Leistung zählen. Alle anderen haben bei Berufsunfähigkeit nur Anspruch auf eine Erwerbsminderungsrente. Sie richtet sich danach, wie viele Stunden trotz Krankheit noch gearbeitet werden kann und wie viel dann verdient wird. Zunächst wird geprüft, ob die Versicherte wirklich nicht mehr in der Lage wäre, drei Stunden am Tag irgendeiner Tätigkeit nachzugehen. Nur wenn das nicht der Fall ist, gibt es die volle Erwerbsminderungsrente. Sind täglich drei bis sechs Stunden Arbeit möglich, halbiert sie sich. Und bei mehr als sechs Stunden bekommen Versicherte gar keine Rentenzahlung.

> **GUT ZU WISSEN**
>
> Eine Erwerbsminderungsrente bekommt nur, wer in den letzten fünf Jahren rentenversichert war und davon mindestens drei Jahre Pflichtbeiträge in die Deutsche Rentenversicherung eingezahlt hat. Für junge Menschen gibt es Zurechnungszeiten obendrauf.

Wie hoch Ihre Erwerbsminderungsrente höchstens sein wird, steht schon fest. Das können Sie in der persönlichen Renteninformation (→ Seite 95) nachlesen, die Ihnen Ihr Rentenversicherungsträger einmal im Jahr schickt. Klar ist: Sie wird weit niedriger als Ihr aktueller Verdienst sein. 80 Prozent vom derzeitigen Netto sind ein guter Richtwert. Hier klafft also eine große Lücke – und Sie sind weit von finanzieller Unabhängigkeit entfernt. Für junge Frauen, die wie Elif noch ganz am Anfang des Berufslebens stehen, gilt das vielleicht für einen sehr langen Zeitraum!

Lücken sinnvoll schließen

Die private Vorsorge für den Fall einer Berufsunfähigkeit ist daher ein Muss! Denn die Berufsunfähigkeitsversicherung schließt die

Lücke zwischen Erwerbsminderungsrente und Verdienst – abhängig natürlich von der jeweils versicherten Monatsrente.

WICHTIG

Eine Berufsunfähigkeitsversicherung sollte nie mit einer kapitalbildenden Versicherung (→ Seite 101) kombiniert werden. Denn wenn Sie in einer finanziell schwierigen Situation einmal die Prämien für Ihre Lebensversicherung nicht mehr zahlen können, verlieren Sie dadurch auch Ihren existenziell wichtigen Berufsunfähigkeitsschutz. Das sollte auf keinen Fall passieren! Eine Kombination mit einer Risikolebensversicherung ist dagegen unproblematisch.

Außerdem zahlt die Berufsunfähigkeitsversicherung bereits, wenn Sie Ihrem zuletzt ausgeübten Beruf für voraussichtlich mindestens sechs Monate nicht mehr oder nur zu 50 Prozent nachkommen können. Also deutlich früher als die Erwerbsminderungsrente der gesetzlichen Rentenversicherung im Ernstfall einspringt. Der Vertrag sollte idealerweise so lange laufen, bis die gesetzliche Regelaltersgrenze erreicht ist (also das 67. Lebensjahr, jedenfalls für alle ab 1964 geborenen Frauen).

Je früher, desto günstiger

Der Beitrag zur BU richtet sich unter anderem danach, welche Leistungen Sie in welcher Höhe und wie lange vereinbaren wollen. Auch Ihr Alter bei Vertragsabschluss sowie Ihr Gesundheitszustand sind wichtige Kriterien bei der Bemessung der Beiträge. Denn danach kalkulieren die Versicherer Ihr individuelles Risiko, berufsunfähig zu werden und die Wahrscheinlichkeit, dass Leistungen gezahlt werden müssen. Auch Hobbys und Berufe sind Risikogruppen zugeordnet. Allgemein gilt: Je jünger, gesünder und risikoloser, desto günstiger.

→ TIPP

Die Stiftung Warentest bewertet regelmäßig sowohl die Versicherungsbedingungen als auch die Anträge auf Berufsunfähigkeitsschutz. Im März 2024 reichten die Qualitätsurteile – im Test waren 67 Angebote – von sehr gut bis befriedigend.
www.test.de/node/4881349-0/

Vorsicht bei Gesundheitsfragen!

Bevor der Versicherer Ihren Versicherungsantrag annimmt, müssen Sie einen Gesundheits-Check per Fragebogen beantworten. Denn leiden Sie an Vorerkrankungen, erhöht sich das Risiko, Ihren Beruf vielleicht nicht mehr ausüben zu können. Die Gesundheitsfragen im Versicherungsantrag müssen Sie deshalb vollständig und wahrheitsgemäß beantworten. Sonst kann der Versicherer später wegen „Verletzung der vorvertraglichen Anzeigepflicht" vom Vertrag zurücktreten. Dann hätten Sie im schlimmsten Fall lange für diese Versicherung gezahlt – und gehen trotzdem leer aus, wenn Sie berufsunfähig werden.

→ TIPP

Einen Wegweiser, um Gesundheitsfragen richtig zu beantworten, gibt es hier: www.test.de/node/4648167-0/

GUT ZU WISSEN

Die Versicherungen beurteilen die Antworten auf Gesundheitsfragen unterschiedlich. Das haben Stichproben gezeigt. Testpersonen haben mit identischen Angaben bei manchen Anbietern einen Vertrag bekommen, bei anderen hätten sie einen Risikozuschlag zahlen müssen und bei einigen wären sie sogar ganz abgelehnt worden.

Hält die Versicherung Sie und Ihre Gesundheit für ein zu großes Risiko, lehnt sie Ihren Vertrag womöglich ganz ab. Dann gibt es Alternativen – jedoch mit weniger Schutz.
www.verbraucherzentrale.de/node/51428

WICHTIG

Achten Sie auf das Kleingedruckte: Wer zum Beispiel den Ausschluss für eine bestimmte Krankheit übersieht und später genau daran erkrankt, bekommt keine Rente aus der BU.
Holen Sie bei Ihren behandelnden Ärzten alle in den vergangenen fünf Jahren gestellten Diagnosen ein. So stellen Sie sicher, dass Sie nichts Wichtiges vergessen. Wenn Sie fürchten, wegen der Vorerkrankungen keinen Versicherungsschutz zu bekommen, können Sie eine anonymisierte Voranfrage starten. Dabei fragt in Ihrem Auftrag zum Beispiel ein Versicherungsmakler bei verschiedenen Versicherern ab, ob und zu welchen Konditionen es für Sie einen Berufsunfähigkeitsschutz gibt.

WICHTIG

Für Elif als Single ist es ratsam einen Vertrag zu wählen, bei dem sie ihre monatliche Rente ohne erneute Gesundheits- und Berufsrisikoprüfung aufstocken kann. Denn was ihr jetzt als Einkünfte noch reicht, kann mit Haus und Kids später knapp werden.

CHECKLISTE

Verlässlicher Schutz

Prüfen Sie Ihre Police anhand dieser Punkte:

- ☐ Die Rente wird gezahlt, sobald Sie infolge von Krankheit, Körperverletzung oder mehr als altersentsprechendem Kräfteverfall in Ihrem in gesunden Tagen zuletzt ausgeübten Beruf nicht mehr zu mindestens 50 Prozent tätig sein können. Das gilt auch bei einem Berufswechsel. Beispiel: Wer Bauschlosserin gelernt hatte, aber jetzt als IT-Expertin arbeitet, bei der wird nur die Tätigkeit als IT-Expertin geprüft.
- ☐ Die Versicherung prüft nicht, ob Sie mit Ihren Kenntnissen, Fähigkeiten, Ihrer Erfahrung und Ausbildung noch eine andere Tätigkeit ausüben könnten. Beispiel: Es wird nicht geprüft, ob eine operierende Chirurgin auch als Fachgutachterin tätig sein könnte, wenn ihre Hand nach einem Unfall dauerhaft beeinträchtigt ist.
- ☐ Berufsunfähigkeit liegt vor, wenn Sie voraussichtlich sechs Monate lang zu mehr als 50 Prozent berufsunfähig sein werden oder dieser Zeitraum schon verstrichen ist.
- ☐ Die Rente wird auch rückwirkend ab dem ersten Tag des Sechs-Monats-Zeitraums gezahlt.
- ☐ Bei verspäteter Meldung wird die Rente mindestens drei Jahre lang rückwirkend gezahlt.
- ☐ Während der Leistungsprüfung wird auf Wunsch der Beitrag gestundet. Denn wer berufsunfähig ist, dem fällt es oft auch schwer, die monatlichen Versicherungsbeiträge weiterzuzahlen.
- ☐ Der Versicherer verzichtet darauf, den Vertrag zu kündigen oder die Beiträge anzuheben, wenn sich später herausstellt, dass der Versicherte ohne sein Verschulden Vorerkrankungen nicht angegeben hat.
- ☐ Der Vertrag gilt weltweit.
- ☐ Bei einer befristeten Anerkennung verlangt der Versicherer keine Rückzahlung bereits gewährter Renten, wenn sich herausstellt, dass der Anspruch nicht gerechtfertigt war.

Risikolebensversicherung – für wen wichtig?

Plötzlich und unerwartet verstorben – so ist es nicht selten in Traueranzeigen zu lesen. Das kann leider auch Ihrem Partner passieren. Welche finanziellen Auswirkungen hätte es, wenn Sie dieses Schicksal ereilt? Wie sind Sie dann abgesichert? Eine Risikolebensversicherung ist ein Muss für jeden und jede, deren Ableben eine finanzielle Lücke in der Familie hinterlassen würde. Kurzum immer dann, wenn Hinterbliebene von diesem Einkommen abhängig sind.

Während dieser Schutz für die Singles Elif und Oda also nicht notwendig ist, muss sich Julia kümmern. Falls Ihr Ehemann stirbt und dessen Einkommen als Hauptverdiener wegfällt, hat sie nur Anspruch auf staatliche Unterstützung aus einer Hinterbliebenenrente (→ Seite 119). Dem gemeinsamen Kind steht eine Halbwaisenrente zu. Aber beide Leistungen sind meist so niedrig, dass Julia und ihr Kind deutliche Einbußen in der Haushaltskasse hinnehmen müssten. Bei unverheirateten Paaren gibt es gar keine staatliche Hinterbliebenenversorgung.

In der Regel werden (Ehe-)Partner als Begünstigte im Todesfall eingetragen: Sie bekommen dann die vertraglich vereinbarte Summe der Lebensversicherung ausgezahlt.

! ACHTUNG

Wenn nur der Begriff „Ehepartner“ als Begünstigter im Versicherungsvertrag steht, erlischt mit der Scheidung automatisch der Anspruch des Ex-Ehepartners auf die Versicherungssumme. Auch wenn der Name des Ehepartners im Versicherungsvertrag genannt, aber lediglich widerruflich als Begünstigter eingetragen ist, kann dieser ebenfalls ohne Weiteres aus dem Vertrag gestrichen werden.

Wenn, wie bei Katharina, die Partnerschaft in die Brüche geht, stellt sich die Frage, ob sie als begünstigte Ex-Partnerin einfach so gestrichen werden kann.

Wichtig: Ist Katharina namentlich und unwiderruflich in der Lebensversicherung begünstigt, benötigt ihr (Ex-)Partner von ihr eine Einverständniserklärung, wenn er sie aus der Versicherung nehmen lassen möchte.

Vorsorge für die Pflege?

Frauen erhalten häufiger Leistungen aus der gesetzlichen Pflegeversicherung als Männer. Denn sie werden im Durchschnitt älter und leben dann oft allein. Schon die Statistik ist ein guter Grund für jede Frau, über die eigene Pflege im Alter nachzudenken. Denn die Leistungen der Pflegeversicherung decken meist nur einen Teil der Kosten. Und sie werden auch nur gezahlt, wenn die Voraussetzungen für eine Einstufung in einen der fünf Pflegegrade erfüllt sind.

Zudem liegen die tatsächlichen Kosten – ob zu Hause oder in einer stationären Einrichtung – weit höher als etwa das Pflegegeld oder die Leistungen bei einer Unterbringung in einem Pflegeheim. Für diese Lücke müssen Pflegebedürftige dann selbst aufkommen. Das Sozialamt hilft erst, wenn Ihre Rente dafür nicht ausreicht und ein eventuelles Vermögen aufgebraucht ist. Dann müssen Ihr Ehepartner und eventuell Ihre Kinder mit Post vom Sozialamt rechnen. Das kann dann nämlich zugeschossenes Geld von den Unterhaltspflichtigen zurückfordern – zumindest, wenn diese ein hohes Einkommen oder Vermögen haben.

Eine private Pflege-Zusatzversicherung könnte einspringen. Im Ernstfall bekommen Sie daraus Zahlungen, mit denen Sie zumindest einen Teil Ihrer Kosten einer stationären Unterbringung oder eines ambulanten Pflegedienstes bestreiten können. Zu beachten ist allerdings, dass Sie dafür Beiträge zu einer in der Regel lebenslangen Versicherung zahlen müssen. Und vergessen Sie nicht, dass diese Beiträge zukünftig steigen werden. Darüber beschweren sich Versicherte häufig bei den Verbraucherzentralen. Eine Pflege-Zusatzversicherung sichert keine gute Pflege. Sondern sie sichert nur das nötige Kapital, damit Sie im Pflegefall entsprechende – immer teurer werdende – Dienstleistungen rund um die Pflegebedürftigkeit bezahlen können.

HINTERGRUND

Was Pflege kostet

Pflege frisst Erspartes – und das in Windeseile und egal, ob ambulant zu Hause oder in einer Einrichtung. Wie viel ein Pflegeplatz kostet, variiert von Heim zu Heim. Der Eigenanteil, den zu Pflegende zahlen müssen, lag 2024 im Bundesdurchschnitt bei 2.871 Euro. Er unterscheidet sich je nach Bundesland, Art der Einrichtung und Dauer des Aufenthalts. Hinzu kommen die Kosten für Unterbringung und Verpflegung, die Miete für das Zimmer, Ausbildungskosten sowie Zusatzleistungen – daran beteiligt sich die Pflegekasse nicht.

Drei Varianten der Pflegezusatzversicherung

Pflegetagegeld: Hier haben Sie im Pflegefall pro Tag eine bestimmte Summe zu Ihrer freien Verfügung. Den vollen Tagessatz zahlen viele Versicherer erst im Pflegegrad 5, einige bereits in Grad 4. In den niedrigeren Pflegegraden wird der Tagessatz nur anteilig erstattet. Vorsicht vor Tarifen ohne Leistungsanspruch bei ambulanter Pflege. Schließlich entfällt der Löwenanteil der Pflege auf die Versorgung zu Hause.

Vergleichen Sie unbedingt die Konditionen. Ein Vertrag mit einem Tagegeld etwa von 50 Euro pro Tag in Pflegegrad 5 und gleich hohen Leistungen bei stationärer Pflege in den Graden 2 bis 5 kostet für 50-Jährige im Jahr 2024 zwischen 100 und 230 Euro monatlich. Stellen Sie daher unbedingt Preisvergleiche an. Die Beiträge bleiben auch nicht stabil. Sie können aufgrund steigender Ausgaben angehoben werden.

Pflegekostenversicherungen: Der Versicherer übernimmt nur nachgewiesene Kosten. Und oft auch nicht alle, sondern nur die, die im Katalog der gesetzlichen Pflegeversicherung aufgeführt sind. Zudem müssen Sie zuerst deren Leistungen in Anspruch genommen haben. Danach übernimmt der Versicherer Ihren Eigenanteil. Teilweise oder ganz, je nach Vertrag. Auch hier gibt es einen Fallstrick: Die Versicherungen übernehmen meist nur reine Pflegekosten. Ausgaben für Unterkunft und die Verpflegung im Heim bleiben weiter bei Ihnen hängen. Die Beiträge für 50-Jährige bewegen sich 2025 in einer Spanne zwischen 32 bis 130 Euro im Monat. Geringere Beiträge bedeuten aber meist auch geringere Leistungen. Wie viel Sie im Pflegefall an Leistungen bekommen, kann sich je nach Versicherungstarif deutlich unterscheiden.

Pflegerente: Hier überweist die Versicherung im Pflegefall eine monatliche Rente. Die Höhe variiert je nach Grad der Pflegebedürftigkeit. Die Versicherer richten ihre Zahlung häufig nach der Einstufung der gesetzlichen Pflegeversicherung. Die volle Pflegerente gibt es meist erst ab Pflegegrad 4 oder 5. Darunter wird die Rente nur anteilig oder gar nicht gezahlt. Im Vergleich zu den anderen Pflegezusatzversicherungen zahlen Sie hier etwa zwei- bis dreimal so hohe Monatsbeiträge. Je älter Sie bei Vertragsbeginn sind, desto teurer wird es. Planen Sie über längere Zeiträume mit der Versicherung, zum Beispiel über 20 oder mehr Jahre. Vergessen Sie bei der vereinbarten Rentenhöhe die Inflation nicht. Ein Vorteil in der Pflegerentenversicherung ist, dass die Beitragszahlung bei finanziellen Engpässen ausgesetzt werden kann. Dies ist jedoch mit Einbußen bei der Rente verbunden.

Jede Variante der Pflege-Zusatzversicherung hat ihre eigenen Vor- und Nachteile und Bedingungen. Lassen Sie sich vorab gut beraten. Staatlich geförderte Verträge haben oft schlechtere Vertragsbedingungen, aber diese Versicherer lehnen niemanden aufgrund von Vorerkrankungen ab. Wissenswertes unter **www.verbraucherzentrale.de/node/29435**

→ TIPP

Sind Sie jünger als 50 Jahre?
Dann empfehlen die Verbraucherzentralen den Abschluss einer privaten Pflegezusatzversicherung noch nicht. Kinder, Jobwechsel, Heirat, Scheidung: Es kann noch viel passieren in Ihrem Leben ...

Krankenversicherung: Gesetzlich oder privat?

In Deutschland müssen alle Bürgerinnen und Bürger krankenversichert sein. Dabei stellt sich dann die Frage: Gesetzlich oder privat? Während die gesetzlichen Krankenversicherungen (GKV) – aktuell gibt es 96 auf dem Markt – bis auf wenige Ausnahmen für alle offen stehen, gibt es bei der privaten Krankenversicherung (PKV) eine Einkommenshürde. Als Arbeitnehmerin können Sie sich nur privat krankenversichern, wenn Ihr Einkommen die sogenannte Jahresarbeitsentgelt-Grenze überschreitet. Diese liegt 2025 bei 73.800 Euro Jahresverdienst. Wer weniger verdient, ist in der gesetzlichen Krankenversicherung (GKV) pflichtversichert. Deshalb sind auch rund 90 Prozent der Bevölkerung Mitglied einer GKV. Die beiden Versicherungssysteme unterscheiden sich – in den Beiträgen wie in ihren Leistungen.

GUT ZU WISSEN

Als gesetzlich Krankenversicherte können Sie Ihre Krankenkasse mit einer Kündigungsfrist von zwei Monaten wechseln. Die gewählte Krankenkasse darf Sie nicht aufgrund Ihres Alters, Geschlechts oder Gesundheitszustands ablehnen.

So funktioniert die GKV

Sie ist eine Solidargemeinschaft. Der Beitrag zur GKV ist abhängig vom Bruttoeinkommen. Wer mehr verdient, zahlt auch mehr – und zwar bis zur Beitragsbemessungsgrenze. Die liegt 2025 bei monatlich 5.512,50 Euro (66.150 Euro im Jahr). Die Höhe des Beitragssatzes wird gesetzlich festgelegt: Im Jahr 2025 sind das 14,6 Prozent, plus 2,5 Prozent durchschnittlichem Zusatzbeitrag (wovon der Arbeitgeber die Hälfte übernimmt). Kinder und Ehepartner ohne eigenes Einkommen sind kostenlos in der GKV mitversichert. Für Studierende gilt das sogar bis zum 25. Lebensjahr. Alle Versicherten haben Anspruch auf den gesetzlich festgelegten Leistungskatalog – rund 95 Prozent der Leistungen für gesetzlich Versicherte müssen von allen Kassen übernommen werden.

→ TIPP
Wissenswertes zum Krankenkassenwechsel unter
www.verbraucherzentrale.de/node/13883

GUT ZU WISSEN

Krank im Ausland

Egal, wie dringend die Behandlung oder der Arztbesuch ist: Auf Reisen im Ausland sind Sie fast immer Selbstzahlerin. Die deutsche GKV-Versichertenkarte hilft selten weiter. Die GKV darf nämlich nur streng reglementiert Kosten im Ausland übernehmen. Eine private Auslandskrankenversicherung springt dann ein und übernimmt Behandlungskosten oder auch den Rücktransport in die Heimat. Die gute Nachricht: Der Schutz kostet im Jahr auch kaum mehr als eine Pizza und ein Cappuccino in Italien. Wissenswertes zur Auslandskrankenversicherung unter
www.verbraucherzentrale.de/node/10713

Der gesetzlich festgelegte Leistungskatalog regelt, welche Angebote und Dienstleistungen des Gesundheitsmarkts die GKV übernehmen darf – und welche nicht. Wer mehr will, braucht Zusatzversicherungen. Da kommen dann Einzelzimmer und Chefarztbehandlung im Krankenhaus ins Spiel, zusätzliche Vorsorgeuntersuchungen, Heilpraktikerbehandlungen und Sehhilfen oder hochwertiger Zahnersatz. Fast alles ist möglich. Man muss es sich nur leisten wollen.
Mehr Informationen zu Kranken-Zusatzversicherungen
www.verbraucherzentrale.de/node/10425

So rechnet die PKV

Anders als die gesetzliche ist die private Krankenversicherung keine Solidargemeinschaft mit einheitlichen Beitragssätzen und weitgehend identischen Leistungen. Hier entscheiden über die Aufnahme und die Höhe der Versicherungsprämie individuelle Faktoren: Alter, Gesundheitszustand, gewünschter Versicherungsschutz.

Anders als in der GKV sind Kinder und Ehepartner ohne Einkommen in der PKV auch nicht kostenfrei mitversichert. Für jedes Familienmitglied muss ein eigener Vertrag abgeschlossen werden. Personen mit Vorerkrankungen, auch wenn es sich nicht um schwere Krankheiten handelt, müssen aufgrund ihres individuellen Risikos höhere Beiträge zahlen. Im Alter können auch steigende Risikozuschläge anfallen. Wer sie nicht mehr aufbringen kann, kann nur noch

GUT ZU WISSEN

Sonderfall Beamte: Die Beihilfe

Lange war die Mitgliedschaft in der gesetzlichen Krankenversicherung für beihilfeberechtigte Beamtinnen nur in Ausnahmefällen sinnvoll. Sie schlossen stattdessen eine private Krankenversicherung ab und erhielten einen Behandlungskostenzuschuss vom Staat. In der Mehrheit der Bundesländer können Beamtinnen inzwischen jedoch von ihrem Dienstherrn statt der Beihilfe zur PKV auch eine pauschale Beihilfe zur GKV bekommen. Das kann sich vor allem für Beamtinnen in niedrigen Besoldungsgruppen, mit Teilzeitstellen, Familie oder gesundheitlichen Beeinträchtigungen lohnen.

in den Basistarif der PKV wechseln. Dabei werden jedoch auch die Leistungen entsprechend reduziert. Oft liegen sie unterhalb des GKV-Niveaus.

Wenn Sie die finanziellen Voraussetzungen erfüllen, um zwischen gesetzlichem und privatem Krankenversicherungsschutz wählen zu können, nehmen Sie sich Zeit dafür. Beide Systeme haben Vor- und Nachteile. Das Wichtigste ist jedoch: Einmal PKV, immer PKV – die Entscheidung lässt sich nur sehr schwer rückgängig machen. So will es der Gesetzgeber. Denn wer als gesunde Gutverdienende auf die Solidargemeinschaft der GKV verzichtet hat, soll sich später aus Sorge vor hohen PKV-Beiträgen im Alter

ACHTUNG

Lockvogeltarife

Manche Versicherungsverkäufer werben immer noch mit unseriösen Versprechungen für die Private Krankenversicherung. Eine Vorzugsbehandlung bei jedem Arzt und das alles für nur 59 Euro im Monat? Das klingt verlockend. Aber man muss kein Mathe-Professor sein, um zu erkennen: Wie sollen aus niedrigeren Beiträgen dauerhaft höhere Arztrechnungen bezahlt werden? Es gibt keine Rundum-Sorglos-Pakete zum Schnäppchenpreis in der Krankenversicherung. Diese Billiganbieter werden teurer, je älter die Kundschaft wird. Solche Lockvogelangebote gelten nur für junge, gesunde Versicherte. Nicht erst im Alter können diese PKV-Tarife teurer als die Beiträge zur GKV werden. Außerdem bieten die PKV-Billigtarife oft nur eine Grundabsicherung. Wichtige Leistungen wie Sehhilfen, Zahnersatz oder alternative Heilmethoden können fehlen. Der Versicherungsschutz liegt dann unter dem Niveau der GKV.

auch nicht mehr dorthin zurück retten können. Gerade ältere PKV-Kundinnen geraten dadurch oft in finanzielle Schwierigkeiten.

Um die späteren Beitragserhöhungen abzufedern, legen die PKV-Anbieter für jede Kundin ab Vertragsstart sogenannte Altersrückstellungen zurück. Daraus sollen die im Laufe der Jahrzehnte steigenden Behandlungskosten zumindest in Teilen ausgeglichen werden. Das klingt sinnvoll, ist es auch. Trotzdem liegt gerade hier ein großes Problem für PKV-Kunden. Sie können zwar jederzeit den PKV-Anbieter wechseln, aber sie können nur einen Teil ihrer Altersrückstellungen zum neuen Anbieter mitnehmen.

Das bedeutet, dass es im Alter möglicherweise teurer wird, wenn sie zu einem neuen PKV-Anbieter wechseln. Ihm fehlen ja die Rücklagen aus den guten, gesunden Zeiten. Dann lohnt sich der Wechsel zumindest finanziell nicht. PKV-Versicherte, die zurück in die GKV wollen, verlieren ihre gesamten Rücklagen.

Die Gesundheitsprüfung in der PKV

Die PKV verlangt vor dem Abschluss einer Krankenversicherung Auskunft über Ihren Gesundheitszustand. Sie sind gesetzlich verpflichtet, diese Fragen vollständig und wahrheitsgemäß zu beantworten. Wer bei Gesundheitsfragen schummelt oder Lücken lässt, wird sanktioniert. Der Versicherer kann vom Vertrag zurücktreten, den Beitrag erhöhen, zukünftige Leistungen ausschließen oder den Vertrag sogar wegen Versicherungsbetrugs anfechten. Wählen Sie nur Versicherer, die explizit nach behandelten Gesundheitsstörungen fragen statt allgemeine Fragen zu stellen. Entscheiden Sie sich für einen Anbieter, der Fragen nach ambulanten Behandlungen auf maximal fünf Jahre und Fragen nach stationären Behandlungen auf maximal zehn Jahre begrenzt.

> **! ACHTUNG**
>
> Stellen Sie eine anonyme Risikovoranfrage, wenn Sie Vorerkrankungen haben. So können Sie testen, welcher Anbieter Sie versichert. Das ist wichtig, da viele Anbieter Anfragen mit Namen in einer gemeinsamen Datenbank speichern. Wenn ein Versicherer Sie aufgrund von Vorerkrankungen ablehnt, kann es sein, dass Sie auch von anderen Versicherern Absagen erhalten, ohne je eine Gesundheitsprüfung dort gemacht zu haben. Mit einer anonymen Voranfrage vermeiden Sie dieses Risiko.

Zurück in die GKV – nur ausnahmsweise

Um von der PKV zurück in die GKV wechseln zu können, müssen Sie wieder versicherungspflichtig werden. Das bedeutet, Sie müssen jünger als 55 Jahre sein und Ihr Gehalt oder Einkommen muss unter der geltenden Pflichtversicherungsgrenze liegen. Im Jahr 2025 liegt sie bei 73.800 Euro brutto jährlich.

Verringern Sie Ihr Einkommen

Sie können zwar nichts an Ihrem Alter ändern, aber Sie können möglicherweise Ihr Jahresgehalt unter die magische Grenze drücken. Die Verbraucherzentralen empfehlen, sich bei Ihrem Arbeitgeber zu erkundigen, ob Sie ein Recht auf eine befristete Teilzeitvereinbarung haben, auch bekannt als „Brückenteilzeit". Oder ob Sie Ihre Arbeitszeit so reduzieren können, dass Ihr Gehalt unter den Grenzwert fällt. Wenn Ihr Arbeitgeber ein Arbeitszeitkonto anbietet, auf dem geleistete Arbeit für die Zukunft gutgeschrieben wird, lässt sich so ebenfalls das Gehalt reduzieren. Sie können die Summe auch etwas senken, indem Sie einen Teil Ihres Gehalts im Rahmen einer Entgeltumwandlung in eine betriebliche Altersvorsorge fließen lassen. 2025 ist das bis zu einem Betrag von 3.864 Euro pro Jahr möglich.

Der Kniff mit der Familienversicherung

Wenn Sie verheiratet oder verpartnert sind, könnte dies eine Möglichkeit sein, zurück in die GKV zu kommen. Wenn Ihr Partner oder Ihre Partnerin gesetzlich versichert ist, können Sie sich ohne Altersgrenze in dieser GKV versichern – vorausgesetzt, Sie verdienen wenig. Im Jahr 2025 dürfen Ehegatten oder Lebenspartner entweder in einem Minijob maximal 556 Euro pro Monat verdienen oder ein Gesamteinkommen haben, das monatlich 535 Euro nicht übersteigt. Es kommt auf den Einzelfall an. Lassen Sie sich deshalb von einer Krankenkasse oder einer Verbraucherzentrale beraten.

So kommen Selbstständige zurück in die GKV

Auch hier gilt: Alter unter 55 Jahren, Einkommen muss die Versicherungspflicht auslösen. Das ist möglich, etwa wenn Sie Ihre Selbstständigkeit aufgeben, zurück in ein Angestelltenverhältnis wechseln oder nur noch nebenberuflich selbstständig arbeiten.

Die Nebenberuflichkeit hat aber strenge Grenzen. Sie müssen mehr als 20 Stunden pro Woche als Angestellte arbeiten. Sie dürfen keine eigenen Angestellten mit einem Verdienst über der Minijob-Grenze von 556 Euro monatlich haben. Sie müssen als Angestellte mindestens so viel verdienen, wie Sie Gewinn aus Ihrer Selbstständigkeit haben. Wer einmal als Angestellte in der GKV aufgenommen wurde, darf später auch wieder hauptberuflich selbstständig arbeiten – und in der Kasse bleiben.

Geldanlage: Sicher und nachhaltig

Sie wollen Geld anlegen, wissen aber nicht, wie? Sie haben schon immer auf die News von der Börse geschaut – und jetzt wollen Sie sich auch aufs Parkett wagen? Wir stellen die Chancen und Risiken der verschiedenen Anlageformen vor und zeigen, wie Sie Ihr Risikoprofil und Ihren Anlagehorizont bestimmen. Nicht zuletzt: Wenn Sie das Management der eigenen Finanzen selbst in die Hand nehmen, lassen sich viele unnötige Kosten sparen.

Wir steigen ein mit den klassischen Zielen der Vermögensanlage: Erstens soll das Investment möglichst gute Zinsen bringen. Zweitens soll das Geld so sicher wie möglich angelegt werden. Und drittens soll es schnell verfügbar sein, wenn Sie es brauchen. Letzteres nennt man Liquidität, auf Deutsch flüssig sein. Willkommen im Magischen Dreieck der Geldanlage!

Der Haken ist nur: Es gibt keine Geldanlage, die alle drei Ziele gleich gut bedient.

Wenn Sie Geld besonders sicher anlegen, bekommen Sie nur niedrige Zinsen dafür. Denn Zinsen sind immer eine Prämie für ein Risiko, das Investoren eingehen. Wenig Risiko, wenig Prämie. Ist die Anlage schwankungsanfällig, ist es die Rendite auch.

Mit der Liquidität ist es nicht besser. Legen Sie Ihr Geld für kurze Zeit an, haben Sie den schnelleren Zugriff, aber bekommen nur Mini-Zinsen. Erst wenn Sie es über Jahre festlegen, bekommen Sie höhere Zinsen. Dann sind Sie aber nicht jederzeit flüssig. Maximale Rendite, minimales Risiko und hohe Liquidität gibt es bei keiner Anlageform. Praktisch sind immer nur zwei der drei Ziele erreichbar. Deshalb ist es unerlässlich, Ihr persönliches Anlageprofil abzustecken.

CHECKLISTE

Mein Anlageprofil

- ☐ Wie viel Geld haben Sie für die Anlage zur Verfügung (einmalig, monatlich)?
- ☐ Welche Ziele sind Ihnen besonders wichtig?
- ☐ Mit welchen Einkommensveränderungen rechnen Sie in Zukunft?
- ☐ Wie viel Geld könnten Sie im schlimmsten Fall als Verlust verschmerzen?
- ☐ Wie lange haben Sie noch Zeit, bis Sie das Geld brauchen?
- ☐ Möchten Sie über das Geld während der Anlagedauer verfügen?

Anlageprofil

Ihr Anlageprofil ist nicht in Stein gemeißelt. Ändern sich Ihre Lebensumstände, etwa durch eine Erbschaft oder weil eine Immobilie gekauft wird, muss auch die Geldanlage neu justiert werden.

Wenn Sie sich dazu entschließen, Ihr Erspartes langfristig anzulegen, stellt sich außerdem die Frage, wie Sie es am besten auf die verschiedenen Anlageformen aufteilen. Nicht alles auf eine Karte zu setzen – das ist auch beim Geld eine gute Idee! Diversifikation nennen das die Fachleute. Wie viel soll

BEISPIEL

Die Berufsstarterin Elif hat zwar noch wenig Kapital, dafür aber ausreichend Zeit, um ihre finanziellen Ziele zu erreichen. Sie kann etwas risikoreichere Anlagen wie Aktien wählen, weil sie Börsenschwankungen einfach aussitzen kann. Oda hingegen bleibt nur noch ein Anlagehorizont von rund zehn Jahren bis zur Rente – sie sollte Anlageformen wählen, die ihr ab diesem Zeitpunkt mit einer gesicherten Rendite zur Verfügung stehen.

relativ sicher, dafür aber niedrig verzinst angelegt werden? Und welcher Teil kann in ertragsstärkere, aber damit auch kurz- und mittelfristig riskantere, schwankungsanfälligere Geldanlagen investiert werden?

BEISPIEL

So geht Diversifikation

Wir nehmen an, Sie haben neben Ihrer Reserve für Unvorhergesehenes ein Vermögen in Höhe von 50.000 Euro. Das müssen Sie in den nächsten zehn Jahren sehr wahrscheinlich nicht angreifen. Sie überlegen sich, wie Sie dieses Geld auf verschiedene Anlageklassen aufteilen wollen. Dann lautet die erste Frage: Mit wie viel Risiko können Sie denn leben? Wenn Sie an der Börse investieren, müssen Sie realistisch betrachtet auch mit zwischenzeitlichen Verlusten in Ihrem Depot rechnen. Denn Kurse gehen mal rauf und mal runter. Angenommen, Sie können es tolerieren, dass aus den 50.000 Euro zwischendurch 35.000 Euro werden. Das wäre ein Rückgang um 30 Prozent.

Dann könnten Sie 60 Prozent Ihres Geldes in Aktienfonds anlegen, also 30.000 Euro, während die restlichen 20.000 Euro ohne Wertschwankungsrisiko etwa auf ein Tagesgeld- oder ein Festgeldkonto kommen. Warum 60 Prozent? Weil das maximale Verlustrisiko bei Aktienfonds in der Vergangenheit bei etwa 50 Prozent lag. Der Betrag von 30.000 Euro reduzierte sich historisch im schlimmsten Fall, etwa nach einem Börsen-Crash, auf 15.000 Euro. Zusammen mit den 20.000 Euro im sicheren Festgeld hätten Sie dann auch nach dem Crash mindestens die gewünschten 35.000 Euro.

Das klingt dramatischer als es ist. Letztlich haben geduldige Aktionärinnen an den Börsen auf lange Sicht immer Gewinn gemacht. Das zeigt die Grafik auf → Seite 58.

Je nachdem, welchen zwischenzeitlichen Verlust Ihres Geldes Sie maximal verkraften können und wollen, könnte entsprechend unserem Beispiel folgender Anteil in Aktienfonds (Aktien-ETFs) infrage kommen (eine weltweite Streuung vorausgesetzt):

Entwicklung des DAX in den Jahren von 1987 bis 2023

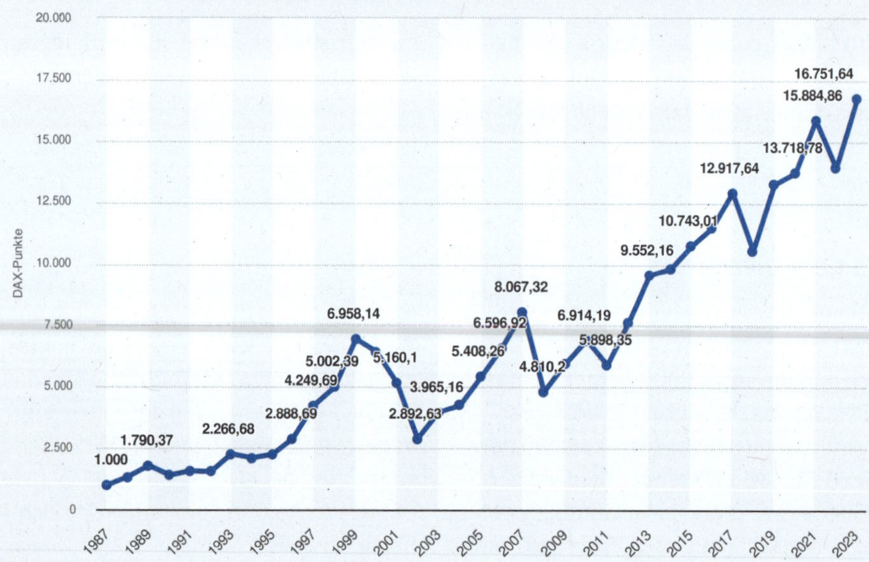

Quelle
Ariva.de
© Statista 2024

Weitere Informationen:
Deutschland

Der Dax bildet die Wertentwicklung der 40 größten und umsatzstärksten deutschen Aktien ab, die an der Frankfurter Wertpapierbörse gehandelt werden. Er ist der bekannteste deutsche Aktienindex und kann als Vergleichsmaßstab gelten.

Risikoverteilung

MAXIMAL VERKRAFTBARER VERLUST DES ANGELEGTEN GELDES	ANTEIL IHRES GELDES, DER MAXIMAL IN EINEN WELTWEITEN AKTIEN-INDEX ANGELEGT WERDEN KÖNNTE
10 Prozent	20 Prozent
20 Prozent	40 Prozent
30 Prozent	60 Prozent
40 Prozent	80 Prozent
50 Prozent und mehr	100 Prozent

Nicht zuletzt ist bei der Geldanlage eine immer relevantere Frage: Will ich dabei auch Umwelt-, soziale oder ethische Kriterien berücksichtigen (→ Seite 81)?

Guter Rat muss nicht teuer sein

Auf vielen Seiten im Internet liefern anbieterunabhängige Organisationen wie die Stiftung Warentest und die Verbraucherzentralen zum Thema Geldanlage und Altersvorsorge fundierte Informationen.

> GUT ZU WISSEN
>
> **Anbieterunabhängige Beratung**
>
> Die Verbraucherzentralen helfen auch mit persönlicher Beratung weiter. Angebote und Kosten im jeweiligen Bundesland sind hier nachzulesen: **www.verbraucherzentrale.de/beratung**

Auch Honorarberater und -beraterinnen, die bank- oder versicherungsunabhängig arbeiten, können eine hilfreiche Anlaufstelle sein. Sie nehmen von Ihnen als Kundin einen vorher vereinbarten Stundensatz. Dafür erstellen sie eine Analyse Ihrer Wünsche und Lebenslage. Das Honorar liegt je nach Aufwand und Leistung mindestens zwischen 120 und 250 Euro die Stunde. Im Gegenzug kassieren sie aber – anders als die Mitarbeitenden bei Banken und Versicherungen – keine Provisionen für die empfohlenen Produkte. Das macht sie in ihren Ratschlägen unabhängig. Eine Übersicht finden sie unter
www.deutsche-honorarberater.de

Mit den Versprechen guter Beratung und einer hohen Rendite bei der Geldanlage lässt sich viel Geld verdienen. Denn Mitarbeitende von Geldinstituten, Anlageberatungen und Versicherungen bekommen für jedes verkaufte Produkt eine Provision. Ziel ist es daher nicht unbedingt, objektiv das Beste für die Kundin zu empfehlen. Viele würden das vermutlich sogar gern. Aber sie unterliegen klaren Unternehmensvorgaben, welche Produkte sie welcher Kundengruppe verkaufen sollen. Die sind jedoch oft zu teuer, riskant

> GUT ZU WISSEN
>
> Das gesetzlich vorgeschriebene Basis- oder Produktinformationsblatt ist eine Übersicht mit den wichtigsten Merkmalen des jeweiligen Anlageprodukts. Darin werden insbesondere dessen Risiken, das Renditeprofil und die Kosten beschrieben. Der Verkäufer muss es vor Vertragsabschluss aushändigen. Den Erhalt müssen Sie in der Beratungsdokumentation unterschreiben.

oder passen nicht zum individuellen Bedarf. Solche oft gegensätzlichen Interessen machen daher eine neutrale Beratung nahezu unmöglich.

Die Beratungsprovisionen zahlen übrigens Sie. Deren Höhe wird Ihnen zusammen mit anderen Kosten, die die Bank in Rechnung stellt, von der Summe, die Sie investieren wollen, abgezogen. Das heißt, die tatsächlich angelegte Summe – und damit auch Ihre Rendite – verringert sich automatisch. Ihnen fehlen die Zinsen auf den Kostenan-

ACHTUNG

Genau hinschauen!

Auch wer mit der Bezeichnung „unabhängiger Finanzberater", „Finanz-" oder „Vermögensoptimierer" oder „Finfluencer im Internet" wirbt, kann das Gegenteil von kompetent und unabhängig sein. Das sind alles keine geschützten Berufsbezeichnungen. So darf sich jeder und jede nennen. Eine Ausbildung oder Zulassung braucht es dafür nicht.

Schließen Sie niemals Verträge bei Finanzberatungen ab, die

- → ohne vorherige Vereinbarung Kontakt aufnehmen und über Gelddinge sprechen wollen.
- → mit der „Freundschaftsmasche" kommen, um vermeintliches Vertrauen zu schaffen. Etwa so: „Ihr Arbeitskollege/Ihre Sportkameradin hat mir empfohlen Sie zu fragen, ob Sie nicht auch monatlich viel Geld sparen möchten."
- → auf einen eiligen Abschluss drängen (weil es vermeintlich ein befristetes Angebot ist).
- → hohe Renditen ohne Risiko und jederzeitige Ausstiegsmöglichkeiten versprechen.
- → lediglich mündliche Zusagen machen.

Bei einer seriösen Finanzberatung

- → wird Ihnen genug Zeit gegeben, um die Unterlagen zu einer Geldanlage genau zu studieren.
- → wird empfohlen, dazu eine zweite Meinung einzuholen, etwa bei einer Verbraucherzentrale oder einem Steuerberater.
- → ist es unproblematisch, sich die wichtigen Fakten schriftlich bestätigen und aushändigen zu lassen.
- → bekommen Sie Zeit, um in Ruhe in öffentlichen Datenbanken, wie denen der Bundesanstalt für Finanzdienstleistungsaufsicht, der Industrie- und Handelskammern, dem Handelsregister und dem Bundesanzeiger, zu recherchieren.

teil. Der kann sehr hoch sein. Sie finden die Kosten für die meisten Finanzprodukte im Basisinformationsblatt.

Robo-Advisor: Digitale Anlagehelfer

Auf digitale Vermögensverwaltung setzen die aktuell rund 30 Robo-Advisor-Anbieter auf dem Markt. Sie nutzen Algorithmen und künstliche Intelligenz. Damit erstellen sie nach Ihren Angaben und Präferenzen ein Portfolio für Sie. Die vom Robo-Advisor empfohlene Kombination von Anlageformen soll, entsprechend Ihrem Profil, den höchsten Gesamtertrag versprechen. Dafür beantworten Sie zunächst bis zu 30 Fragen beispielsweise zu Ihrer gewünschten Anlagesumme, Ihrer Risikobereitschaft und den mit der Geldanlage verfolgten Zielen. Ähnlich wie beim Anlagegespräch in einer Bank. Je nach Risikotyp erhalten Sie ein defensives, ausgewogenes oder offensiv ausgerichtetes Portfolioangebot. Das besteht aus Aktien- und Anleihenfonds, mitunter sind auch Rohstoffe dabei.

Der Robo-Advisor spart Zeit. Was er nicht spart, ist Geld. Die Stiftung Warentest hat herausgefunden, dass die jährlichen Kosten zwischen 0,48 und 1,40 Prozent der Anlagesumme liegen können. Sie setzen sich zusammen aus der Verwaltungsgebühr für den Robo-Advisor und den Kosten für das Portfolio, also zum Beispiel den Fondsgebühren. Die Erfolgsaussichten der automatisierten Geldvermehrung hat die Stiftung Warentest gecheckt. Hier können Sie nachlesen, wie gut die digitalen Geldanlagehelfer arbeiten: www.test.de/node/5107535-0/

Was passt zu mir?

Egal, ob Sie sicher anlegen oder kurzfristig spekulieren wollen: Die Finanzbranche macht Ihnen für alles ein Angebot. Banken, Sparkassen, Fondsgesellschaften und Versicherungen umgarnen Sie mit Rendite, Gewinn und Steuervorteilen. Mögliche Verlust-

GUT ZU WISSEN

Anlageklassen

Als Anlage- oder Assetklasse werden unterschiedliche Arten der Geldanlage bezeichnet, zum Beispiel Aktien oder Anleihen. Finanzprodukte mit ähnlichen Merkmalen werden zu Gruppen beziehungsweise Klassen zusammengefasst. Abhängig von den jeweiligen Eigenschaften unterscheidet sich das Verhältnis von Chancen und Risiken. Die wichtigsten Anlageklassen sind Aktien, Geldmarktinstrumente wie Tages- und Festgeld sowie Geldmarktfonds, Anleihen, Immobilien, Rohstoffe oder Sammlerstücke.

risiken handeln sie allerdings gerne nur im Kleingedruckten ab. Hier lernen Sie die Vor- und Nachteile der verschiedenen Anlageklassen kennen und können prüfen, was davon zu Ihren Zielen passt.

Das Tagesgeld haben wir bereits als Strategie zum Sparen für die Notfallreserve (→ Seite 34) vorgestellt. Vor- und Nachteile können Sie dort noch einmal nachlesen.

Frauen nutzen Finanzprodukte nicht so häufig wie Männer
Anteil der Befragten, die folgende Finanzprodukte und Anlagen derzeit nutzen/besitzen

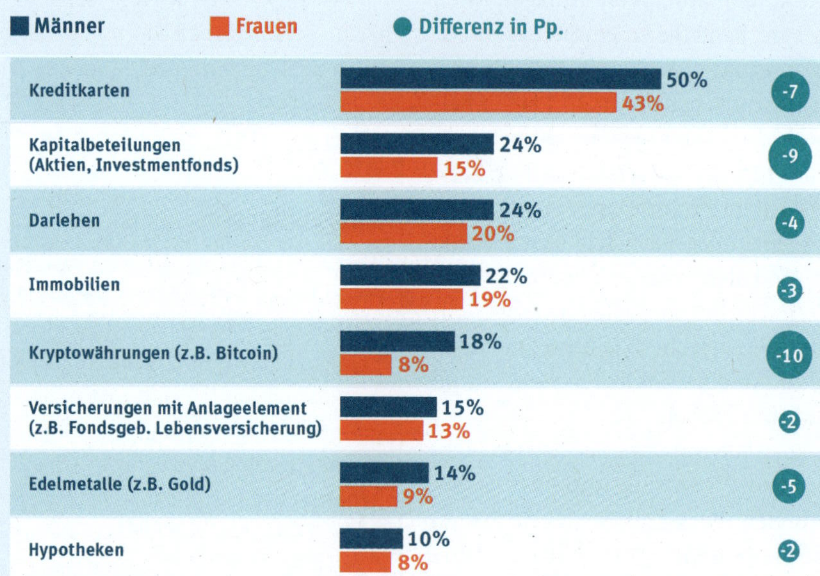

35.938 Befragte (18-64 Jahre) in Deutschland, 04. Jan - 14. Dez 2023
Quelle: Statista Consumer Insights

Sparbuch

Die Deutschen sparen konservativ und verzichten leichthändig auf Zinsen. Das zeigt eine Umfrage des Verbands der Privaten Bausparkassen. Im Frühjahr 2024 war das Girokonto die beliebteste Geldanlage in Deutschland. 41 Prozent der Befragten nutzten es. Dahinter folgte das Sparbuch beziehungsweise Spareinlagen mit etwa 35 Prozent.

Alte Liebe – das Sparbuch wurde 1818 erstmals von der Berliner Sparkasse herausgegeben – rostet also nicht. Heute wird es aber nicht mehr als Buch, sondern als Sparcard oder Sparkonto angeboten. Der Blick auf die mickrigen Zinsen sollte die Zuneigung allerdings schwinden lassen: Im Durchschnitt liegt der Zinssatz bei 0,10 Prozent. Gepaart mit der Inflationsrate von rund 2 Prozent wird das Geld hier weniger und weniger. Das Sparkonto bereitet also keiner Sparerin mehr Freude – das zudem flexiblere Tagesgeld (→ Seite 34) ist da die bessere Alternative.

Festgeld

Fester Zins für eine feste Zeit – beim Festgeld ist total sicher, wann es Ihnen mit welchem Plus an Zinsen wieder zur Verfügung steht. Und in der Regel wird Festgeld mit einem höheren Zins als beim Tagesgeld belohnt, weil die Bank ja auch längerfristig mit Ihrem Geld planen kann. Je länger die Laufzeit, desto höher in der Regel der Zinssatz.

> GUT ZU WISSEN
>
> **Zinseszinseffekt**
>
> Der Zinseszins ist der Zins auf den Zins. Heißt: Zinsen auf eine mehrjährige Geldanlage werden nicht Jahr für Jahr an die Sparerin ausgezahlt, sondern bleiben in dem Anlagetopf. So erhöhen sie das zu verzinsende Kapitel der Sparerin. Angenommen, Sie legen 1.000 Euro zu 5 Prozent an, dann haben Sie nach einem Jahr 1.050 Euro. Nach zwei Jahren sind es aber nicht nur 1.100 Euro, denn die 50 Euro Vorjahreszinsen werden ja auch mit 5 Prozent verzinst. Darum stehen 1.102,50 Euro zu Buche. Auf längere Sicht und bei größeren Summen macht das einen erheblichen Unterschied.

Die Laufzeit kann zwischen einem Monat und zehn Jahren betragen. Allerdings: Einmal angelegt, kommt man erst am Ende der Laufzeit wieder an das Geld. Ansonsten wird eine Vorfälligkeitsentschädigung fällig.

Ein Festgeldkonto gibt es bei fast allen Geldinstituten; die Kontoführung ist kostenlos. Zinsen werden bei Festgeldkonten in der Regel erst am Ende der Laufzeit berechnet. Ein Zinseszinseffekt schlägt daher zumeist nicht zu Buche. Denn ihr Kapital plus Zinsen bekommen Festgeld-Sparerinnen dann am Ende der Laufzeit per Gutschrift auf ihr

Girokonto überwiesen. Es gibt aber Geldinstitute, die den Zinseszins ausschütten. Es lohnt, auf die Angebotsdetails zu achten.

BEISPIEL

Elif startet mit 28 Jahren, monatlich 150 Euro für zusätzliche Absicherung im Alter zurückzulegen. Der Zinssatz beträgt 5 Prozent pro Jahr. Wenn sie 35 Jahre spart, hat sie abzüglich der Kapitalertragssteuer ein Endkapital von rund 140.000 Euro. Ihr reiner Zinsgewinn beträgt 76.803 Euro.

Wer mit Festgeld flexibler bleiben will, legt verschiedene Festgeldkonten mit unterschiedlichen Laufzeiten an. Das hat den Vorteil, dass das Geld für den jeweiligen Zeitraum sicher auf der hohen Kante ist. Aber eben auch nicht zu lange, sodass es bei steigenden Zinsen wieder besser angelegt werden kann. Zudem können Sie immer wieder neu entscheiden, ob Sie das aktuell frei werdende Geld benötigen oder wieder anlegen möchten.

Notieren Sie sich in Ihrem Kalender den Ablaufzeitpunkt Ihrer Festgeldanlage. Manche Verträge müssen rechtzeitig vorher gekündigt werden. Sonst verlängern sie sich automatisch. Der neue Zinssatz kann dann inzwischen aber auch niedriger sein.

Zinstreppe bei Festgeldanlagen

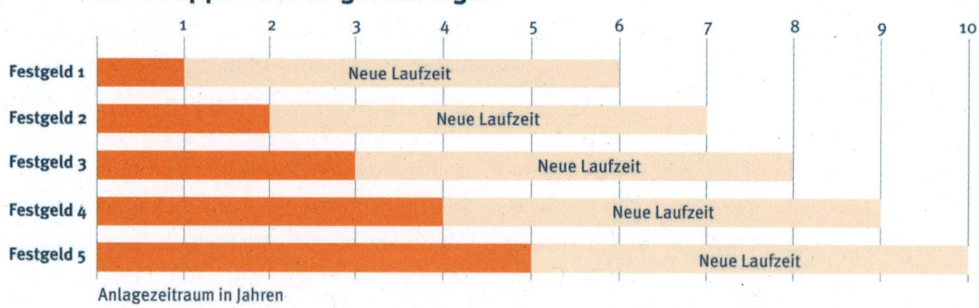

„Nur abschließen, was Sie verstehen!"

BARBARA RÜCK, Beraterin für Geldanlage und Altersvorsorge bei der Verbraucherzentrale NRW

Frau Rück, gibt es einen „Masterplan" für die Geldanlage, den Sie Frauen mit auf den Weg geben?
Die Wahl sollte auf Produkte fallen, die einfach, transparent, kostengünstig und flexibel sind! Ein Masterplan ist es nur, wenn er auch auf die individuellen Bedürfnisse abgestimmt ist. Keinesfalls sollte man sich auf eine provisionsorientierte Beratung verlassen! Zunächst müssten die Ziele der Geldanlage oder des Sparprozesses festgelegt werden: Wird eine kurzfristige Liquiditätsreserve benötigt, soll für größere Ausgaben angespart werden und/oder für eine langfristige Altersvorsorge? Wie viel Risiko ist tragbar? Klingt selbstverständlich, wird aber doch zu selten beherzigt. Aber vor allem gilt: Nur abschließen, was Sie auch verstehen! Bedeutet: Zu Beginn ausführlich informieren und vergleichen. Zwischenzeitlich immer mal wieder Anlagestrategien entsprechend der aktuellen Lebenssituation hinterfragen und, falls notwendig, nachjustieren.

Wenn wir den Single Elif nehmen, für die wäre mit Ende 20 etwas mehr Risiko möglich, oder?
Das ist von ihren Zielen abhängig. Will sie Geld über Jahrzehnte für ihre Altersvorsorge anlegen und ist sich sicher, dass sie das Vermögen nicht zwischendurch beispielsweise für den Kauf einer Immobilie, eine Selbstständigkeit oder anderes benötigt, kommen chancenreichere Anlagen als Beimischung infrage. Das Nervenkostüm muss außerdem mitspielen, um Kursschwankungen an der Börse auszuhalten. Das passt, wenn sie ansonsten alle Risiken über Versicherungen abgedeckt hat und auch ein Polster für überraschende Ausgaben vorhanden ist.

Blicken wir auf die junge Familie von Julia. Da geht Sicherheit vor Rendite?
Erst Sicherheit, dann gegebenenfalls Rendite. Existenzielle Risiken wie Tod oder Berufsunfähigkeit sollten abgesichert sein – eine Haftpflichtversicherung ist Pflicht. Darüber hinaus sind die Ziele entscheidend. Ist der Kauf einer Immobilie geplant, steht Sicherheit im Fokus. Zunächst sollte ausreichend Eigenkapital angespart werden, das kostenfrei, sicher und gut verzinst geparkt und schnell verfügbar ist. Nach dem Kauf sollte die Entschuldung vorangetrieben werden. Das senkt Risiken. Ohne Immobilienvorhaben kommen auch chancenreiche, risikobehaftete Produkte für einen langfristigen Anlagehorizont infrage.

Und was raten Sie, wenn die Rente in Sicht ist und Frauen dann beim Kassensturz feststellen, dass das Budget künftig auf Kante genäht ist?
Kosten senken, wo das möglich ist. Und zwar nicht nur bei der Lebenshaltung (Haushaltsbuch führen!), sondern auch mit einem Check laufender Verträge. Qualität und Kosten bestehender Anlagen kritisch hinterfragen. In Kapitalversicherungen mit Dynamik beispielsweise steigt der Beitrag von Jahr zu Jahr, das kann auf lange Sicht sehr teuer sein und zu überfordernden Beiträgen führen. Diese Dynamik kann gestoppt werden. Manchmal lassen sich Kosten schon senken, indem Versicherungsbeiträge monatlich statt jährlich gezahlt werden. Und auch staatliche Förderungen helfen beim Sparen.

Sparbrief

Sparbriefe sind ebenfalls Einmalanlagen mit fester Laufzeit und festem Zins. Doch während es beim Festgeld keine Variationen gibt, können Sie beim Sparbrief zwischen drei Optionen wählen:

- → **Sparbriefe mit konstanten Zinsen:** Hier wird jedes Jahr ein gleichbleibender Zinssatz ausgezahlt. Das passiert ein oder zwei Mal jährlich.
- → **Sparbriefe mit Zinstreppe:** Bei dieser Variante steigt der Zinssatz während der Laufzeit jedes Jahr um einen vorher festgelegten Prozentsatz an.
- → **Abgezinster Sparbrief:** Bei dieser Variante werden die künftigen Zinsen vom Ausgabepreis abgezogen. Klingt komplizierter als es ist. Wenn Sie einen Sparbrief zu einem Ausgabepreis von 100 Euro kaufen, zahlen Sie dafür nur 90 Euro. Trotzdem bekommen Sie am Ende der Laufzeit 100 Euro. Die 10 Euro Gewinn sind der vereinbarte Zins zum Beispiel für eine fünfjährige Anlage zu 2,13 Prozent.

Während Festgeld zum Fälligkeitstag gekündigt werden muss, läuft der Sparbrief automatisch zum vorher vereinbarten Zeitpunkt aus. Wie Tages- und Festgeld unterliegen Sparbriefe der Einlagensicherung (→ Seite 27). Allerdings gibt es auch Sparbriefe in der Variante mit Nachrangabrede. Wenn Sie diese Abrede akzeptieren, können Sie etwas höhere Zinsen als beim Festgeld bekommen. Dafür nehmen Sie aber auch ein zusätzliches Risiko in Kauf. Bei einem Sparbrief mit Nachrangabrede wäre Ihr Geld im Falle einer Bankenpleite futsch. Dann haben Sie keinen Erstattungsanspruch aus den gesetzlichen Einlagensicherungssystemen und etwaigen privaten Einlagensicherungsfonds. Sparerinnen sind im Insolvenzverfahren erst an der Reihe, nachdem alle anderen Gläubiger ihr Geld bekommen haben – falls dann noch welches da ist. Sparbriefe können Sie bei Geldinstituten und Onlinebanken kaufen. Kosten entstehen dabei nicht.

Geld verdienen an der Börse

Höhere Rendite als bei Tages- und Festgeld kann an der Börse winken. Dafür müssen Sie weder eine ausgebuffte Anlageexpertin sein noch eine Zockernatur haben. Kaufen und Liegenlassen reicht und führt langfristig zu den besten Anlageergebnissen. Sie müssen auch nicht ständig Aktienkurse oder Börsenbriefe checken. Das können andere für Sie erledigen. Lesen Sie gleich, wie's geht.

Nur eines müssen Sie definitiv selbst entscheiden: Wie viel Risiko wollen Sie sich leisten? Aktienkurse können auch fallen. Deshalb empfiehlt es sich, nur Kapital zu investieren, auf das Sie nicht zwingend angewiesen sind. Verluste sollten Sie auch über mehrere Jahre aussitzen können.

Das klingt aber schlimmer als es ist. Denn hier kommt die gute Nachricht: Auf Sicht von 20 Jahren waren Aktien in 73 Prozent, auf Sicht von 30 Jahren sogar in 93 Prozent aller Zeiträume seit 1900 die ertragreichste Geldanlage – oft mit großem Abstand vor anderen Anlagen wie Immobilien, Gold, Staatsanleihen, kapitalbildenden Versicherungen oder dem Sparbuch.

HINTERGRUND

Frauen: Top an der Börse!

Glückwunsch, Frauen sind an der Börse erfolgreicher als Männer! Sie zocken weniger und handeln umsichtiger. Regelmäßig analysieren Banken und Fondsgesellschaften die Wertpapierdepots ihrer Kundschaft. Und kommen immer wieder zum gleichen Ergebnis: Frauen erwirtschaften eine höhere Rendite. Je nach Studie machen sie zwischen 0,8 und fünf Prozent mehr Gewinn pro Jahr. Warum? Frauen schauen häufiger nach günstigen und breit gestreuten Fonds, sogenannten ETFs. Männer präferieren riskantere Einzelaktien. Anlegerinnen informieren sich zudem besser als Männer und wählen ihre Favoriten sorgfältiger aus. Im Schnitt machen sie auch nur halb so viel Wertpapierkäufe und -verkäufe. „Hin und her macht Tasche leer" – so lautet nicht ohne Grund eine alte Börsenweisheit. Wer vorausschauender investiert, muss nicht dauernd sein Depot umschichten – was zusätzliche Kosten verursacht.

Aktien

Wenn Sie Aktien eines Unternehmens an einer Börse kaufen, werden Sie quasi zur Miteigentümerin. Eine Aktie ist ein Anteil an einem Unternehmen, das Aktiengesellschaft oder kurz AG heißt. Aktien geben Unternehmen meist aus, um sich neues Eigenkapital zu verschaffen. Als Aktionärin gehört Ihnen ein – zugegeben winzig kleiner – Teil davon.

Wenn das Unternehmen erfolgreich ist und möglichst viele Leute Anteile daran kaufen wollen, steigt der Wert der Aktien. Wenn viele Leute aber nicht mehr an die Zukunft des Unternehmens glauben und ihre Aktien loswerden wollen, fällt der Aktienkurs. Wird das Unternehmen insolvent, können die Aktien wertlos werden. Erzielt das Unternehmen einen Gewinn, kann die jährliche Hauptversammlung aller Anteilseigner entscheiden, Teile davon als kleine Dividende an Aktionäre und Aktionärinnen auszuzahlen. Das ist ein schönes Zubrot. Mit diesen Wertpapieren können Sie sehr viel mehr Gewinn einfahren als mit sicheren Zinspapieren. Dafür ist aber sogar der Totalverlust möglich. Das ist der Preis. Denn an der Börse geht es auf und ab.

Börse kurzgefasst

Auch wenn es anders ausschaut – an der Börse wird alles andere als logisch gehandelt. Aktienkurse können fallen, obwohl es einem Unternehmen gut geht. Und sie können steigen, nachdem das Unternehmen schlechte Nachrichten verkündet hat. Aktienkurse bilden nicht den wahren Wert eines Unternehmens ab. Sie zeigen, welche Hoffnungen Anlegerinnen und Anleger mit ihnen verknüpfen. So können sie aus einer boomenden Branche aussteigen, weil sie glauben, diese hat ihren Zenit erreicht. Besser wird's nicht mehr – wir stecken unser Geld lieber in aufstrebende Unternehmen. Die haben noch Gewinnpotenzial.

Eine Aktie kann aber auch am Boden liegen und Börsenfüchse stürzen sich darauf wie irre. Sie wittern hier die nächste Super-Aktie zum Spottpreis. Die Kurse von Aktien können aber ebenso aus Gründen durchgeschüttelt werden, für die die Unternehmen nicht verantwortlich sind. Etwa durch die gesamtwirtschaftliche Situation beziehungsweise die politische Lage in einem Land und der Welt.

Vieles an der Börse ist Kaffeesatzleserei. Auch wenn es die hochbezahlten Profis gerne anders darstellen. Tatsächlich ist es wichtig zu wissen, was „der Markt denkt". Dafür ein Gefühl zu entwickeln, das ist Gold wert.

Bei Aktien gilt die alte Börsenweisheit: Legen Sie nicht alle Eier in einen Korb. Wenn Sie in Einzelwerte investieren wollen, setzen Sie nicht auf eine oder wenige Aktien, sondern nehmen Sie verschiedene Unternehmen und verschiedene Branchen und die am besten aus der ganzen Welt in Ihr Depot. Das mindert Ihr Verlustrisiko.

31,26 Mio.

Wertpapierdepots verwalteten deutsche Privathaushalte Ende 2023

Statista 2024, Erhebung durch Deutsche Bundesbank

So kaufen Sie Wertpapiere

Aktien und Co. können Sie über eine Filialbank, eine Onlinebank oder einen Internetbroker kaufen und verkaufen. Voraussetzung dafür ist ein Depotkonto – dort werden die Wertpapiere virtuell „aufbewahrt“ und verwaltet. Dabei fallen meist Kosten für die Depotführung und für den Kauf oder Verkauf von Wertpapieren an. Die Preise hierfür reichen von kostenlos bis zu mehreren Hundert Euro pro Jahr.

Ob viel oder wenig gehandelt wird, einmalig eine größere Summe oder kleinere Beträge über einen längeren Zeitraum angelegt werden sollen: Es hängt von Ihrem Nutzungsverhalten ab, welches Depot und welches Preismodell am besten zu Ihnen passt.

Zum Depotkostenvergleich der Stiftung Warentest geht es hier:
www.test.de/node/4864312-0/

Dort gibt es auch einen interaktiven Rechner, um den für die individuellen Ansprüche günstigsten Anbieter zu ermitteln.

BEISPIEL

Oda will in Aktien anlegen. Das Risiko, dass die Kurse gerade im Keller sind, wenn sie in etwa zehn Jahren auf einen Teil des Kapitals zurückgreifen will, hat sie einkalkuliert. Sie überlegt, ein Depot bei ihrer Filialbank zu eröffnen und überschlägt die Kosten: 30 Euro pro Jahr an Depotgebühren, hinzu kommt bei jedem Auftrag 1 Prozent des Anlagebetrags als Orderentgelt. Das ist ein echter Renditekiller, denn diese Kosten muss sie erst einmal an Wertzuwachs mit den Aktien erreichen! Sie entscheidet sich daher, ihr Wertpapierdepot digital bei der Filialbank zu führen und Orders selbst am Computer zu erledigen. Das ist deutlich günstiger als der Kauf mit Beratung in der Filiale.

275 Euro bis 2.500 Euro

**zahlt man für
50 Käufe oder Verkäufe
von Wertpapieren
zu je 2.500 Euro.**

Depotkostenvergleich von Finanztest 12/2023

→ TIPP
Wer nur selten Wertpapiere oder Fonds kauft, sollte vor allem auf die regelmäßig zu zahlenden Verwahrungskosten achten!

Bei den günstigsten Onlinebanken kann man – bei kostenloser Depotführung – Wertpapiere schon für eine Gebühr von weniger als 10 Euro kaufen – unabhängig von der Anlagesumme. Filialbankkundinnen müssen dafür mitunter bis zu 50 Euro zahlen, selbst wenn sie nur eine 500-Euro-Order aufgeben. Die meisten Filialbanken, Sparkassen und Genossenschaftsbanken berechnen 1 Prozent des Orderwertes.

Fast nichts kostet der Aktienhandel bei den sogenannten Neobrokern, die sich in der Regel ausschließlich auf das Führen von Wertpapierdepots spezialisiert haben. Sie betreiben meist kein Bankgeschäft, sondern sind eine reine Handelsplattform. Diese schlanke Struktur ermöglicht schlanke Preise fürs Depot. Bekannte Neobroker sind etwa Trade Republic, Scalable Capital, Just-Trade oder Finanzen.Net Zero. Nutzerinnen müssen bei diesen Anbietern übrigens nicht alles über die jeweilige Smartphone-App machen, sondern können Orders auch am Desktop erledigen. Das Verwahren der Wertpapiere ist gratis. Die Orderkosten sind marginal, oft zahlen Anlegerinnen rund 1 Euro je Kauf oder Verkauf.

Was Neobroker im Vergleich leisten, erfahren Sie hier:
www.test.de/node/5468655-0/

Das Angebot der Neobroker unterscheidet sich vor allem dadurch, welche Wertpapiere sie an welchen nationalen und internationalen Handelsplätzen zum Handel freigeben. Den in Deutschland führenden Handelsplatz Xetra sucht man vergebens, sie arbeiten nur mit maximal drei kleineren Börsen (bei denen die Gebühren oft deutlich geringer sind) zusammen. Solange nur „bekannte" Aktien gekauft werden, reicht deren Angebot jedoch völlig aus.

Wenn Sie regelmäßig Aktien kaufen wollen, ist ein Wertpapier-Sparplan eine gute Idee. Damit wird dann ein festgelegter Betrag auf Ihr Depotkonto überwiesen, um jedes Mal ein paar mehr Anteile des entsprechenden Wertpapiers zu kaufen.

GUT ZU WISSEN

Sparplan

Wenn Sie regelmäßig in Geld an der Börse anlegen möchten, ist ein Sparplan eine gute Wahl. Die werden von den Banken auf Aktien, Fonds und ETFs (→ Seite 72) angeboten.

Mit einem Sparplan bleiben Sie flexibel. Sie selbst wählen, wie oft und welche Summe Sie darauf überweisen wollen. Zum Beispiel jeden Monat 100 Euro. So können Sie auf Sicht von zehn bis 15 Jahren von der Börse profitieren. Schwankungen nach unten holen Sie möglicherweise in den nächsten Jahren wieder auf. Und Sie profitieren sogar von niedrigeren Börsenwerten. Weil Sie mit einem Sparplan weiterhin jeden Monat Aktien, Fonds oder ETFs kaufen, bekommen Sie in schlechten Zeiten mehr Anteile fürs gleiche Geld.

Wenn Sie nur kleine Beträge ansparen, investieren Sie lieber alle drei Monate einen größeren Betrag statt alle vier Wochen einen kleineren. So fallen weniger Ordergebühren an, die die Rendite schmälern.

Testergebnisse zu ETF-Sparplänen unter www.test.de/5015866-0/

Anleihen

Mit Aktien werden Sie zur Miteigentümerin eines Unternehmens. Unternehmen brauchen aber auch Kredite und geben deshalb neben Aktien auch Anleihen heraus. Mit ihnen leihen sie sich für eine bestimmte Zeit gegen festen Zins Geld von Privatleuten und professionellen Investoren. Die Durchschnittsrendite deutscher Unternehmensanleihen lag 2024 bei rund 3,7 Prozent.

Anleihen haben einen entscheidenden Vorteil gegenüber Aktien: Beim Kauf wissen Sie bereits, wie viel Geld Sie am Ende der Laufzeit erhalten. Nämlich Ihr Kapital plus die fest vereinbarten Zinsen. Nur beim vorzeitigen Verkauf tragen Sie ein Kursrisiko. Eine Ausnahme sind Anleihen, deren Zins von vornherein an einen variablen Leitzins gebunden ist.

Bei börsennotierten Anleihen kommt zum Festzins noch eine zweite Rendite-Stellschraube hinzu. Solche Papiere können über die Börse jederzeit verkauft werden. Das ist praktisch, aber schmälert womöglich den Festzins. Auch bei Anleihen regeln Angebot und Nachfrage den Preis. Gibt es wenig Nachfrage nach Ihrem Papier an der Börse, müssten Sie die Anleihe unter ihrem Nennwert verkaufen.

Je höher die Bonität – also die Zahlungsfähigkeit – des Unternehmens ist, desto weniger Zins muss es seinen Anleihekäuferinnen zahlen. Die gehen ja aus Sicht des Unternehmens kein großes Risiko ein. Im Umkehrschluss heißt das: Unternehmen, die hochverzinste Anleihen anbieten, drückt irgendwo ein Problem. Sonst wären Sie nicht bereit, höhere Zinsen zu zahlen.

Schauen Sie deshalb genau hin, wem Sie Ihr Geld leihen. Anleihen haben kein Sicherheitsnetz wie die gesetzliche Einlagensicherung für Festgeld.

Auch Staaten geben Anleihen heraus. Weil sie seltener als Unternehmen insolvent werden, liegt deren Verzinsung meist unterhalb der von Unternehmensanleihen.

So zahlte die Bundesrepublik 2024 für eine zehn Jahre laufende Staatsanleihe schlappe 2,5 Prozent Zinsen – da gibt es auf dem Festgeldkonto schon für ein Jahr Laufzeit mehr. Die USA verkaufen ihre zehnjährigen Staatsanleihen für 4,5 Prozent. Wer dem ägyptischen Staat für zehn Jahre Geld anvertraut, bekam im August 2024 stolze 22,5 Prozent Rendite versprochen – und traut sich was! Wird der Herausgeber einer Anleihe insolvent, zahlt er seine Anleihe nicht oder nur teilweise zurück. Notiert die Anleihe in einer Fremdwährung, tragen Sie beim späteren Umtausch in Euro ein Währungsrisiko.

Anleihen gibt es unter vielen Namen. Sie heißen auch Inhaberschuldverschreibung oder Pfandbriefe.

Sie können Anleihen über Ihr Wertpapierdepot kaufen und verkaufen. Dann fallen wie beim Kauf von Aktien, Fonds oder ETFs Transaktionsgebühren an.

Investmentfonds

Eine Fondsgesellschaft ist eine Sammelstelle für Kapital, das vorher bei vielen Sparerinnen und Sparern zusammengetragen wurde. Davon kauft das Fondsmanagement dann Aktien, Anleihen, Währungen, Rohstoffe oder Immobilien. Da Fonds immer in mehrere Wertpapiere oder Objekte gleichzeitig investieren, senken sie das Verlustrisiko. Selbst wenn ein Wert in dem Topf schwächelt, reißt er noch nicht den ganzen Fonds nach unten. Mischfonds streuen ihr Investments in verschiedene Anlageklassen.

Anders ist das bei reinen Branchenfonds. Fonds, die ausschließlich etwa in bestimmte Technologiewerte investieren, rauschen auch mit ihnen in den Keller, falls die Branche einen Einbruch erlebt. Das ist aber kein Grund zur Panik. Wenn eine Branche gute Zukunftsaussichten hat, können Sie Dellen aussitzen.

Solche Talfahrten sprechen nicht automatisch gegen die Branche. An der Börse werden sie Kurskorrekturen genannt und als eine gute Gelegenheit zum billigeren Nachkaufen genutzt.

Fondsanteile können Sie schon für kleines Geld kaufen. Ihr Gewinn aus dem späte-

GUT ZU WISSEN

Es gibt offene Fonds, deren Anteile Sie jederzeit verkaufen können, und geschlossene Fonds, zum Beispiel für Immobilien. Dort müssen Sie gesetzlich vorgeschriebene Halte- und Rückgabefristen einhalten, um wieder an Ihr Geld zu kommen. Diese sollten Sie daher meiden.

ren Verkauf hängt nicht nur von der Kursentwicklung ab. Wichtig ist auch, wie gut das Fondsmanagement arbeitet und welche jährlichen Kosten es den Anlegerinnen dafür in Rechnung stellt. Denn die schmälern die Rendite der Geldanlage gewaltig.

Zwar rühmt sich das aktive Fondsmanagement in der Regel stets, dass es eine besonders aktive, erfolgversprechende Anlagestrategie verfolgt. Ihre teuer bezahlten Manager schnitten angeblich auch immer besser als „der Markt" ab, also als die anderen Investoren. Schön wär's. Studien belegen: Das ist die Ausnahme, nicht die Regel.

Auf lange Sicht rechnet sich das sogenannte passive Fondsmanagement für Anlegerinnen mehr. Da diskutieren keine Fondsmanager über die Zukunft einzelner Unternehmen. Hier kaufen sie einfach nur Aktien eines Indexes, die beispielsweise zum wichtigsten deutschen Aktienindex, dem DAX, gehören. Vereinfacht gesagt, misst der DAX die Wertentwicklung der 40 größten börsennotierten Unternehmen in Deutschland. Sie kommen aus allen Branchen. 2024 gehörten zum Beispiel die Allianz-Versicherung, Autobauer wie Volkswagen und BMW, Software-Spezialisten, der Rüstungskonzern Rheinmetall und der Onlinehändler Zalando dazu. Diese Mischung sorgt dafür, dass der DAX relativ stabil gegen Kurseinbrüche ist.

Als Anlegerin können Sie vom DAX profitieren, indem Sie einen Fonds kaufen, der diesen Index – oder einen der vielen anderen – nachbildet. Diese auf lange Sicht sehr erfolgreichen Fonds heißen Exchange Traded Funds, kurz ETF. Auf Deutsch: börsengehandelte Fonds.

ETFs

Wer die Gewinnchancen der Börse mitnehmen will, ist mit sogenannten Indexfonds besser bedient. Denn diese schlagen die Renditen der meisten aktiv gemanagten Investmentfonds um Längen. ETFs sind sicherer, weil sie nicht in einzelne Unternehmen investieren, sondern komplette Aktienindizes abbilden. Das heißt, sie kaufen alle Aktien, die zum Beispiel zum deutschen DAX gehören. Wenn die Aktien einzelner Unternehmen fallen, macht sich das im ETF nur minimal bemerkbar.

GUT ZU WISSEN

Renditegewinner ETF

Auf Sicht von 15 Jahren schneiden 85 bis 90 Prozent der Fonds mit aktiven Fondsmanagements schlechter ab als ihr Vergleichsindex. Selbst wenn sie einen guten Riecher für erfolgreiche Unternehmen haben, fressen die hohen Kosten für das Management und die Vertriebsprovisionen die Rendite der Anlegerinnen oft wieder auf. Sogar Fonds, die in der Vergangenheit halbwegs gute Ergebnisse erzielten, enttäuschen in den Folgejahren regelmäßig.

Erst wenn die gesamte wirtschaftliche Lage oder Situation einer Branche in Schwierigkeiten gerät, verlieren auch ETFs an Wert. Selbst bei weltweiter Streuung gab es schon Kursrückgänge von bis zu 50 Prozent. Zwar sind die Kurse nach jedem Crash auch wieder gestiegen. Aber das hat auch schon mal 15 Jahre gedauert.

Auf Fondsebene fallen nur geringe Kosten an. Denn die ETF-Manager müssen ja nur dann Aktien kaufen oder verkaufen, wenn der entsprechende Index seine Zusammensetzung ändert. Beim DAX zum Beispiel wird zweimal im Jahr von der Deutschen Börse nachjustiert.

Während aktiv gemanagte Investmentfonds jährlich wiederkehrende Kosten zwischen 1,2 und über 2 Prozent des angelegten Kapitals berechnen, sind es bei ETFs oft nur 0,2 Prozent. Das zahlt sich für die Anlegerinnen aus.

BEISPIEL

Für ETF-Indexfonds auf den MSCI AC World oder den FTSE All World zahlen Sie einmalig 1,5 Prozent Orderprovision und 0,2 Prozent Ihres investierten Kapitals als jährliche Gebühr. Dazu kommen geringe Transaktionskosten. Bei einem aktiv gemanagten Aktien-Investmentfonds sind es meist einmalig fünf Prozent Ausgabeaufschlag plus 1,5 Prozent des Kapitals jährlich plus erhebliche Transaktionskosten bei sehr aktiver Anlagestrategie. Manchmal ist auch noch eine „Performance-Fee“ fällig. Damit Sie als Anlegerin mit diesem Fonds trotzdem noch eine Rendite über Festgeld machen, müssen die Fondsmanager schon überragend gut sein.

Wenn Sie Vermögen aufbauen wollen, wählen Sie ETFs, die sich auf große, marktbreite Indizes beziehen. Damit verteilen Sie das Verlustrisiko auf möglichst viele Aktien aus vielen Ländern und vielen unterschiedlichen Branchen. Der MSCI World Index beispielsweise umfasst rund 1.500 Unternehmen aus rund zwei Dutzend Industrieländern. Der MSCI All Country World Index sowie der FTSE All-World Index enthalten auch Unternehmen aus Schwellenländern. Solche ETFs eignen sich als Grundlage für eine langfristige Anlagestrategie.

Wie bekommen Sie ETFs?

ETFs können Sie einmalig oder zum Beispiel monatlich in einem Sparplan kaufen. Bei einigen Neobrokern (→ Seite 70) können Sie schon Sparpläne mit 1 Euro starten – allerdings dauert es dann sehr, sehr lange, bis sich da Vermögen ansammelt. In der Regel sind Sparpläne ab 25 Euro monatlich erhältlich. Je nach Bank ist es wegen der Kaufkosten sinnvoll, bei einer Einmalanlage mindestens 1.000 Euro anzulegen. Sie können ETFs bei einer Direktbank, Filialbank oder einem Online-Broker kaufen – genau wie Aktien.

→ TIPP

Beim langfristigen Sparen lohnen sich die ETFs besonders, die die Dividenden der Aktien nicht jährlich an die Aktionäre und Aktionärinnen auszahlen, sondern gleich wieder anlegen. Wir erinnern uns: Das ist der Zinseszinseffekt (→ Seite 63). Wieder anlegende – sogenannte thesaurierende – Fonds sind an der Abkürzung C oder ACC für accumulating zu erkennen. D, DIS oder DIST für distributing kennzeichnet hingegen ETFs, die die Dividende regelmäßig auszahlen.

GUT ZU WISSEN

2 Prozent laufende Kosten pro Jahr fressen auf Sicht von 20 bis 30 Jahren die Hälfte Ihres Vermögenszuwachses auf! Wer selbst rechnen will, findet hier den Fonds-Kostenrechner der Verbraucherzentrale:
www.verbraucherzentrale.de/node/10628
Mehr Informationen, wie Sie den für Sie richtigen ETF finden und worauf Sie achten sollten, finden Sie hier:
www.verbraucherzentrale.de/node/16603
Den Besten herausfiltern: Die Empfehlungsliste „Die Besten im Portfolio“ von Finanztest hilft hierbei:
www.test.de/node/4331006-0/

Derivate

Für ganz ausgebuffte Freundinnen der Börse gibt es den Derivatehandel. Das ist der Überbegriff für eine Vielzahl unterschiedlicher Finanzprodukte. Der Handel mit einem Derivat ist immer mit einem Basisprodukt verknüpft. Es gibt diese Papiere deshalb auf Aktien, Anleihen, Indizes, Devisen und Kryptowährungen, Öl, Weizen, Kaffee, Gold und

Silber und noch viel mehr. Sobald es eine neue Anlageklasse gibt, bietet auch irgendwer Derivate darauf an. Sie können an der Börse und außerbörslich gehandelt werden.

Der Preis eines Derivates richtet sich nach dem Preis seines Basiswerts. Das heißt, Derivatepreise können schwanken wie Fähnchen im Wind. Sie haben aber einen entscheidenden Vorteil: Sie können damit auch auf fallende Kurse wetten. Dann verdienen Sie, wenn die anderen verlieren.

Derivate gibt es außer auf unterschiedliche Basiswerte auch in diversen Formen. Als Optionsschein, Terminkontrakte, Zertifikate, Swaps. Wer damit handeln möchte, muss tief in die Materie einsteigen und immer auf dem Laufenden bleiben. Das kann der einen oder anderen Spaß machen. Für den soliden Vermögensaufbau sind Derivate das Gegenteil einer sicheren und langfristigen Anlagestrategie.

Kryptowährungen

„1.000 Prozent Gewinn in wenigen Jahren" – Anbieter von Kryptowährungen werben mit phänomenalen Gewinnen. Und die Entwicklung der bekanntesten Kryptowährung in Deutschland, dem Bitcoin, scheint sie sogar zu bestätigen. So wirbt ein Verkaufsportal: Wer im Januar 2019 einen Betrag von 500 Euro in Bitcoin investiert hätte, wäre bis August 2024 mit einem Gewinn von 7.147,97 Euro belohnt worden. Ein sensationelles Plus von 1.429 Prozent. Was die Verkäufer verschweigen: Der Bitcoin hat auf seiner Achterbahnfahrt in den vergangenen Jahren auch enorme Abstürze hingelegt.

Was sind Kryptowährungen eigentlich?

Der Name täuscht. Mit einer harten Währung wie dem Euro, dem US-Dollar oder dem chinesischen Yen haben die inzwischen rund 8.500 verschiedenen sogenannten Kryptotoken oder -coins nichts zu tun. Auch Bitcoins sind nur ein virtuelles Zahlungsmittel. 2009 führten Privatleute diese digitale Währung als eine Alternative zum herkömmlichen Geldsystem ein. Wobei, anders als bei echten Währungen, sichert keine staatliche Zentralbank deren Werterhalt. Kryptowährungen sind auch nicht mit Sachmitteln wie Gold hinterlegt. Das bedeutet: Kryptowährungen sind ein steuerpflichtiges Spekulationsgeschäft. Sie sind also immer nur genauso so viel wert, wie jemand anderes gerade bereit ist, dafür zu geben oder zu tauschen.

Kryptowährungen gelten rechtlich als Finanzinstrumente. Es gibt hier keine Sicherungssysteme, wie etwa die Einlagensicherung der Banken für Sparguthaben, Tages- und Festgeld. Bei Kryptowährungen ist immer auch ein Totalverlust möglich.

Die europäischen Finanzaufsichtsbehörden warnen vor Kryptowerten. Sie sind das Gegenteil einer nachhaltigen, langfristigen

Geldanlage. Wenn Sie mit ihnen spekulieren möchten, sollten Sie gute Nerven und ausreichend „Spielgeld“ haben. Also Geld, dessen Totalverlust Sie verkraften können, ohne in finanzielle Schwierigkeiten zu kommen.

So funktionieren Kryptoanlagen

Weil sie rein digital sind, werden sie meist in einer Blockchain, einer Technologie zur Datenhaltung in dezentralen Netzwerken, digital gebildet. Dafür werden kryptografische Verfahren genutzt. Gehandelt werden sie etwa an Kryptobörsen oder bei Online- beziehungsweise Kryptobrokern. Für Kauf und Verkauf benötigt man ein elektronisches Wallet. Das ist eine Art digitaler Geldbeutel nur für virtuelle Währungen.

Beim Kauf, Verkauf und Umtausch von Kryptoanlagen werden in der Regel Gebühren fällig, die je nach Plattform und Transaktionsart variieren. Sie sind schwer vergleichbar und intransparent. Manche Banken lehnen Überweisungen an Bankverbindungen ab, die mit Kryptobörsen verbunden sind.

Zugleich beschweren sich Verbraucherinnen zunehmend über unseriöse Krypto-Verkäufer, die sie ungebeten über die Sozialen Medien oder Messengerdienste kontaktiert und dubiose Krypto-Investments angeboten haben. Ihr Versprechen ist immer dasselbe: Mit wenig Einsatz schnell reich werden. Da hilft nur: Absender blocken.

→ TIPP

Charakteristika von unseriösen Trading-Plattformen hat die Verbraucherzentrale hier zusammengestellt: www.verbraucherzentrale.de/node/31474

Fazit also: Erfahrungsgemäß sind wenige Einzelaktien aus nur einem oder wenigen Ländern und Branchen deutlich riskanter als weltweit streuende Aktienfonds. Auch die sogenannten Indexpolicen, die Versicherungen anbieten, sind wegen ihrer hohen Kosten gegenüber einem Mix aus Festgeld und Aktien-ETFs auf Dauer deutlich unterlegen. Gleiches gilt auch für die meisten sogenannten Mischfonds.

GUT ZU WISSEN

Goldschmuck, Medaillen oder Sammlermünzen haben nur Erinnerungswert für Sammlerinnen. Als Geldanlage sind sie ungeeignet, weil sie sich nur schwer verkaufen lassen.

Jetzt wissen Sie mehr über die gängigsten Möglichkeiten, Geld anzulegen. Über Chancen und Risiken, über das magische Dreieck und den Zinseszinseffekt.

HINTERGRUND

Von Affenbildchen und Tulpenzwiebeln

Können Sie sich vorstellen, dass eine einzelne Tulpenzwiebel in den Niederlanden mal so viel wert war wie ein edles Haus an einer Amsterdamer Gracht? 1623, es war im Goldenen Zeitalter der Niederländer, als die Wirtschaft brummte, kostete jede Zwiebel der Sorte Semper Augustus unglaubliche 1.000 Gulden. Zehn Jahre später waren es 5.500 Gulden und im Jahr 1637 wurden für drei dieser Zwiebeln 30.000 Gulden geboten. Zum Vergleich: Ein durchschnittlicher Niederländer verdiente etwa 150 Gulden im Jahr und die teuersten Häuser entlang der Amsterdamer Grachten kosteten 10.000 Gulden. So viel wie eine einzige Semper Augustus-Zwiebel.

Was so unglaublich klingt, ist als „Tulpenmanie" in die Geschichte eingegangen. Sie gilt als die erste – nachweisbare – Spekulationsblase der Geschichte. Clevere Kaufleute hatten einen Hype um die Tulpen aufgebaut. 1637 brach der Markt aber abrupt zusammen. Die Preise waren inzwischen so turmhoch, dass sie selbst die reichsten Tulpenliebhaber nicht mehr bezahlen konnten. Die Folge: Der Tulpenpreis fiel um geschätzte 95 Prozent. Händler, die zu diesem Zeitpunkt noch Tulpenzwiebeln züchteten, und alle Privatleute, die in Tulpen investiert hatten, standen faktisch vor dem Totalverlust.

Das war 1623 – und heute, 400 Jahre später? Da sorgen nicht echte Tulpen, sondern 10.000 digitale Affenbildchen für einen irren Hype. Das Versprechen der Affenbilder-Verkäufer: Jedem Affen ist eine einmalige Codefolge zugeordnet und verwaltet werden die rein virtuellen Bildchen kopier- und diebstahlsicher über eine Blockchain-Technologie. Und weil die Anzahl gedeckelt ist, werde der Wert der Affenbildchen immer steigen. Die Anbieter verkauften sie als eine phantastische Geldanlage in „unverwechselbare, computergenerierte Kunstwerke", sogenannte Non Fungible Token (NFTs).

Zudem warben die Anbieter mit der gleichzeitigen Mitgliedschaft im vermeintlich exklusiven „Bored Ape Yacht Club". Und prompt buhlten weltweit mehr oder weniger wohlhabende Privatleute und Prominente darum, ihr Geld in die „Bored Ape Yacht Club NFT Kollektion" investieren zu dürfen.

Für besonders begehrte Bildchen überwiesen Anleger Millionen Dollar. In der Hand hatten sie: nichts. Die Affenbildchen gibt es bis heute nur rein virtuell. 95 Prozent davon sowie andere Kunst-NFTs galten Ende 2023 als nicht mehr handelbar, faktisch wertlos.

Ob Tulpen oder Affen: Wenn das große Geld lockt, sind Menschen verführbar. Börsianer wissen: Gier schlägt Hirn. Reich werden nur die Drahtzieher. Denn sie wissen, wann der richtige Moment gekommen ist, um mit den Taschen voll Geld wieder auszusteigen. Alle anderen bleiben auf ihren Tulpen, Affen und was immer der nächste Hype sein wird, sitzen.

Bevor Sie investieren, machen Sie den Check.

CHECKLISTE

Geldanlage

- ☐ Machen Sie sich Ihre Ziele klar.
- ☐ Können und wollen Sie einen Wertverlust tragen?
- ☐ Streuen Sie die Risiken.
- ☐ Seien Sie skeptisch gegenüber Werbe- und Verkaufsversprechen.
- ☐ Sehen Sie die Wertentwicklungen der Vergangenheit kritisch.
- ☐ Minimieren Sie Kosten und Provisionen.
- ☐ Dokumentieren Sie, was Ihr Anlageberater Ihnen rät.
- ☐ Kontrollieren Sie regelmäßig Ihre Ziele und Strategien.

Kapitalerträge sind steuerpflichtig

Der Staat besteuert alle Einkommen gleich. Deshalb zahlen Sie nicht nur auf Ihr Gehalt, sondern auch auf Ihre Kapitalerträge Steuern. Das betrifft zum Beispiel Einkünfte aus Aktien, Investmentfonds, Mieteinnahmen und Auszahlungen aus einigen privaten Rentenversicherungen.

Auf Aktiengewinne und Dividenden fallen Abgeltungssteuer und Solidaritätszuschlag an. Kirchenmitglieder zahlen zusätzlich Kirchensteuer. Je nach Bundesland betragen diese Steuern zusammen zwischen 26,38 und 28 Prozent. Diese Abgabe müssen Sie aber nur einmal zahlen, nämlich wenn Sie ihre Aktien verkaufen und tatsächlich einen Gewinn erzielen. Die Bank, bei der Sie Ihre Wertpapiere handeln, übernimmt die Abrechnung und Überweisung an den Fiskus. Das heißt, Sie bekommen auch nur den um Ihre Steuern reduzierten Gewinn von der Bank überwiesen.

Sogenannte Kleinanleger, das sind alle nicht-professionellen Investorinnen, haben einen Steuerfreibetrag. Bei Singles sind es 1.000 Euro pro Jahr, bei Ehepaaren 2.000 Euro. Dafür müssen Sie aber zuvor einen Freistellungsauftrag bei Ihrer Depotbank abgeben. Das Formular bekommen Sie meist direkt bei der Eröffnung eines Wertpapierdepots. Wichtig: Unabhängig von der Anzahl Ihrer Konten bleibt der Freibetrag bei 1.000 beziehungsweise 2.000 Euro jährlich.

Zu viel gezahlte Steuern können Sie über Ihre jährliche Steuererklärung zurückholen. Dort können Sie auch Gewinne aus Aktien mit möglichen Verlusten, die Sie aus dem Verkauf anderer Aktien gemacht haben, verrechnen.

Auch Erträge aus ETFs und anderen Investmentfonds sind steuerpflichtig. Kursgewinne werden wie bei Aktien pauschal mit 25 Prozent zuzüglich Solidaritätszuschlag und Kirchensteuer besteuert. In der Praxis ist die Besteuerung jedoch komplizierter als bei Aktien. Ihre Depotbank stellt Ihnen deshalb eine jährliche Steuerbescheinigung aus, die Ihre Steuererklärung erleichtert.

Die Details zu den Steuerregeln für ETFs und andere Investmentfonds können Sie bei der Stiftung Warentest nachlesen.
www.test.de/node/5124267-0/

Immobilie als sichere Geldanlage?

Sie können Ihr Kapital auch in Betongold anlegen. Eine Eigentumswohnung in der City, ein Haus im Grünen. Um selbst darin zu wohnen oder als reine Kapitalanlage. Eine eigene Immobilie ist etwas Feines. Sie können darin schalten und walten, wie Sie möchten. Und von der Laune eines Vermieters sind Sie auch nicht mehr abhängig. Dafür aber von einer Bank, falls Sie wie die meisten Menschen einen Immobilienkredit aufnehmen müssen. Immobilien haben Vor- und Nachteile. Nur eines sind sie nicht: eine sichere Geldanlage.

Immobilienpreise können stark schwanken, abhängig von wirtschaftlichen Bedingungen, Zinssätzen und regionalen Entwicklungen. Hohe Kaufnebenkosten – bis zu 10 Prozent des Kaufpreises – senken die Rendite.

Der Wert der Immobilie hängt zudem stark von ihrer Lage ab – und wertmindernde Veränderungen in der Nachbarschaft oder neue Bebauung lassen sich kaum prognostizieren. Auch ist sie nicht so schnell zu verkaufen wie Aktien oder Anleihen. Wenn Sie dringend Geld brauchen, müssen Sie womöglich bei einem eigentlich viel zu niedrigen Verkaufspreis einschlagen.

So unsicher die Wertentwicklung, so sicher ist hingegen, dass Instandhaltungskosten anfallen. Denn Immobilien müssen regelmäßig gewartet und repariert werden, sonst sinkt ihr Wert. Bei einer Vermietung muss zudem immer einkalkuliert werden, dass Haus oder Wohnung auch mal eine Zeitlang leer stehen können – etwa bei einem Mieterwechsel oder Sanierungsarbeiten. Oder dass Mieter nicht oder unpünktlich zahlen. Fällt die Mieteinnahme dann länger aus, fehlt das Geld für die Darlehnsraten – oder die Rendite sinkt. Apropos Darlehen: Nach Ablauf der Zinsbindungsfrist können die Zinsen viel höher als bisher sein. Dazu kommen gesetzliche Vorgaben, die teuer werden können – zum Beispiel zur energetischen Sanierung.

Nachhaltig anlegen – wie geht das?

Viele Anlegerinnen haben bei der Geldanlage nicht nur Risiko, Verfügbarkeit und Rendite im Sinn. Sie wollen bei ihrem Investment auch soziale, ökologische und/oder ethische Aspekte berücksichtigen. Sprich: Zum Beispiel Maßnahmen gegen den Klimawandel fördern und Kinderarbeit vermeiden. Sie wollen ausdrücklich nicht in kritische Branchen wie Tabak-, Alkohol- oder Rüstungsunternehmen investieren.

Seit August 2022 müssen Anbieter von Finanzdienstleistungen in Beratungsgesprächen – gemäß einer EU-Richtlinie – auch die Nachhaltigkeitspräferenzen ihrer Kundinnen und Kunden abfragen. Allerdings: Was daraus dann an Produktempfehlungen folgt, kann höchst unterschiedlich ausfallen. Denn die EU hat hierfür keinen Katalog festgelegt. Sie nennt nur Merkmale, die diese Produkte erfüllen müssen. Hintergrund dieser Überlegung war, dass Nachhaltigkeit sehr individuell definiert wird. Während die eine Anlegerin klimafreundliche Energie präferiert, legt die andere eher Wert auf menschenwürdige Arbeitsbedingungen entlang der Lieferkette eines Produkts.

Über

980 Milliarden Euro

verwalten Investmentfonds mit Nachhaltigkeitsmerkmalen

Deutscher Fondsverband, Bericht für das 2. Quartal 2024

Mehr als die Hälfte aller in Deutschland zugelassenen Fonds, nämlich 6.817 Fonds, wirbt mit dem Wort Nachhaltigkeit. Überall grünt es. Klingt toll. Wäre da nicht ein gewaltiger Haken: Begriffe wie „nachhaltig" oder „grün" sind nicht geschützt. Was so bezeichnet wird, variiert je nach Anbieter und Produkt. Es gibt weder eine einheitliche Definition noch gesetzliche Mindeststandards. Das liegt auch daran, dass eine Festlegung eben nicht ganz so einfach ist.

Die sogenannten ESG-Kriterien sollen mehr Transparenz in Sachen Nachhaltigkeit bringen. Das ist die englische Abkürzung für Environmental, Social und Governance. Also für Ökologie, Soziales und Unternehmensführung. Für jede dieser Dimensionen wurden überprüfbare Kriterien festgelegt. Die Etablierung von ESG-Investments im Finanzmarkt geht auf die Principles for Responsible Investment (PRI) zurück. Mit dieser Initiative riefen die Vereinten Nationen zur freiwilligen Selbstverpflichtung auf, ESG-Faktoren in Investmententscheidungen und ins Management zu integrieren. In der Folge entschieden sich immer mehr Institutionen, ihre Portfolios ESG-basiert auszurichten.

Solche ESG-Ziele sind die ressourceneffiziente Nutzung von Energien und Rohstoffen, der Schutz von Wasser und Boden. Investitionen zur Bekämpfung von Ungleichheit gehören auch dazu, die Förderung des sozialen Zusammenhalts und eine verantwortungsvolle Unternehmensführung ebenfalls. Die Messung von ESG-Kriterien übernehmen Ratingagenturen. Sie stützen sich hierbei auf freiwillige Angaben der Herausgeber der Geldanlage in sogenannten Nachhaltigkeitsberichten, auf gesetzliche Pflichtangaben etwa in Geschäftsberichten und auf freiwillige Auskünfte. Aus den verschiedenen Kennzahlen berechnen sie ihren jeweils eigenen ESG-Score von Unternehmen. Nachhaltigkeit wird dabei sowohl auf einzelne Finanzprodukte (z.B. das Festgeld bei einer bestimmten Bank, eine bestimmte Aktiengesellschaft) oder auf ganze Portfolios bezogen (z.B. einen Aktienfonds, eine Lebensversicherung). Aber Vorsicht: Da es keine gesetzlichen Vorgaben und auch keine Kontrollen für derartige Ratings gibt, können die Ergebnisse sehr unterschiedlich sein. Zudem können die Angaben zur Nachhaltigkeit nicht überprüft werden.

Woher die Unterschiede kommen? Während die einen die Umweltverträglichkeit des Produkts bewerten, berücksichtigen die anderen den kompletten Produktionsprozess. Oder es werden unterschiedliche Methoden angewendet, um die Arbeitsbedingungen zu beurteilen.

BEISPIEL

Im Mai 2022 flog der E-Autobauer Tesla aus dem ESG-Index der Ratingagentur Standard & Poor‘s (S&P 500 ESG-Index). Die Gründe: Der Indexanbieter hatte unter anderem Bedenken wegen der Arbeitsbedingungen im Unternehmen. Außerdem warf der Umgang des Unternehmens von Elon Musk mit Untersuchungen über Todesfälle im Zusammenhang mit Teslas Fahrerassistenzsystemen Fragen auf. Auch die fehlende kohlenstoffarme Unternehmensstrategie wurde negativ angerechnet. Andere Fonds, die ebenfalls ESG-Kriterien anlegen, bewerten das Unternehmen jedoch anders und halten weiter Tesla-Aktien im Portfolio.

Einige gängige Herangehensweisen, um Nachhaltigkeit zu definieren, sind:

ACHTUNG

Greenwashing

Als Greenwashing wird bezeichnet, wenn eine Branche oder ein Unternehmen seine Produkte oder Prozesse als umweltschonend (nachhaltig) oder umweltschonender (nachhaltiger) darstellt, als sie es sind. Sie versprechen sich davon etwa ein positiveres Image, mehr Absatz oder höhere Preise. Kundinnen und Kunden können diese nachhaltigere Wirkung in der Regel jedoch weder überprüfen noch ist sie dem Produkt anzusehen. Sie werden über dessen wahre Umweltwirkung getäuscht. Verschwiegene Eigenschaften, unzutreffende Argumente, fehlende Belege, beschönigendes Design oder gefakte Label – die Formen des Greenwashings sind vielfältig. Für die Werbung mit Nachhaltigkeit bei Finanzprodukten gibt es keine besonders strengen gesetzlichen Vorgaben. Die Verbraucherverbände sind schon gegen eine Reihe von Praktiken von Finanzdienstleistern vorgegangen, die aus ihrer Sicht rechtswidrig waren. Eine Übersicht aktueller Verfahren wegen Greenwashing gibt es hier:
www.verbraucherzentrale-bawue.de
Suchwort: Greenwashing

Positivkriterien

Wenn Fondsmanager mit Positivkriterien arbeiten, legen sie fest, welche nachhaltig wirtschaftenden Unternehmen und Branchen sie ganz gezielt in den jeweiligen Fonds aufnehmen und dorthin das Geld der Anlegerinnen lenken. Also etwa aus dem Bereich der erneuerbaren Energien.

Klingt doch einleuchtend grün, oder? Tatsächlich zeigt sich schon hier das Dilemma nachhaltiger Investitionen. Auch Gezeitenkraftwerke, Windräder, Staudämme oder die Produktion von Biodiesel können ökologisch schwerwiegende negative Folgen haben. Beim sozialen Engagement ist es auch nicht einfacher. Ein börsennotiertes Unternehmen kann seine Belegschaft fair bezahlen und gute Arbeitsbedingungen bieten – aber trotzdem umweltschädlich handeln. Mit diesem Dilemma müssen Anlegerinnen leben.

Negativkriterien

Hier wird aussortiert. Das Fondsmanagement bestimmt Ausschlusskriterien, in welche Branchen oder Unternehmen kein Geld fließt. Laut einer Studie sind die Top 10 der verpönten Branchen in Deutschland die Produktion von Streubomben und Antipersonenminen, ABC- und andere Waffen sowie Verstöße gegen Menschenhandel und Arbeitsrechte. Bestechung, Alkohol, Verstöße gegen Umweltgesetze/Umweltzerstörung und alles rund um fossile Energien wie Kohle und Öl. In der Realität lassen sich viele Anlagemöglichkeiten aber nicht so eindeutig in Gut und Böse trennen. Zum Beispiel kann ein Maschinenbauer Windräder und Kohlefördermaschinen gleichzeitig produzieren. Ist er nun grün oder nicht?

Deshalb nutzen viele Fonds Bagatellgrenzen. Dann greift das Negativkriterium erst, wenn der bedenkliche Umsatz eine Schwelle von 5 oder 15 Prozent am gesamten Umsatz der Firma überschreitet. Allerdings kann auch eine mustergültig produzierende Firma Waren von zwielichtigen, aber billigen Zulieferern beziehen.

Klassenbeste

Hier sollen Unternehmen gefördert werden, die grüner als ihre Konkurrenten wirtschaften. Dazu können auch die Erdöl-, Atom- oder Rüstungsindustrie gehören. Dahinter steckt eine Hoffnung: Nämlich, dass sich die Schlusslichter einer Branche aufraffen, nachhaltiger zu agieren. Sonst bekommen nur die Klassenbesten Kapital, aber sie nicht mehr. Ob die Hoffnung aufgeht? Wissenschaftliche Belege gibt es dafür noch nicht.

Engagement

Manche Fondsgesellschaften, Versicherungen oder Banken versprechen: Wer bei uns investiert, hilft uns dabei, positiven Druck auf Aktiengesellschaften auszuüben. Das Kapital und die Stimmrechte der Anlegerinnen verschaffen den Fondsmanagern Macht. Sie können nicht nachhaltigen Unternehmen den Geldhahn für Kredite zudrehen oder Druck auf die Unternehmenspolitik ausüben. Aber weder lassen sich solche Ankündigungen noch ihre Wirkung bislang dauerhaft überprüfen.

Wenn Sie bei der Geldanlage auch Nachhaltigkeitsaspekte berücksichtigen wollen, sollten Sie sich zunächst darüber klar werden, was Sie selbst unter diesem Begriff verstehen. Im zweiten Schritt können Sie dann prüfen, ob ein konkretes Anlageprodukt diesen Erwartungen gerecht wird.

CHECKLISTE

So finden Sie Ihre nachhaltige Geldanlage

- [ ] Was ist Ihnen unter dem Begriff „Nachhaltigkeit“ wichtig?
  Sollen bestimmte Branchen oder Verhaltensweisen ausgeschlossen sein? Informationen dazu finden Sie in den Basisinformationsblättern der Produkte oder den Anlage- und Finanzierungsgrundsätzen der Anbieter. Achten Sie auf das Kleingedruckte. Gilt der Ausschluss grundsätzlich? Oder gibt es eventuell eine Bagatellschwelle von wenigen Prozent?
- [ ] Möchten Sie gezielt in bestimmte Branchen oder Firmen investieren?
  Dann investieren Sie in Firmen, die sich gerade bemühen, nachhaltiger als bisher zu werden. Das können etwa Investitionen in neue Technologien sein oder deren Einsatz für faire Lieferketten. Beobachten Sie den Markt eine Weile in den Medien. So bekommen Sie ein Gefühl dafür, welche Firmen Vorbilder in ihrer Branche sind.
- [ ] Soll sich die Nachhaltigkeit Ihres Produkts eindeutig messen lassen können?
  Bei manchen Geldanlagen ist die nachhaltige Wirkung (Impact) nachvollziehbarer und messbarer (z. B. bei einer Direktinvestition in eine Windkraftanlage) als bei anderen Produkten (z. B. einem breit gestreuten „grünen“ Investmentfonds). Direktinvestitionen sind aber im Vergleich zu Sparanlagen oder Investmentfonds mit höheren Risiken verbunden. Ihre Geldanlage hat eine nachhaltige Wirkung, wenn Sie damit Unternehmen zu nachhaltigem Handeln bewegen.
- [ ] Möchten Sie zur nachhaltigen Transformation von Unternehmen beitragen?
  Die Idee dahinter ist einfach. Insbesondere Unternehmen, die beispielsweise noch einen sehr hohen CO_2-Verbrauch haben, sollen finanziell motiviert werden, diesen zu reduzieren. Denn unser Wirtschaftssystem kann nur klimaschonend und nachhaltig werden, wenn die bestehenden Geschäftsmodelle zum Positiven verändert (transformiert) werden. Voraussetzung für solche Investments ist aber eine genaue Kontrolle, ob das Unternehmen diese Transformation tatsächlich anstrebt – und ob sie auch eintritt. Und da wird's schwer. Konkrete Produkte, beispielsweise Investmentfonds, die nur nach diesem Ansatz Unternehmen für ihr Portfolio auswählen, gibt es derzeit noch nicht.

Informationsquellen zu nachhaltigen Geldanlagen

Wo finden Sie konkrete Beispiele? Eine Reihe von Verbänden und Organisationen hat Informationen und Marktübersichten rund um nachhaltige Geldanlagen zusammengetragen.

- → Die Stiftung Warentest hat im März 2024 verschiedene Fondsgruppen sowie Aktien auf Nachhaltigkeitsmerkmale untersucht: 934 Fonds genügten den hierbei angelegten Kriterien; für 513 wurde eine Nachhaltigkeitsnote vergeben. Zudem sind Kosten und erzielte Renditen aufgelistet.
  www.test.de/node/4741500-0/
- → Der „Fair Finance Guide" von Facing Finance e.V. beurteilt die Richtlinien, die Banken bei der Kreditvergabe an Unternehmen, bei ihren eigenen Investitionen und bei ihrer Vermögensverwaltung anwenden. In deren Datenbank „Faire Fonds" wird für zahlreiche Investmentfonds aufgelistet, ob und welche kontroversen Unternehmen in deren Portfolios enthalten sind.
  www.fairfinanceguide.de
- → Auch auf der Internetseite des Forums Nachhaltige Geldanlagen (FNG) finden Sie Nachhaltigkeitsprofile für Investmentfonds:
  www.fng.de
- → Die Webseite
  www.meinfairmoegen.de
  bietet Erklärvideos, einen Fragebogen zum eigenen Nachhaltigkeitsprofil sowie eine Fondsdatenbank.

Weil verbindliche grüne Standards immer noch fehlen, raten die Verbraucherzentralen: Setzen Sie die klassischen Kriterien Bedarf, Verfügbarkeit, realistische Rendite, Risiken und Kosten der Geldanlage an die erste Stelle. Suchen Sie erst danach in der gewünschten Anlageklasse nach nachhaltigen Produkten.

Und die Rendite? Das ist die Gretchenfrage: Werfen nachhaltige Investments in Aktien, Anleihen, Fonds oder Versicherungen genau so viel Zinsen ab wie klassische Angebote?

Verschiedene Erhebungen kommen zu einem ähnlichen Fazit: Nachhaltige Fonds können mit den klassischen mithalten. Aber hier wie dort gibt es gute und schlechte Anbieter. Gezeigt hat sich zudem, dass ESG-konforme Unternehmen in der Regel besser abschneiden, da sie weniger Risiken eingehen und eine langfristige Perspektive verfolgen. Die Anlagen konzentrieren sich auf zukunftsträchtige Wachstumsmärkte wie Gesundheitswesen oder Effizienztechnologien. Zudem setzt die Unternehmensführung auf eine transparente Struktur. Die Integration von ESG-Kriterien ist zu einem wichtigen Verkaufsargument geworden. Das ist die aktuell am häufigsten genutzte nachhaltige Anlagestrategie in Deutschland.

Vergleicht man die wichtigen Indizes, liegen die Nachhaltigkeitsvarianten – über den Zeitraum der vergangenen fünf Jahre gesehen – leicht vorn. Der MSCI World Socially Responsible Investing (kurz SRI) beispielsweise schlägt den klassischen Index MSCI World leicht. Jedoch können die laufenden Fondskosten bei nachhaltigen oder SRI-Fonds durchaus höher liegen.

HINTERGRUND

Nachhaltige Banken

Etwas mehr als ein Dutzend Geldinstitute hat ihr gesamtes Bankgeschäft nach selbst definierten ökologischen, ethischen und/oder sozialen Standards ausgelegt. Damit unterscheiden sie sich von herkömmlichen Geldinstituten: Während hier unklar bleibt, welche Geschäfte oder Kredite mit Kundeneinlagen finanziert werden, schließen „nachhaltige" Banken in ihren Selbstverpflichtungen beispielsweise eine Kreditvergabe an und Anlagen in Unternehmen aus, die gegen Menschenrechte verstoßen oder Rüstungsgüter produzieren.

Die bekannteste ist vermutlich die GLS-Gemeinschaftsbank, gegründet von Anthroposophen. Die Pax-Bank eG agiert als christlich-nachhaltige Genossenschaftsbank. Die Umweltbank AG arbeitet als Direktbank. Die großen Kirchen haben ebenfalls eigene Banken, sind aber meist nur für Mitarbeitende geöffnet.

Auch nachhaltige Banken werden von der Bankenaufsicht BaFin überprüft und unterliegen der Einlagensicherung.

Die Banken unterscheiden sich in ihren Nachhaltigkeitskriterien, ihren Dienstleistungen und Kosten.

Einen guten Überblick gibt der Fair Finance Guide

www.fairfinanceguide.de

Altersvorsorge – Strategien für die Finanzplanung

Gerade erst im Beruf, endlich Geld in der Kasse – und jetzt schon an die Rente denken? Muss das sein? – das fragt sich Elif. Ja, denn wer frühzeitig mit kleinen Summen selbstständig spart, profitiert davon im Alter enorm. Das ist auch gut so, denn was viele Menschen aus der gesetzlichen Rentenversicherung erhalten werden, reicht für einen sorglosen Ruhestand kaum aus. Die Zeit ist aber auf Ihrer Seite – gehen Sie das Thema Altersvorsorge an. Welcher Weg dabei zu Ihnen passt, zeigen wir in diesem Kapitel.

Altersvorsorge ist nicht gerade Elifs Lieblingsthema. Trotzdem geht es ihr nicht aus dem Kopf. Immer wieder stößt sie in den Fernsehnachrichten, im Netz und auf Social Media auf das Thema Altersarmut unter Frauen. Manche Zahlen findet sie ziemlich erschreckend: 2023 bezogen Frauen ab 65 Jahren Alterseinkünfte von rund 17.800 Euro brutto – im Jahr. Macht gerade mal 1.400 Euro im Monat brutto. Davon gehen dann noch die Beiträge zur Kranken- und Pflegeversicherung ab. Und Steuern auch. Kein Wunder also, dass 2023 jede fünfte Frau ab 65 Jahren in Deutschland armutsgefährdet war. Männer erhielten übrigens rund 25.400 Euro im Jahr. Das liegt am Gender Pay Gap.

Elif rechnet nach. Angenommen, es bleibt dabei, dass Frauen in Deutschland mit 67 Jahren in Rente gehen können, dann wäre das bei ihr im Jahr 2062. Klingt wirklich noch weit weg. Ob heute irgendjemand seriös voraussagen kann, wie sich die Renten bis da-

Durchschnittliches Alterseinkommen, 65 Jahre und älter
Bruttoeinkommen in Euro/Jahr zur Berechnung des Gender Pension Gap 2023

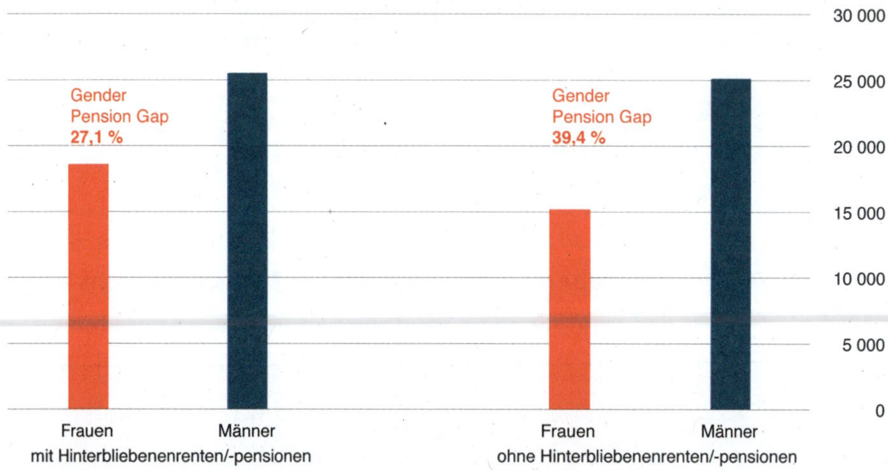

Alters-/Hinterbliebenenrenten und -pensionen sowie Renten aus individueller privater Vorsorge 2022.
EU-SILC 2023
© Statistisches Bundesamt (Destatis), 2024

hin entwickeln? Elif ist skeptisch und macht sich erst mal mit den Grundzügen des Rentensystems vertraut.

Die gesetzliche Rentenversicherung

Grundsätzlich sind alle Arbeitnehmenden in der gesetzlichen Rentenversicherung (DRV) pflichtversichert. Aber auch Personen, die Kinder erziehen, Auszubildende, Selbstständige und noch einige weitere können pflichtversichert sein. Alle Details dazu finden Sie unter
www.deutsche-rentenversicherung.de

Während des Berufslebens werden die Rentenversicherungsbeiträge jeden Monat automatisch von Lohn oder Gehalt abgezogen. Zurzeit (2025) liegt der Beitragssatz bei 18,6 Prozent. Davon tragen Arbeitgeber und Arbeitnehmerin jeweils die Hälfte. Wenn Sie also 5.000 Euro brutto verdienen, zahlen Sie jeden Monat 465 Euro in die Rentenkasse, 9,3 Prozent Ihres Gehalts – und der Arbeitgeber noch einmal den gleichen Betrag. Die individuelle Beitragshöhe hängt also am Verdienst. Jedoch gibt es eine Obergrenze: die Beitragsbemessungsgrenze (2025: monatlich 8.050 Euro, 96.600 Euro im Jahr), die jedes Jahr neu festgelegt wird. Wenn der Bruttolohn über dieser Grenze liegt, müssen

Sie für diesen Teil keine Beiträge zur Rentenversicherung mehr zahlen. Das bedeutet umgekehrt aber auch, dass Ihre Rentenansprüche nach oben begrenzt sind.

GUT ZU WISSEN

Anspruch auf die Regelaltersrente haben Sie erst, wenn Sie 60 Monate rentenversichert gearbeitet haben. Dazu zählen zum Teil auch Zeiten, in denen Sie in der Schule, arbeitslos oder krank waren. Auch Mutterschutz und Kindererziehungszeiten werden anerkannt.
Die gesetzliche Rente funktioniert nach dem Prinzip: Je länger und je mehr Beiträge eingezahlt wurden, umso höher ist das Altersruhegeld.

Entscheidend, wie hoch Ihre gesetzliche Rente später ausfallen wird, sind die sogenannten Entgelt- oder Rentenpunkte, die Sie im Laufe Ihres Berufslebens auf Ihrem Rentenkonto sammeln. Bei der Berechnung der Entgeltpunkte wird der Verdienst ins Verhältnis zum jährlichen Durchschnittsverdienst aller sozialversicherungspflichtig Beschäftigten gesetzt.

Ein weiterer Faktor zur Berechnung der Rentenhöhe ist der Rentenwert: Er drückt in Euro aus, was ein Entgeltpunkt in der Rentenversicherung wert ist. Er wird jedes Jahr zum 1. Juli neu festgelegt. So soll sichergestellt werden, dass die Renten der Lohnentwicklung folgen.

Mit dem Rentenwert werden die Entgeltpunkte bei der Berechnung der individuellen Rentenhöhe dann multipliziert. Das ist wichtig zu wissen, um die Renteninformation der DRV zu verstehen (→ Seite 95).

Auch eine Reihe weiterer Faktoren steht für Elifs Rentenaussichten schon fest.

GUT ZU WISSEN

Renten- oder Entgeltpunkt

Einen Entgeltpunkt gibt es, wenn Sie im Jahr mindestens das durchschnittliche Bruttoeinkommen aller Rentenversicherten in Deutschland erzielen. Ist Ihr Verdienst nur halb so hoch, gibt es auch nur einen halben Punkt. Verdienen Sie zum Beispiel 30 Prozent über dem Durchschnitt, sind es 1,3 Entgeltpunkte. Durch die Beitragsbemessungsgrenze für Beiträge zur Rentenversicherung sind die Entgeltpunkte aber gedeckelt. Wer darüber liegt, bekommt nicht noch mehr Punkte.
Wissenswertes zu Rentenpunkten unter **www.deutsche-rentenversicherung.de**

BEISPIEL

Der Rentenwert für die Zeit zwischen dem 1. Juli 2024 und dem 30. Juni 2025 beträgt 39,32 Euro. Zehn Jahre früher war ein Entgeltpunkt nur 26,39 Euro in den alten und 28,61 Euro in den neuen Bundesländern wert.

Umlagesystem und demografischer Wandel

Schon jetzt ist klar, dass in den kommenden Jahrzehnten immer weniger Erwerbstätige die gesetzliche Rente für immer mehr ältere Menschen finanzieren müssen. Die Frage, wie viele Rentner und Rentnerinnen auf eine erwerbstätige Person kommen, ist deshalb in Deutschland so wichtig, weil hier das sogenannte Umlageverfahren praktiziert wird. Das heißt: Die DRV führt nicht für jede Beitragszahlerin ein eigenes Konto, auf das sie deren monatlichen Beiträge spart und ihr dann im Alter verzinst als monatliche Rente überweist. Die DRV rechnet anders: Stichwort Generationenvertrag – die Jungen unterstützen die Alten. Und wenn die Jungen mal alt sind, tragen die noch Jüngeren deren Rentenlast. Das Geld, das Elif und ihr Arbeitgeber jetzt als Rentenbeitrag von ihrem Gehalt an die DRV überweisen, zahlt die gleich wieder an die aktuellen Rentnerinnen und Rentner aus.

In den 1960er Jahren zahlten pro Rentner und Rentnerin sechs Erwerbstätige in die Rentenkassen ein. In den kommenden Jahren verabschieden sich die geburtenstarken Jahrgänge aus ihren Berufen. Das ist schön für sie, aber schlecht für die Wirtschaft und die Beitragszahler. Im Jahr 2030, also nicht mehr weit weg, kommen dann auf einen Rentner noch 1,5 Beitragszahler. Und 2050 sind es wahrscheinlich nur noch 1,3 Personen, die pro Rentnerin und Rentner monatlich ihren Obolus an die staatliche Rentenkasse überweisen werden. Wie die Politik das Problem „Immer weniger Beitragszahler für mehr immer Menschen, die immer länger Rente beziehen" lösen soll, wird zurzeit kontrovers diskutiert.

Steigende Lebenserwartung

Elif, Jahrgang 1995, hat gute Aussichten, alt zu werden. Laut Statistik liegt die Lebenserwartung für Frauen ihres Jahrgangs bei 79,98 Jahren. Statistisch hat sie damit beinahe zehn Jahre mehr Lebenserwartung als ihre Mutter Heike, Jahrgang 1970. Im Umkehrschluss heißt das aber auch, Elif muss mit ihrer Rente viele Jahre länger auskommen als ihre Mutter. Wenn die gesetzliche Rente also nicht reicht, muss sie auch für diesen längeren Zeitraum planen und entsprechend vorsorgen.

Kaufkraftverlust durch Inflation

Der jährliche Anstieg der Lebenshaltungskosten frisst die Kaufkraft des Geldes. Auch wenn die Inflationsrate mal höher und mal niedriger ausfällt, am Ende gibt es weniger Ware fürs gleiche Geld an der Kasse. Im Schnitt lag die Rate in den vergangenen 20 Jahren bei rund 2 Prozent pro Jahr.

Elif rechnet mit einem Inflationsrechner online aus, was das für sie bedeutet. Sie verdient jetzt, im Jahr 2025, rund 1.800 Euro netto. Ihr Rechner wirft erschreckende Zahlen aus. Bei einer angenommenen Inflationsrate von zwei Prozent hätten 1.800 Euro heute in 40 Jahren nur noch eine Kaufkraft von rund 815 Euro. Also ungefähr so viel, wie dann vermutlich schon die Miete einer kleinen Wohnung kosten wird.

Selbst wenn Elif in den nächsten Jahren Karriere macht und das Doppelte verdienen wird: Es wird eng, wenn sie allein mit der gesetzlichen Rente auskommen soll. Denn die wird ja deutlich unter ihrem jetzigen Nettogehalt liegen, wie die Renteninformation der DRV zeigt (→ Seite 95). Zwar werden die Renten jährlich an die Lohnentwicklung angepasst, aber niemand kann sicher sagen, ob die Erhöhungen auch künftig damit Schritt halten. Elif hat es schwarz auf weiß. Hier klafft eine Rentenlücke.

Das Rentenniveau

Auch diesen Begriff schnappt Elif immer wieder auf. Er klingt ziemlich bürokratisch. Ist er auch, aber er hat weitreichende Folgen für ihr Portemonnaie. Die Aussage „Rentenniveau von 48 Prozent" beschreibt einen Modellfall: Nämlich was eine Rentnerin bekommt, die 45 Jahre lang mit dem Durchschnittsverdienst Beiträge zur Rentenversicherung gezahlt hat. Dieser Durchschnittsverdienst lag 2024 bei 45.358 Euro im Jahr.

> **GUT ZU WISSEN**
>
> Wer 45 Jahre lang das Durchschnittsentgelt verdient hat, erhält seit Juli 2024 bundeseinheitlich 1.769,40 Euro. Das ist eine Bruttorente, auf die noch Kranken- und Pflegeversicherungsbeiträge sowie Steuern anfallen.

Das Rentenniveau drückt aus, wie sich die Renten im Verhältnis zu den Löhnen entwickeln, hat aber nichts damit zu tun, wie hoch die individuellen Rentenansprüche sein werden. Die hängen vielmehr davon ab, wie viele Jahre tatsächlich Beiträge gezahlt wurden, wie hoch das Einkommen war und ab welchem Alter die Rente bezogen wird. Die Rente spiegelt nämlich den Verlauf des gesamten individuellen Erwerbslebens. Es finden sich darin sowohl die häufig niedrigeren Verdienste der ersten Berufsjahre, Teilzeitphasen, Zeiten der Arbeitslosigkeit oder Krankheit, aber auch mögliche höhere Verdienste in den letzten Jahren vor der Rente wieder. Es ist äußerst unwahrscheinlich, dass jemand genau 45 Jahre lang das jeweilige Durchschnittsentgelt verdient und exakt 45 Entgeltpunkte in der Rentenversicherung ansammelt.

Die häufigsten Irrtümer zur Altersvorsorge:

→ **Ich muss mich nicht um meine Altersvorsorge kümmern, das macht mein Arbeitgeber.**
Als angestellte Arbeitnehmerin werden Ihnen die Beiträge zur gesetzlichen Rentenversicherung jeden Monat automatisch vom Gehalt abgezogen. Den Beitragssatz von 18,6 Prozent im Jahr 2025 teilen sich Mitarbeitende und Arbeitgeber jeweils zur Hälfte. Darum müssen Sie sich also nicht kümmern. Wohl aber um ergänzende private und/oder betriebliche Altersvorsorge, weil die gesetzliche Rente allein nicht reichen wird.

→ **Altersvorsorge wird erst mit 50 Jahren wichtig.**
Dann verpassen Sie nicht nur Zins- und Zinseszinsgewinne durch den früheren Einstieg. Sie müssen im höheren Alter auch jeden Monat viel höhere Summen aufbringen, um auf das gleiche Kapital für ein Plus bei der Rente zu kommen. Wenn Sie gleichzeitig noch Kinder in der Ausbildung oder sonstige Verpflichtungen haben, bleibt aber womöglich nicht mehr viel Geld über fürs Sparen zur Aufstockung der Rente.

→ **Meine gesetzliche Rente reicht.**
Nur wenn Sie sicher sind, etwa mit der Hälfte Ihres letzten Gehalts gut leben zu können, passt diese Annahme.

→ **Eine Immobilie ist doch eine sichere Altersvorsorge.**
Das stimmt nicht immer. Denn zum einen können Sie nicht wissen, welche Kosten etwa für Instandhaltungen in den nächsten 20 oder 30 Jahren anfallen. Zum anderen muss die Finanzierung so ausgelegt sein, dass die Hypothek im Alter abgezahlt ist – ansonsten müssen Sie auch im Rentenalter für Darlehen und Zinsen aufkommen. Wie hoch die Zinsen dann sein werden, lässt sich nicht vorhersehen. Auch der Wert einer Immobilie bei einem späteren Verkauf kann nicht sicher prognostiziert werden.

→ **Ich bin doch verheiratet.**
Ein Ehemann ist keine zusätzliche Altersvorsorge. Etwa ein Drittel aller Ehen wird geschieden. Dann werden zwar die Rentenanwartschaften geteilt, aber nur für die Ehejahre.

Rentenlücken auf der Spur

Das Thema Rente ist kompliziert – aber Elif hat verstanden, dass sie früh damit anfangen muss, zusätzlich was auf die Seite zu legen. Denn dann profitiert sie obendrein vom Zinseszinseffekt (→ Seite 63).

In ihrer Renteninformation kann sie nachlesen, womit sie am Ende ihres Berufslebens voraussichtlich an gesetzlicher Rente rechnen kann. Diese schickt die DRV jährlich an jede Beitragszahlerin ab dem 27. Geburtstag, um über die erworbenen Rentenansprüche zu informieren. Vorausgesetzt, fünf Jahre an Beitragszeiten sind zusammengekommen. Die voraussichtliche Rentenhöhe ist unter verschiedenen Annahmen aufgelistet.

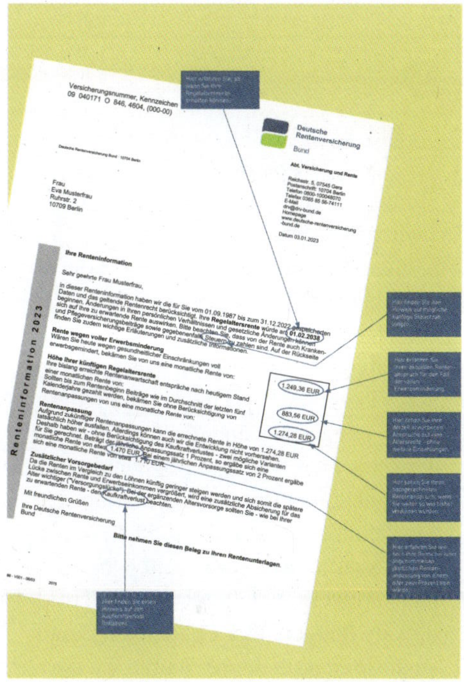

Die Renteninformation der DRV weist die aktuelle sowie die zu erwartende Rente aus, wenn künftig im Durchschnitt so viel wie in den vergangenen fünf Jahren verdient wird.

→ TIPP

Unter der kostenlosen Telefonnummer 0800 1000 4800 beantworten Experten der DRV zu den üblichen Bürozeiten von montags bis freitags Fragen rund um Rente und Altersvorsorge. Auch die Auskunfts- und Beratungsstellen der DRV in allen größeren Städten helfen weiter. Dort und auf der Homepage der DRV können Sie auch jederzeit eine aktuelle Renteninformation anfordern.

ACHTUNG

Die DRV kann Renten nur korrekt berechnen, wenn alle Schul-, Ausbildungs- und Studienzeiten berücksichtigt, alle sozialversicherungspflichtigen Arbeitsverhältnisse gemeldet oder zu berücksichtigende Anrechnungszeiten vermerkt sind. Im Rahmen von Kontenklärungen fragt die gesetzliche Rentenversicherung in der Regel nach, ob die vorhandenen Daten vollständig sind. Prüfen Sie die erfassten Zeiten genau! Legen Sie sich einen digitalen Ordner für Unterlagen wie Schulbesuch, Ausbildung, Studium, Arbeitsverträge oder Auszeiten an. Einen Papierordner können Sie verlieren, digitale Dateien überleben in der Cloud auch einen Hausbrand. Halten Sie die Sammlung aktuell. Dann können Sie der DVR lückenlos alle Ausbildungs- und Erwerbszeiten dokumentieren und müssen keine Rentenabzüge wegen fehlender Nachweise fürchten.

Bis zum 45. Lebensjahr können zusätzliche Beiträge in die Rentenkasse eingezahlt werden – eine der wenigen Möglichkeiten, eventuelle Rentenlücken zu stopfen. Die Nachzahlung erhöht die spätere gesetzliche Rente und hilft auch, die Anzahl der sogenannten Pflichtversicherungsmonate zu erhöhen. Denn auch die sind eine der Voraussetzungen bei der gesetzlichen Rente.

Nachzahlen kann:

- wer mit 16 Jahren noch zur Schule gegangen ist und/oder
- die Ausbildung ab dem 17. Lebensjahr länger als acht Jahre gedauert hat, also beispielsweise während eines Studiums. Eine vorher absolvierte Ausbildung zählt aber nicht dazu.

Der Nachzahlung sind Grenzen gesetzt. Sie muss 2025 mindestens 103,42 Euro und darf höchstens 1.404,30 Euro betragen. Die Nachzahlungen können über fünf Jahre verteilt werden. Zudem gelten dafür besondere Regeln bei der Steuer.

Das Drei-Säulensystem der Altersvorsorge

Wer zum Thema Altersvorsorge googelt, findet schnell tolle Hochrechnungen für einen sorglosen Ruhestand. In vielen Anzeigen von Geldinstituten und Versicherern strahlen glückliche Grauhaarige auf dem Surfbrett oder sind unterwegs mit dem Van. Auch ist vom Drei-Säulensystem die Rede, auf dem die Altersvorsorge fußt.

Die drei Säulen der Altersvorsorge hat die Deutsche Rentenversicherung in diesem Modell anschaulich zusammengestellt.

Die Pflichtversicherung in der gesetzlichen Rentenversicherung (oder in einem anderen Pflichtsystem für bestimmte Berufsgruppen) als Grundpfeiler ergänzt die private Vorsorge. Zum Beispiel über den Betrieb oder über private Rentenversicherungen, über Riester- oder Basisrenten-Verträge sowie mit dem Kauf einer Immobilie oder der Geldanlage, die ausschließlich fürs Polster im Ruhestand gedacht ist.

Aber welche Form passt zu Ihrem Bedarf? Um Wünsche und Möglichkeiten abzustecken, helfen die Fragen auf dieser Checkliste.

CHECKLISTE

Chancen und Risiken der Altersvorsorge

- ☐ Über wie viel Geld möchten Sie im Alter monatlich verfügen?
- ☐ Wie groß könnte Ihre Rentenlücke dann ausfallen?
- ☐ Welche Summe möchten Sie als zusätzliche Rente bekommen?
- ☐ Wie viel Geld können Sie monatlich dauerhaft in eine betriebliche oder private Altersvorsorge investieren?
- ☐ Bietet Ihr Arbeitgeber eine betriebliche Altersvorsorge und wenn ja, in welcher Form an?
- ☐ Möchten Sie im Todesfall auch Angehörige absichern?
- ☐ Welches Altersvorsorgeprodukt bringt die höchsten Steuervorteile?

GUT ZU WISSEN

Mit privater Altersvorsorge ist jede Form von persönlichem Vermögensaufbau beschrieben, die für Ihren eigenen Ruhestand (und nur dafür!) gedacht ist und bei der sich das Geld über die Zeit vermehren soll.

Betriebliche Altersvorsorge

Seit 2002 haben Arbeitnehmerinnen einen Rechtsanspruch darauf, dass ein Teil ihres Gehaltes in eine betriebliche Altersvorsorge (kurz BAV) fließt. Arbeitgeber müssen das Geld, das die Arbeitnehmenden in einen entsprechenden Vertrag einzahlen, um mindestens 15 Prozent aufstocken. Das gilt für alle Neuverträge seit 2019, seit dem Jahr 2022 auch für bereits bestehende Verträge. Konkret heißt das: Entweder bezuschusst Ihr Arbeitgeber Ihre Einzahlungen mit mindestens 15 Prozent oder aber übernimmt – wie es manche tun – die Beiträge für Mitarbeitende sogar komplett.

→ TIPP

Wie sich Betriebsrenten bei unterschiedlichen Arbeitgeberzuschüssen rechnen können, ist hier nachzulesen:
www.verbraucherzentrale.de/node/7675

Auch der Staat unterstützt die betriebliche Altersvorsorge – in Form von Steuervorteilen für die sogenannte Gehaltsumwandlung. Das funktioniert so: Sie wandeln einen Teil Ihres Gehalts in einen Beitrag zu einem betrieblichen Altersvorsorgevertrag um, den sie – ergänzend zur gesetzlichen Rentenversicherung – freiwillig abgeschlossen haben. Für dieses Geld werden keine Beiträge für Kranken-, Pflege-, Arbeitslosen- und Rentenversicherung fällig. Auch müssen Sie für diesen Anteil Ihres Gehaltes keine Lohnsteuer zahlen. Das sind erst einmal keine großen Summen an gesparter Steuer. Aber auf Jahrzehnte gerechnet läppert es sich doch.

GUT ZU WISSEN

Die BAV hat noch einen weiteren Vorteil. Sollte Ihnen im Laufe Ihres Lebens jemals eine Pfändung drohen, haben die Gläubiger darauf keinen Zugriff. Beiträge zur BAV zählen nicht zu Ihrem anrechenbaren Vermögen.

Doch es gibt ein Aber. Da die Beiträge für die betriebliche Altersvorsorge vom Bruttogehalt abgehen, reduziert sich zwar das zu versteuernde Einkommen – der Arbeitnehmer spart Steuern und Sozialabgaben. Leider reduzieren sich dadurch auch Sozialleistungen wie Eltern-, Arbeitslosen- und Krankengeld – und eben auch die gesetzlichen Rentenansprüche, weil ja für den Gehaltsanteil der Entgeltumwandlung keine Beiträge an die DRV fließen. Auch sind die Details der Verträge zur betrieblichen Altersvorsorge oft intransparent, es fehlt an Kostennachweisen und die Regelungen des Verbraucherrechts gelten hierfür nicht.

Verträge zur betrieblichen Altersvorsorge leisten in der Regel eine lebenslange Rentenzahlung an die ehemalige Arbeitnehmerin. Dazu gehört auch eine Hinterbliebenenversorgung, falls Sie vor Rentenbeginn versterben. Plus eine Erwerbminderungs- oder Berufsunfähigkeitsrente mit einer vereinfachten Gesundheitsprüfung. Die kann für Sie ein echter Vorteil sein, falls Sie schon Vorerkrankungen haben. Denn reguläre Berufsunfähigkeitsversicherungen nehmen Sie dann womöglich gar nicht mehr auf (→ Seite 40).

Die Rente aus der BAV bekommen Sie erst zum Rentenbeginn ausgezahlt. Vorher haben Sie darauf keinen Zugriff – zum Beispiel auch dann nicht, wenn Sie etwa Kapital für den Kauf einer Immobilie als zusätzlichen Baustein Ihrer Altersvorsorge bräuchten. Und auch nicht bei Arbeitslosigkeit, wenn das Arbeitslosengeld nur noch etwa 60 Prozent des bisherigen Einkommens ausmacht.

Im Ruhestand kennen die Steuerbehörden auch bei der BAV kein Erbarmen mehr. Dann müssen Sie die Auszahlungen komplett versteuern. Einen Vorteil haben Sie dennoch: Im Alter ist der persönliche Steuersatz meist niedriger als während der Berufstätigkeit. Gesetzlich Krankenversicherten werden auch die Beiträge für die Kranken- und Pflegeversicherung abgebucht.

Die Arbeitgeber entscheiden allein, in welcher Form sie ihrer Belegschaft eine BAV anbieten wollen.

Fünf Möglichkeiten gibt es:

→ Direktversicherung
→ Pensionskasse
→ Pensionsfonds
→ Unterstützungskasse
→ Direktzusage.

Im Arbeitsvertrag steht, was die Firma anbietet. Kleine und mittlere Unternehmen entscheiden sich oft für eine Direktversicherung und schließen einen günstigen Gruppentarif für ihre Mitarbeitenden ab. Große Unternehmen und Konzerne haben meist eigene Versorgungswerke und Pensionskassen. Auch die Kooperation mit Pensionsfonds ist möglich. Die dürfen die Versicherungsbeiträge stärker in chancenreichere Aktienfonds investieren. Wenn Sie Ihre Arbeitgeber im Laufe der Jahre wechseln – und der neue Arbeitgeber unterstützt Ihre bestehende BAV nicht – können Sie Ihren Vertrag bis zur Rente in den Ruhemodus versetzen.

Lohnt sich der Abschluss einer betrieblichen Altersvorsorge für Sie also immer? Es kommt darauf an.

Ja, wenn Ihr Arbeitgeber das Engagement komplett finanziert. Zahlt er Ihnen nur einen Zuschuss, sollte er ein gutes Drittel der monatlichen Beiträge übernehmen. Das Anlagerisiko, also die Frage, wie sich das investierte Kapital über die Jahre verzinst, trägt der Arbeitnehmer. Bei neueren Produkten erhält der Arbeitnehmer häufig nur die Zusage, dass der Chef seine Beiträge an die Versorgungseinrichtung zahlt. Der Arbeitgeber übernimmt keine Haftung dafür, dass die eingezahlten Sparbeiträge erhalten bleiben oder eine Mindestrente ausgezahlt wird.

→ TIPP
Einen Leitfaden, ob sich eine betriebliche Altersvorsorge lohnt, gibt es unter www.verbraucherzentrale.de/node/7675

Falls Sie häufigere Jobwechsel im Leben planen oder erwarten, sind Sie mit einer privaten Altersvorsorge ohne Beteiligung eines Arbeitgebers womöglich besser bedient.

Altersvorsorge mit privaten Versicherungen

Private Lebens- oder Rentenversicherungen sind von Haus aus langfristige Sparprodukte – immer noch die Standardprodukte der privaten Altersvorsorge.

81,4 Millionen

Verträge hatten die Versicherer im Jahr 2023 im Bestand

Statista 2024

Achtung: Private Altersvorsorge ist ein einträgliches Geschäft für Versicherungen, Banken und Sparkassen. Mit jedem neuen Vertrag sichern sie sich jahrzehntelange Einnahmen. Die Finanzbranche wirft beständig neue Produkte auf den Markt – die Verbraucherschützer oft kritisch sehen.

Außerdem: Auch wenn die Bezeichnungen Bankberater oder Versicherungsvermittler danach klingen, im Kundeninteresse zu handeln – so ist es nicht. Ihre offizielle Berufsbezeichnung lautet zu Recht „Kaufmann" oder „Kauffrau". Ihre Aufgabe ist es nicht, für jede Kundin das individuell beste Angebot zu finden. Selbst wenn sie es gern würden. Sie orientieren sich an den Verkaufsvorgaben der Bank oder Versicherung.

Klar im Vorteil ist also, wer die Fallstricke der verschiedenen Altersvorsorgevarianten kennt. Und bevor Sie mögliche Produkte und Abschlüsse in Erwägung ziehen, sollten Sie sich im Klaren sein, dass Sie sich

GUT ZU WISSEN

Anbieterunabhängige Beratung

In der kostenpflichtigen Geldanlage- und Altersvorsorgeberatung der Verbraucherzentralen werden die verschiedenen Möglichkeiten vorgestellt und gemeinsam mit Ihnen wird ein Gesamtkonzept für Ihre private Vorsorge erarbeitet. Bereits vorhandene Geldanlagen werden analysiert und hinsichtlich möglicher Zielkonflikte beurteilt.

Wenn Sie von Ihrer Bank oder Sparkasse bereits Angebote erhalten haben, bringen Sie sie gleich zum Termin mit. Die Beratungskräfte bewerten die Angebote dann anhand der Kriterien Risiko, Rendite, Liquidität und Kosten beziehungsweise Kostentransparenz.

www.verbraucherzentrale.de/beratung

in der Regel für eine sehr lange Zeit binden. Prüfen Sie, ob Sie das durchhalten wollen oder können!

ACHTUNG

Bei einem Altersvorsorgevertrag, in den 30 Jahre lang eingezahlt wird, fallen 60 Prozent der gesamten Zinsen in den letzten zehn Jahren der Laufzeit an.

Wie funktionieren kapitalbildende Lebens- und private Rentenversicherungen?

Eine kapitalbildende Lebensversicherung (KLV) ist ein Sparplan mit langer Laufzeit plus einer Risiko-Lebensversicherung. Es stecken immer zwei Verträge darin: Einer fürs Sparen, einer für die Risiko-Absicherung. Denn sie enthält auch immer einen Schutz für den Todesfall – die Familie bekommt eine vertraglich vereinbarte Summe, wenn der Versicherte vor Ablauf stirbt. Während eine Lebensversicherung das Geld am Vertragsende auf einen Schlag auszahlt, überweist eine private Rentenversicherung das wahlweise als lebenslange Rente oder als Einmalbetrag. Sie ist ein reiner Sparvertrag. Im Todesfall übernimmt sie in der Regel keine Absicherung der Hinterbliebenen.

GUT ZU WISSEN

Sofortrente

Bei privaten Rentenversicherungsmodellen zur „Sofortrente“ müssen die Beiträge nicht Monat für Monat fließen. Sie können auch auf einen Schlag eine große Summe einzahlen und sie sich sofort wieder als Rente auszahlen lassen (→ Seite 173). Die Anbieter werben damit, dass das verbliebene Kapital in den kommenden Jahren noch Zinsen erwirtschaftet.

Private Rentenversicherungen gibt es als klassische, fondsgebundene und hybride Variante. Sie unterscheiden sich durch die eingesetzten Anlageklassen.

Eine gelegentlich bei der KLV auch eingeschlossene Unfalltod-Zusatzversicherung ist überflüssig und zu teuer. Wer keine Berufsunfähigkeitsversicherung hat, sollte eine Vergleichsrechnung anstellen, ob der Einschluss „Beitragsbefreiung bei Berufsunfähigkeit" lohnt. Sollten Sie nämlich berufs- oder erwerbsunfähig werden, zahlt der Versicherer die Beiträge für den gesamten Vertrag weiter. Und am Ende der Laufzeit bekommen Sie doch noch die Versicherungssumme. Wie immer gilt aber auch hier: Diese Sicherheit hat ihren Preis – den zahlen Sie in Form höherer Beiträge.

→ TIPP

Wer die Risikoabsicherung für den Todesfall und die Sparziele einzeln regelt, bleibt auf beiden Feldern flexibel. Das hilft, wenn sich Lebensumstände einmal ändern und das Geld knapp wird.

Kosten schmälern Rendite

Bei kapitalbildenden Lebensversicherungen wie bei privaten Rentenversicherungen werden die Einzahlungen der Versicherten in einen Verwaltungs- und Provisionskostenanteil sowie einen Sparanteil aufgeteilt. Heißt, Sie müssen anteilig die Kosten des Geschäftsbetriebs der Versicherungsgesellschaft und die Provision des Versicherungsvertreters mit abdecken. Bei der KLV werden noch die Risikokosten für die Absicherung im Todesfall abgezogen. Was danach übrig bleibt – der Sparanteil der Raten – wird für Sie angespart.

> **! ACHTUNG**
>
> Viele private Rentenversicherungsverträge enthalten hohe Abschlusskosten. Hinzu kommen die jährlichen Verwaltungskosten. Das schmälert die Rendite deutlich.

Wenig Zinsen und Überschüsse

Der Garantiezins – er ist vielfach das Stichwort, wenn klassische Lebens- und Rentenversicherungen verkauft werden. Denn das verspricht auf den ersten Blick ja Sicherheit: Der Versicherer garantiert beim Abschluss einen Wert für das Ersparte am Vertragsende.

> **i GUT ZU WISSEN**
>
> Der Garantiezins ist ein von der Politik festgelegter Höchstrechnungszins. Seit 2022 betrug er gerade noch 0,25 Prozent. Zu Beginn des Jahres 2025 ist er auf 1 Prozent gestiegen.

Die Zinsentwicklung bei Renten- und Kapitallebensversicherungen

Da merken Sie sicher schon: Verglichen mit den Zinssätzen für Tages- und Festgeld ist das sehr wenig (→ Seite 34 und 63).

Außerdem: Der mickrige Garantiezins gilt nur für den Sparanteil. Das heißt, nicht der gesamte eingezahlte Betrag wird damit verzinst, sondern nur der Anteil, der nach Abzug von Abschlussprovision sowie Verwaltungskosten übrig ist.

Ohne den Taschenrechner zu bemühen fällt also direkt auf, dass die Garantieverzinsung kein überzeugendes Argument für den Abschluss einer Lebensversicherung ist.

→ TIPP

Bei dem seit Jahren niedrigen Höchstrechnungszins für Lebensversicherungen lohnt sich der Abschluss dieser Verträge heute nicht mehr. Alte Verträge können allerdings noch lukrativ sein. Statt einer Kündigung wäre daher ein Verkauf eine mögliche Option. Mehr dazu unter

www.verbraucherzentrale.de/node/12129

Zusätzlich zum Garantiezins beteiligen Versicherer ihre Kundschaft an den laufenden Gewinnen, die sie durch ihre Aktivitäten am Finanzmarkt erzielen. Überschussbeteiligung wird das genannt. Sie bringt dann auch die Rendite des Sparanteils nach oben. Vorausgesetzt, das Zinsniveau spielt mit. Theoretisch können Versicherer in mageren Jahren auch gar keine Überschüsse zuteilen.

> **GUT ZU WISSEN**
>
> **KLV und Steuern**
>
> Nur Kapitallebensversicherungsverträge, die vor 2005 abgeschlossen wurden, mindestens zwölf Jahre bestanden, in die zumindest fünf Jahre Beiträge gezahlt wurden und eine Todesfallsumme von mindestens 60 Prozent der eingezahlten Beiträge enthalten, werden noch steuerfrei ausgezahlt.

Rentenfaktor

Wer sich bei einer privaten Rentenversicherung für die Auszahlung einer lebenslangen Rente entscheidet, muss außerdem auf den sogenannten Rentenfaktor achten. Er ist eine Art Umrechnungsfaktor, der für alle Versicherungen wichtig ist, bei denen die versicherte Rente erst bei Ablauf der Aufschubfrist – darunter versteht man in der privaten Rentenversicherung die Zeit zwischen Vertragsbeginn und Beginn der Rentenzahlung – ermittelt wird. Je niedriger der Rentenfaktor für die eigene Versicherung ausfällt, desto weniger Rente bekommen Sie später garantiert ausgezahlt. Versicherungsmathematisch legt er fest, wie viel Monatsrente aus einem noch nicht feststehenden Kapital zum vorgesehenen Termin ausgezahlt wird. Er wird pro 10.000 Euro angegeben. Klingt nach Kleinkram? Ist es aber nicht. Bei einem Rentenfaktor von 30 bekommen Sie zum vereinbarten Termin aus 100.000 Euro eine lebenslange monatliche Rente von 300 Euro. Liegt der Faktor bei 25, beträgt die Rente nur 250 Euro im Monat. Der Rentenfaktor gibt auch an, wie lange Sie „über"leben müssen, um Ihr Erspartes wieder herauszubekommen: 100.000 : 300 : 12 = 27,77 Jahre. Bei 250 sind es schon 33,3 Jahre ab Rentenbeginn. Das ist erst mal zu schaffen, damit sich der Vertrag wirklich rentiert!

Wie hoch die spätere Auszahlung hier sein wird? Keiner weiß es. Als Kundin erhalten Sie nur den Garantieanteil. Der nicht garantierte Anteil nennt sich schönfärberisch „Gewinnrente". Die ist abhängig von vielen Faktoren. Zum Beispiel der Frage, wie gut der Versicherer das Geld angelegt hat. Kündigen Sie den Vertrag vor Ende der Laufzeit, machen Sie auch hier Verlust.

→ TIPP

Lassen Sie die Rendite Ihres Vertrages von unabhängiger Stelle berechnen und mit Alternativen vergleichen, bevor Sie daran etwas ändern! Manchmal rechnet es sich eben doch, die Versicherungsbeiträge weiter zu bezahlen.

Fondsgebundene Rentenversicherungen

Mit Fonds für das Alter sparen und die Gewinne unversteuert in eine monatliche Rente umwandeln – so das Prinzip fondsgebundener Rentenversicherungen. Anders als bei klassischen Renten- und Kapitallebensversicherungen mit Höchstrechnungszins dürfen die Sparanteile der Versicherten in risikoreicheren – und wegen des aktiven Fondsmanagements meist kostenintensiven! – Investmentfonds angelegt werden. So dürfen die Versicherer auch in Aktien-, Renten- oder Immobilienfonds investieren. Sie ahnen es: Das Anlagerisiko tragen Sie als Kundin aber allein. Eine Mindestauszahlung wie bei der Kapitallebensversicherung gibt es in der Regel nicht. Ausgezahlt wird, was der Fonds nach Abzug seiner diversen Kosten etwa für die Vertragsverwaltung und für die Provisionen des Verkäufers erwirtschaftet hat.

Weitere Informationen unter **www.test.de/node/1563811-0/**

→ TIPP

Wenn Sie eine feste Auszahlung zu einem bestimmten Zeitpunkt benötigen, sollten Sie auf Fondspolicen verzichten. Dazu schwanken die Kurse zu sehr.

Vor Vertragsabschluss sollten Sie einen Blick auf die sogenannte „Nulllinie" werfen. Dies ist eine Entwicklungskurve der Fondsanteile, bei der eine mögliche Wertsteigerung nicht dazu gerechnet wird. Wenn Sie die Nulllinien mehrerer Anbieter vergleichen, bekommen Sie einen Anhaltspunkt, wo die Beiträge voraussichtlich besser angelegt sind.

! WICHTIG

Beitragsfreistellung

Wenn Sie Ihre Beiträge zur Lebens- oder Rentenversicherung eine Zeit lang nicht mehr aufbringen können oder merken, Ihr Vertrag rechnet sich nicht, haben Sie verschiedene Möglichkeiten. Sie können die Beiträge reduzieren oder den Vertrag vorübergehend ruhen lassen. Auch die vorzeitige Kündigung ist möglich. Die kann sich sogar trotz möglicher Verluste rechnen. Das gilt vor allem für Lebensversicherungen, die noch 15 oder mehr Jahre Laufzeit haben und niedrig verzinst sind. Wenn Sie Ihre bisherigen Versicherungsbeiträge selbst anlegen, zum Beispiel in einen ETF-Sparplan (→ Seite 71) oder in Festgeld (→ Seite 63), haben Sie bei Rentenbeginn wahrscheinlich mehr Kapital zur Verfügung. Nicht nur weil diese Anlagen voraussichtlich besser verzinst sind, sondern weil auch geringere Kosten an der Rendite nagen.

Zahlen Sie Beiträge monatlich ein. Bei jährlicher Zahlweise besteht die Gefahr, dass gerade dann gekauft wird, wenn der Fondspreis besonders hoch ist.

Riester-Rente

Auch mit einer sogenannten Riester-Rente – der Name stammt vom „Erfinder", dem Politiker Walter Riester – können Sie für das Alter vorsorgen. Deren großes Plus: Der Staat unterstützt Sie dabei mit Zulagen und Steuervorteilen. Für jeden Erwachsenen gibt es eine jährliche Grundzulage von 175 Euro. Für Kinder, die nach 2008 geboren sind, kommt eine Kinderzulage von 300 Euro pro Jahr hinzu. Für ältere Kinder sind es 185 Euro. Die Kinder müssen grundsätzlich kindergeldberechtigt sein.

Vorausgesetzt, Sie können dauerhaft vier Prozent Ihres Vorjahresbrutto abzüglich Zulagen aufbringen, stellen Sie einen Dauerzulagenantrag. Wichtig: Passen Sie Ihre Eigenbeiträge je nach Gehalt an.

Zusätzlich können Sie Ihre Beiträge zur Riester-Rente bis maximal 2.100 Euro pro Jahr von der Steuer absetzen. Die eingezahlten Beiträge und die staatlichen Zulagen sind garantiert. Sie werden im Alter als lebenslange Rente ausgezahlt. Bis zu 30 Prozent des angesparten Kapitals können Sie bei Rentenbeginn als Einmalzahlung entnehmen. Weil der Staat den Anbietern von Riester-Renten strenge Anlagevorschriften macht, gilt sie als sicher. Das ist ein Plus. Es gibt aber auch Nachteile. Etwa intransparente Klauseln bezüglich anfallender Abschluss- und Vertriebskosten oder starre Kombi-Produkte. Die konservative Anlagestrategie begrenzt eben auch die Renditechancen. Die Abschluss- und Verwaltungskosten können relativ hoch sein. Auch diese Auszahlung muss im Alter versteuert werden. Das einbezahlte Kapital ist auch nur be-

HINTERGRUND

Mit diesen Steuern müssen Sie rechnen

Seit 2005 müssen Sie für alle Gewinne – egal aus welcher Geldanlage – 25 Prozent plus Solidaritätszuschlag und gegebenenfalls Kirchensteuer an den Staat abführen. Das ist die sogenannte Abgeltungssteuer. Bei einer fondsgebundenen Lebens- oder Rentenversicherung können Sie das umgehen. Besteht Ihr Vertrag mindestens zwölf Jahre, die Versicherungssumme wird frühestens mit 60 Jahren fällig, sind die Erträge nur zur Hälfte steuerpflichtig. Sie werden mit dem persönlichen Einkommenssteuersatz belegt. Dieses Privileg gilt für alle Lebensversicherungen und die Variante der einmaligen Kapitalauszahlung bei privaten Rentenversicherungen.

schränkt vererbbar. Das zeigt: Die Riester-Rente ist komplex. Lassen sie sich dazu rechtzeitig beraten, um alle Vorteile ausschöpfen und gegebenenfalls Nachteile abwägen zu können.
Wissenswertes unter
www.verbraucherzentrale.de/node/6863

→ TIPP

Berufsstarterinnen, die jünger als 25 Jahre sind, belohnt der Staat mit einem einmaligen Bonus von 200 Euro.

GUT ZU WISSEN

Mit dem Riester-Rechner der Deutschen Rentenversicherung lässt sich leicht herausfinden, wie viel Zulage es vom Staat gibt und wie viel dafür gespart werden muss:
www.riester.deutsche-rentenversicherung.de

Rente als eigene Chefin?

Selbstständige arbeiten selbst und ständig. Das gilt auch für Ihre Rente. Ohne einen Arbeitgeber liegt die Verantwortung für Ihre Rente allein bei Ihnen. Sie müssen Ihre Altersvorsorge selbst organisieren und finanzieren. Welche Option für Sie die richtige ist, richtet sich auch nach Ihrem Beruf. Diese drei Möglichkeiten gibt es.

Pflichtversichert in der DRV

Einige Freiberuflerinnen unterliegen weiterhin der Pflichtversicherung in der gesetzlichen Rentenversicherung. Dazu gehören Handwerkerinnen und Lehrerinnen, zum Beispiel aber auch selbstständige Trainerinnen, Coaches oder Moderatorinnen. Des Weiteren sind Hebammen, Erzieherinnen und in der Pflege Beschäftigte, Künstlerinnen und Publizistinnen pflichtversichert. Hinzu kommen Selbstständige mit nur einem Auftraggeber und weitere Freiberuflerinnen.

Schon diese unvollständige Liste zeigt: Informieren Sie sich sicherheitshalber vor Beginn Ihrer Selbstständigkeit bei der DRV, ob Sie weiterhin der Versicherungspflicht unterliegen. Wenn ja, müssen Sie einen prozentualen Satz Ihres monatlichen Einkommens überweisen. Im Jahr 2025 sind es 18,6 Prozent.

Wenn Sie nicht zu den oben genannten Berufsgruppen gehören, können Sie möglicherweise freiwillige Rentenbeiträge leisten. So können Sie nicht nur Ihre bereits vorhandenen Rentenansprüche erhöhen oder sichern, sondern sich auch den Anspruch auf eine Rente wegen Erwerbsminderung erhalten. Dafür müssen Sie in den letzten fünf Jahren als Pflichtversicherte vor Eintritt der

Erwerbungsunfähigkeit mindestens drei Jahre Beiträge gezahlt haben. Als freiwillig Versicherte bestimmen Sie die Anzahl und Höhe der Beiträge selbst. Sie können pro Kalenderjahr bis zu zwölf Monatsbeiträge zahlen. Aus den Beiträgen im Jahr 2025 bei einem Beitragssatz von 18,6 Prozent ergibt sich ein Mindestbeitrag von 103,42 Euro monatlich. Maximal sind es 1.404,30 Euro. Die Entscheidung liegt bei Ihnen.

Berufsständische Versorgungswerke

Für einige Freiberuflerinnen, wie Ärztinnen, Apothekerinnen, Rechtsanwältinnen, Steuerberaterinnen, Ingenieurinnen, Architektinnen und Psychotherapeutinnen, ist der Eintritt in eines der über 80 deutschen Versorgungswerke Pflicht. Sie übernehmen die Alters-, Invaliditäts- und Hinterbliebenenrente. Die Beiträge variieren und können sich nach dem Einkommen oder dem Beitrag zur gesetzlichen Rentenversicherung richten. Auch die Mindest- und Höchstbeiträge können sich unterscheiden.

Rürup-Rente

Freiberuflerinnen sind leider überdurchschnittlich oft von Altersarmut und niedrigen Renten betroffen. Selbst wenn sie Jahrzehnte bienenfleißig gearbeitet haben. Doch die Einnahmen fließen eben unregelmäßig, je nach Auftragslage und anliegenden Investitionen. Wer sich selbstständig macht, muss mit dieser finanziellen Unsicherheit umgehen können.

> **GUT ZU WISSEN**
>
> Viele Versorgungswerke werben damit, am Ende der Laufzeit höhere Renten als in der gesetzlichen Rentenversicherung zu erreichen. Das begründen sie mit ihrer Anlagepolitik. Während die DVR die eingezahlten Beiträge der Berufstätigen gleich wieder als Rente an die Menschen im Ruhestand auszahlt, legen die Versorgungswerke das Kapital für jeden Versicherten an und hoffen so, größere Kapitalgewinne zu erzielen. Einige Versorgungswerke schaffen das auch.

Mit einer Rürup-Rente lässt sich die Altersvorsorge unabhängig von der DRV oder Versorgungswerken aufstocken. Es gibt sie in verschiedenen Formen, darunter klassisch verzinste Verträge und fondsgebundene Rentenversicherungen. Doch Vorsicht: Wer auf hohe Renditen abzielt, muss auch höhere Risiken, wie etwa am Aktienmarkt, in Kauf nehmen. Oft wird die Rürup-Rente auch als „Basis-Rente" bezeichnet. Das suggeriert ein staatliches Angebot und Sicherheit. Doch tatsächlich wird diese Rente von Versicherungen angeboten. Der Staat fördert sie nur steuerlich. Im Jahr 2025 können Sie Beiträge von bis zu 28.091 Euro (56.182 Euro für zusammen veranlagte Ehepaare) steuerlich absetzen.

Doch die Rürup-Rente hat zahlreiche Tücken und gilt als unflexibel. Auszahlungen sind erst ab dem 62. Lebensjahr möglich. Teilauszahlungen bei plötzlichem Geldbedarf sind gar nicht erlaubt. Nur Ehepartner und kindergeldberechtigte Kinder unter 25 Jahren können die Ansprüche erben. Es besteht auch kein Kapitalwahlrecht. Das heißt, die angesparte Summe kann nicht auf einmal ausgezahlt werden, sondern nur als monatliche Rente. Die Verbraucherzentralen warnen zudem vor hohen Abschlusskosten und der Unkündbarkeit der Rürup-Rente. Verwaltungskosten können die Rendite schmalern und Renten, die ab 2040 ausgezahlt werden, müssen voll versteuert werden. Hier ist gute Beratung besonders wichtig – auch vom eigenen Steuerberater. Als Selbstständige werden Ihre Einkünfte vermutlich stark schwanken. Bauen Sie daher eine Altersvorsorge auf, bei der Sie Ihre Beiträge flexibel anpassen können. Zahlen Sie in guten Zeiten freiwillig höhere Beiträge. Im Alter werden Sie jeden zusätzlichen Euro Rente zu schätzen wissen.

Babyglück und Geldsorgen

Das erste Kind ist vielleicht die einschneidendste Veränderung im Leben einer Frau. Die meisten erleben eine wilde emotionale Achterbahn zwischen überwältigender Liebe für den Winzling und der Angst, dieser neuen Verantwortung nicht gerecht zu werden. Jetzt wird auch die Beziehung neu verhandelt. Wie organisieren wir als Paar die Elternzeit? Wer bleibt anschließend zu Hause, wer arbeitet weiter? Oder gehen beide auf Teilzeit? Hier geht's um weit mehr als nur organisatorische Fragen. Hier geht's um finanzielle Entscheidungen, die jahrzehntelange Folgen haben. Vor allem für Frauen, die die Care-Arbeit übernehmen – ob unverheiratet, verheiratet oder in einer Patchworkfamilie.

Ob das die Hormone sind? Julia ist überglücklich über ihre erste Schwangerschaft. Sie gilt zwar schon als riskante Spätgebärende, aber ihr und dem Kind geht's richtig gut. Doch etwas anderes geht ihr nachts immer öfter durch den Kopf. Klar, Philipp und sie haben sich schon vor ihrer Hochzeit darauf geeinigt, sich die Erziehung später mal fair und partnerschaftlich zu teilen. Im Mutterschutz, sechs Wochen vor und acht Wochen nach der Geburt, bekommt sie noch weiter ihr Gehalt überwiesen.

Danach wird sie das erste Lebensjahr mit dem Kleinen zu Hause bleiben. Das zweite Jahr Elternzeit nimmt Philipp. Also, wenn es sich mit seinem Job wie geplant vereinbaren lässt.

Finanzen neu ordnen

Aber dennoch macht sich Julia Sorgen. Denn sie hat gelesen, dass das Einkommen von Frauen, nachdem sie Mutter geworden sind, mindestens nicht steigt.

Muss Julia um ihre finanzielle Unabhängigkeit und den Verlust der Augenhöhe fürchten? Sie sieht's bei ihren Freundinnen, die bereits Mutter geworden sind. Wie wird sich die Familien-Auszeit auf ihre Karriere auswirken? Wie auf die weitere Entwicklung ihres Gehalts? Und was ist, rein hypothetisch, falls Philipp und sie sich irgendwann trennen würden? Julia plant gerne. Deshalb machen ihr jetzt die vielen Unbekannten in ihrer Rechnung Sorgen.

Dauerhafte Geldsorgen sind der Stresstest für alle Paare. Daran ändert auch eine große Liebe nichts. Mit Kindern wird Geld wichtiger als viele Paare es jemals erwartet hätten. Denn es ist so viel mehr als nur ein Tauschmittel. Geld ist Macht. Wer kein Geld hat, ist abhängig von Partner oder Partnerin. Der oder die finanziell besser Gestellte kann den anderen unter Druck setzen. Und selbst, wenn er oder sie das nie macht, kann es sich für den anderen so anfühlen. Geld kann auch ein Polster fürs eigene Selbstwertgefühl sein. Eigenes Geld macht unabhängig.

Bruttostundenverdienst im Durchschnitt 2023

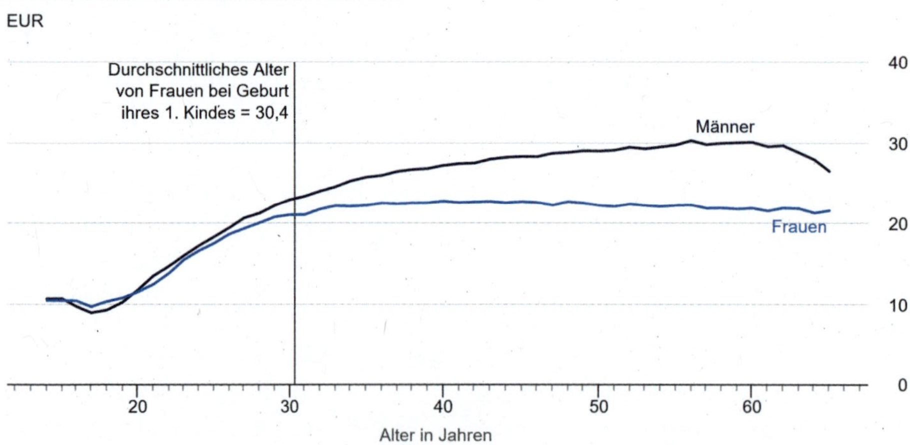

Frauen in Deutschland sind bei der Geburt ihres ersten Kindes durchschnittlich 30 Jahre alt. Ab diesem Alter stagniert ihr durchschnittlicher Bruttostundenverdienst, während er bei Männern mit zunehmendem Alter fast stetig steigt. Eine mögliche Erklärung: Frauen arbeiten häufiger in Teilzeit.

HINTERGRUND

Nach der Geburt des eigenen Kindes reduzieren vor allem Frauen ihre Arbeitszeit. Im Jahr 2023 arbeiteten 67 Prozent aller Mütter mit minderjährigen Kindern in Teilzeit, aber nur 9 Prozent aller Väter. Während 63 Prozent dieser Mütter die Kinderbetreuung als Grund für die Teilzeitarbeit angaben, waren es bei den Vätern lediglich 29 Prozent. Zum Vergleich: Bei Beschäftigten ohne Kinder sind die Unterschiede weniger deutlich. Hier lag die Teilzeitquote von Frauen bei 39 Prozent, Männer ohne Kinder arbeiteten zu 16 Prozent in Teilzeit.

Gemeinsames Konto, ja oder nein?

Wir lieben uns, also haben wir auch ein gemeinsames Konto? Das ist immer eine individuelle Entscheidung, bei der es kein „richtig" oder „falsch" gibt. Sie basiert immer auf den Bedürfnissen, Konsumgewohnheiten und Zielen beider Partner. Da hilft nur reden.

Klären Sie offen und ehrlich, wie Sie Ausgaben planen, Rücklagen bilden oder vorbeugen wollen, um nicht in den Dispo zu rutschen. Und nehmen Sie sich alle paar Jahre einen Abend Zeit, um zu checken, ob der aktuelle Stand Ihrer finanziellen Verabredungen noch Ihren Bedürfnissen entspricht.

Gemeinsames Konto

Dessen größtes Plus ist die Transparenz. Beide Partner kennen die Einnahmen und Ausgaben, können alle Transaktionen einsehen. Zudem erleichtern gemeinsame Konten die Verwaltung von Haushaltsausgaben und regelmäßigen Zahlungen wie Miete, Hypotheken oder Versicherungen. Das spart auch Kontogebühren. Wenn jeder noch dazu einen festen Betrag zur freien Verfügung hat, spart das auch Diskussionen.

Wichtig ist eine Rechtsfrage. Ein Gemeinschaftskonto kann als sogenanntes „Und-" oder „Oder-Konto" eröffnet werden. Beim „Und-Konto" könnten beide Kontoinhaber nur zusammen agieren. Beim „Oder"-Konto kann jeder jederzeit unabhängig vom anderen auf das Konto zugreifen. Ob „Und" oder „Oder": Beide Kontoinhaber haben die gleichen Rechte und Pflichten. Das heißt, jeder von beiden haftet auch, wenn das Konto überzogen wird – egal von wem. Für Paare, bei denen sehr hohe Geldeingänge über ein Gemeinschaftskonto gehen, gibt es noch etwas zu bedenken. Das Finanzamt könnte diese als zu versteuernde Schenkung untereinander bewerten, wobei allerdings bei Eheleuten der Steuerfreibetrag von 500.000 Euro zu berücksichtigen ist. Bei einem unverheirateten Paar schaut das Finanzamt schon ab 20.000 Euro genauer hin. Für solche Transaktionen, beispielsweise hohe Einnahmen aus einem Verkauf oder einem Erbe, sind getrennte Konten die einfachere Lösung. Wichtig: Gemeinsame Konten können auch nur mit Einverständnis beider Ehepartner gekündigt werden. Das kann bei einer Trennung problematisch werden.

Getrennte Konten

Sie bieten jedem Partner finanzielle Autonomie. Beide Partner können ihr Geld unabhängig verwalten und sind niemandem Rechenschaft über die Ausgaben schuldig. Hier ist jeder Partner für die eigenen finanziellen Entscheidungen verantwortlich.

In der Regel einigen sich Paare dann darauf, ihren jeweiligen Anteil an den gemeinsamen Kosten wie Miete, Kindergartengebühren oder die Kfz-Versicherung an denjenigen zu überweisen, der die Rechnungen begleicht.

Drei-Konten-Modell

Viele Paare entscheiden sich für eine Mischung aus beiden Varianten. Sie nutzen ein gemeinsames Haushaltskonto für gemeinsame Ausgaben und Sparziele. Und jeder behält ein eigenes Konto für seine persönlichen Ein- und Ausgaben. So kombinieren sie die Vorteile beider Optionen und minimieren die Nachteile. Ob sie verheiratet sind oder nicht, spielt keine Rolle. Allerdings: Beim Drei-Konten-Modell sollten die Kosten beachtet werden. Denn auf dem Haushaltskonto geht in der Regel kein Einkommen ein. Das ist aber bei vielen Konten Voraussetzung. Und Banken differenzieren über Buchungsschlüssel hier sehr genau, sodass die Kontoführung dann ohne regelmäßigen Geldeingang sehr teuer werden kann.

> **GUT ZU WISSEN**
>
> Als Ehefrau oder Lebenspartnerin haben Sie bei einer Notlage keinen Zugriff auf das Konto des Partners oder der Partnerin, weil Ihnen keine gesetzliche Vertretungsbefugnis zusteht. Sie benötigen deshalb eine Kontovollmacht, die durch ein bankeigenes Vollmachts-Formular erteilt werden kann. Eine vom Kontoinhaber erteilte Vorsorgevollmacht, die auch Vermögensangelegenheiten beinhaltet, wird häufig nicht anerkannt, obwohl auch diese Form der Vollmacht von Banken grundsätzlich akzeptiert werden muss (→ Seite 125).

Ohne Trauschein glücklich

Nur die Liebe zählt? Nicht für den Gesetzgeber. Weil er ausdrücklich Ehe und Familie schützen will, unterscheidet er gründlich zwischen unverheirateten, verheirateten und verpartnerten Beziehungen. Partner einer Beziehung ohne Trauschein gelten nicht als Familienmitglieder. Für eheähnliche Gemeinschaften gibt es keine Gesetze, die das Zusammenleben oder die Trennung regeln.

Ganz bitter ist die Rechtslage, wenn bei einem unverheirateten Paar einer von beiden verstirbt. Ohne ein Testament oder einen Erbvertrag ist der überlebende Partner oder die überlebende Partnerin nicht erb- oder pflichtteilsberechtigt (→ Seite 193). Und auch eine Witwen- oder Witwerrente aus der gesetzlichen Rentenversicherung gibt es dann nicht (→ Seite 119).

Verheiratete werden auch bei den Steuerklassen bevorzugt. Stichwort Ehegattensplitting. Das Finanzamt zählt das Jahreseinkommen beider Ehepartner zusammen, halbiert die Summe und berechnet die Steuern je zur Hälfte auf jeden Ehegatten. Damit zahlt das Paar in der Regel weniger Steuern, als würde jeder einzeln veranlagt. Das liegt an der Steuerprogression. Je höher das zu versteuernde Einkommen ist, desto höher ist der prozentuale Steuersatz. Davon profitieren vor allem Paare, bei denen einer mehr als der oder die andere verdient.

Aber auch das muss kein Grund sein, eilig zum Traualtar zu laufen. Geschätzte 2,4 Millionen Paare leben ohne Trauschein zusammen. Aber es ist gut, sich über die rechtlichen Unterschiede und ihre finanziellen Folgen bewusst zu sein.

CHECKLISTE

- ☐ **Familienrecht:** In der Ehe bestehen gegenseitige Unterhaltspflichten, in der nichtehelichen Lebensgemeinschaft grundsätzlich nur, wenn sie vertraglich vereinbart sind. Wird eine Ehe geschieden, findet ein Zugewinn- und ein Versorgungsausgleich statt. Wenn hingegen eine nichteheliche Lebensgemeinschaft beendet wird, gibt es das nicht. Verheiratete Eltern haben mit der Geburt eines Kindes automatisch das gemeinsame Sorgerecht, unverheiratete Eltern jedoch nicht.
- ☐ **Erbrecht:** Dem hinterbliebenen Ehepartner steht – neben den Verwandten des Erblassers – ein gesetzliches Erbrecht beziehungsweise ein Pflichtteilsanspruch zu, dem nichtehelichen Partner dagegen nicht. Auch können nur Eheleute ein gemeinschaftliches Testament aufsetzen.
- ☐ **Mietrecht:** Der Mieter kann jederzeit seinen Ehegatten in die Mietwohnung aufnehmen. Die Aufnahme des nichtehelichen Lebenspartners bedarf der Erlaubnis des Vermieters.

- ☐ **Sozialrecht:** Gesetzlich Krankenversicherte können ihren Ehegatten beitragsfrei mitversichern, der nichteheliche Partner kann nicht mitversichert werden. Der hinterbliebene Ehegatte hat Anspruch auf Witwen- beziehungsweise Witwerrente aus der gesetzlichen Rentenversicherung, dem nichtehelichen Partner steht kein Anspruch auf Hinterbliebenenrente zu. Beim Anspruch des Ehepartners beim Bürgergeld und bei der Grundsicherung wird grundsätzlich das gesamte Einkommen der Eheleute bei der Bedarfsermittlung berücksichtigt. Bei einer nichtehelichen Lebensgemeinschaft wird das Einkommen des Partners nur dann angerechnet, wenn eine sogenannte Bedarfsgemeinschaft besteht.
- ☐ **Steuerrecht:** Nur Eheleute können bei der Einkommensteuer gemeinsam veranlagt werden und kommen in den Genuss des Splittingtarifs. Bestimmte steuerliche Freibeträge (zum Beispiel der Sonderausgaben-Pauschbetrag oder der Sparer-Freibetrag) werden bei Eheleuten verdoppelt. Nichtehelichen Partnern stehen die doppelten Freibeträge nicht zu. Bei der Erbschaft- und Schenkungsteuer betragen die Steuersätze (Steuerklasse I) bei Ehegatten je nach Nachlasswert zwischen 7 und 30 Prozent, bei nichtehelichen Lebenspartnern (Steuerklasse III) zwischen 30 und 50 Prozent. Ehegatten steht bei einer Schenkung oder Erbschaft ein Steuerfreibetrag von 500.000 Euro zu, nichtehelichen Lebenspartnern nur 20.000 Euro.

Mit Trauschein glücklich

Wer Freunde und Familie dagegen zur Hochzeit einlädt, befindet sich ab dem Tag der standesamtlichen Trauung automatisch im rechtlichen Modus der Zugewinngemeinschaft. Wer eine Gütertrennung bevorzugt, muss das vertraglich regeln. So nennt der Gesetzgeber die zwei möglichen Varianten des familienrechtlichen Güterstandes. Das klingt nach langweiligem Bürokratendeutsch. Aber der Güterstand entscheidet über die finanzielle Abhängigkeit der Frauen und Männer nach einer Scheidung. Es lohnt sich, sich damit kurz auseinanderzusetzen.

In der Zugewinngemeinschaft gilt: Das Vermögen, das die Partner während der Ehe aufbauen, gehört zwar jedem allein und er oder sie kann damit machen, was er oder sie möchte. Aber bei einer Scheidung wird das

GUT ZU WISSEN

Partnerschaftsvertrag

Unverheiratete können in einem Partnerschaftsvertrag eine individuelle Vorsorge treffen, um sich gegenseitig finanziell abzusichern. Grundsätzlich kann der Vertrag formfrei abgeschlossen werden. Notariell beurkundet werden muss der Partnerschaftsvertrag aber beispielsweise, wenn die Partner gegenseitige Zahlungsverpflichtungen (zum Beispiel Unterhaltszahlungen) eingehen, über Grundstücke verfügen oder erbrechtliche Vereinbarungen treffen. Im Partnerschaftsvertrag können Sie etwa die Frage klären, wie derjenige mit einer zusätzlichen privaten Altersvorsorge unterstützt wird, der für die Kindererziehung aus dem Job aussteigt oder Teilzeit arbeitet. Und für den Fall einer Trennung können Sie damit schon die wichtigsten Fragen wie Unterhalt oder Vermögensausgleich festlegen (→ Seite 158). Halten Sie auch gleich Ihr gemeinsames Anfangsvermögen (→ Seite 14) fest. Dann gibt es darüber später keinen Streit. Das gilt alles auch für verheiratete Paare. Auch sie können einen Partnerschaftsvertrag abschließen und darin beispielsweise die Finanzierung des Haushalts, die Eigentumsverhältnisse der während der Partnerschaft erworbenen Haushaltsgegenstände und den Ausgleich des während der Partnerschaft erworbenen Vermögens im Falle der Trennung regeln.

in der Ehe von beiden erwirtschaftete Vermögen aufgeteilt und ein Zugewinnausgleich berechnet. Ausgenommen sind Erbschaften und Schenkungen. Hier fließt nur der Wertzuwachs während der Ehe in den Vermögensausgleich ein.

Durch die Zugewinngemeinschaft will der Staat den finanziell schwächeren Partner und alle, die Kinder erziehen, finanziell besonders schützen. Und sicherstellen, dass sie ihm nicht nach einer Trennung auf der Tasche liegen. Jedes Paar kann auch die Gütertrennung statt des Zugewinnausgleichs vertraglich vereinbaren. Dann behält jeder Ehepartner, was er oder sie vor oder während der Ehe erworben hat. Paare, die andere Vorstellungen als dieses gesetzliche Entweder/Oder haben, können diese individuell mit einem eigenen Vertrag festschreiben.

Ehevertrag: Ja oder nein?

Romantisch klingt das Wort Ehevertrag wirklich nicht. Und wofür soll der gut sein, wenn beide Frischvermählte kein Vermögen besitzen? Wenn sie sich über die künftige Aufteilung von Erwerbstätigkeit und Auszeit zugunsten der Kinder einig sind? Ganz einfach: Weil viele Dinge im Leben so verflixt anders kommen als geplant. Wissen Sie, ob Ihre Ehe lebenslang hält? Endet die Ehe – oder die unverheiratete Beziehung mit Kindern –, kommen schwierige finanzielle Fragen aufs Tablett.

Wie wird gemeinsam erarbeitetes und angespartes Vermögen verteilt, wie der Unterhalt und die Altersvorsorge geregelt? Wer sich darüber vorab friedlich einigt, profitiert davon in den stürmischen Zeiten einer Scheidung. Selbstständige oder Unternehmerinnen können mit einem Ehevertrag wichtige Regelungen zum Schutz ihrer Firma treffen.

Grundsätzlich kann das Paar alles in einem Ehevertrag regeln. Vorausgesetzt, keiner von beiden wird dadurch benachteiligt. Tatsächlich sind längst nicht alle Eheverträge juristisch wasserdicht. Mit Absicht? Aus Versehen? Man weiß es nicht. Tatsächlich stellt sich aber oft erst Jahre oder Jahrzehnte nach der Trauung heraus, wo einer von beiden ahnungslos, blauäugig oder gutmütig benachteiligende Absprachen unterschrieben hat.

> **GUT ZU WISSEN**
>
> Kein Ehevertrag ohne Rechtsberatung – am besten hat jede Seite einen eigenen Rechtsbeistand. Das kostet zwar, aber es vermeidet spätere Auseinandersetzungen vor Gericht. Was mit Sicherheit wesentlich teurer wird.

Manchmal verstoßen Klauseln sogar gegen geltendes Recht – obwohl ein Notar den Ehevertrag abgenickt und unterschrieben hat. Das kann etwa der Fall sein bei einem grundsätzlichen Verzicht auf den Zugewinn- oder Vorsorgeausgleich sowie Unterhaltszahlungen. Das sieht der Gesetzgeber aus gutem Grund nicht gerne. Wenn ein Partner auf bestimmte Ansprüche verzichtet, sollte im Vertrag ein angemessener Ausgleich vereinbart werden.

Der Ehevertrag klärt in der Regel die Vermögensverhältnisse und Unterhalts- sowie Rentenzahlungen zur Absicherung der Ehepartner bei einer Trennung. Das kann besonders für binationale Paare wichtig sein. Denn bei ihnen kommt jeder Ehepartner aus einer anderen Rechtsordnung, die womöglich sehr unterschiedliche Auffassungen über die Rechte und Pflichten von Mann und Frau haben können. Daraus haben sich auch sehr unterschiedliche Rechtsprechungen bei Scheidungen entwickelt.

Für Ehen innerhalb der Europäischen Union gilt die sogenannte Rom III-Verordnung. Gerichte in anderen Staaten halten sich an ihr eigenes Recht. Aus deutscher Sicht kann dieses ausländische Scheidungsrecht aber nicht angewendet werden, wenn es mit den Grundrechten und Grundsätzen des deutschen Rechts nicht vereinbar ist. Die Sachlage ist mehr als komplex und ruft förmlich nach einem gut beratenen Ehevertrag. Zu Rechtsfragen berät der Verband binationaler Familien und Partnerschaften.
www.verband-binationaler.de

Die Höhe der Notargebühr für einen Ehevertrag richtet sich nach dem Vermögen des Paares. Heißt, je wohlhabender es ist, desto mehr kassiert der Notar. Lassen Ehepartner ihren Vertrag vorab durch eine Anwältin absichern, bekommt auch die ein Honorar. Im Internet finden Sie Online-Rechner, die Kosten nach den aktuellen Gebührensätzen berechnen. Zum Beispiel unter
www.smart-rechner.de

Schicksalsschlag: Tod von Vater oder Mutter

Das Schicksal kann sehr ungnädig sein. Jeden Tag reißt es sogar junge und gesunde Menschen aus dem Leben. Wie kommt die Familie dann über die Runden, wenn Vater oder Mutter sterben? Auf den Staat sollten sich Eltern in dieser Ausnahme- und Notlage ganz sicher nicht verlassen. Die Witwen- beziehungsweise Witwerrente ist weit davon entfernt, ein Einkommen zu ersetzen. Und die Waisenrente ist nur ein Tropfen auf dem heißen Stein.

Große Witwenrente

Das Wichtigste zuerst: Nur verheiratete Frauen haben einen Anspruch auf die sogenannte große Witwenrente. Und auch das nur, wenn der Ehemann zuvor entweder selbst schon eine gesetzliche Rente bezogen oder vor seinem Tod mindestens fünf Jahre in die Rentenversicherung eingezahlt hat. Die Ehe muss mindestens ein Jahr bestanden haben. Einzige Ausnahme: der plötzliche Tod durch Krankheit oder Unfall.

Zusätzlich zur Mindestversicherungszeit von fünf Jahren muss mindestens eine der folgenden Bedingungen erfüllt sein: Die Witwe muss mindestens 46 Jahre und 4 Monate alt (Stand 2025) oder erwerbsgemindert sein oder ein eigenes Kind oder ein Kind des Verstorbenen erziehen, das noch keine 18 Jahre alt ist.

Die Witwe darf nicht wieder heiraten, sonst verfällt ihr lebenslanger Anspruch; als „Starthilfe“ für die neue Ehe kann sie aber eine einmalige Rentenabfindung erhalten. Auch eine neue Lebenspartnerschaft, in der das Paar zusammenlebt, darf sie nicht eingehen.

„Sichern Sie die finanzielle Grundlage Ihrer Familie!“

DR. ANNA TÖNIES-BAMBALSKA, Rechtsanwältin mit dem Schwerpunkt internationales Wirtschafts- und Vertragsrecht in München

Wie wichtig ist ein Ehevertrag?
Ich erlebe immer noch viele top-ausgebildete Frauen, die sich der Kinder wegen beruflich aufgeben und sich dann bei einer Trennung überrascht in einer finanziell prekären Situation wiederfinden. Ihnen hätte ein Ehevertrag, der ihre finanzielle Absicherung und eine zusätzliche Altersvorsorge wegen fehlender Rentenanwartschaftszeiten klärt, sehr geholfen. Das gilt natürlich auch, wenn der Vater Auszeiten für die Familie nimmt. Schließlich machen immer mehr Frauen Karriere, die ihrerseits ihr Vermögen schützen, aber auch einen fairen Ausgleich leisten wollen.

Welche Fehler sollten dabei vermieden werden?
Wo es möglich ist, sollten sich Frauen statt über eine monatliche Unterhaltszahlung über Eigentum – etwa das gemeinsame Haus – absichern lassen. Vermeiden Sie eine konkrete Summe: Wenn Sie heute 3.000 Euro Unterhalt vereinbaren, klingt das viel. 15 oder 20 Jahre später bei einer Trennung hat sich die Kaufkraft womöglich halbiert und reicht dann nicht mehr zum Lebensunterhalt.

Wie sollte der Ausgleich stattdessen formuliert werden?
Mit einer offenen Klausel: „Bei einer Trennung sollen die Unterhaltszahlungen Mutter und Kinder wirtschaftlich absichern.“ Über die Summe kann man sich einigen, wenn es so weit ist. Das gilt auch für die Höhe einer einmaligen Ausgleichszahlung für das zur Ehe beigetragene wirtschaftliche Wachstum.

Reduzieren eigene Einkünfte die ausgemachten Zahlungen?
Grundsätzlich hat das eine mit dem anderen nichts zu tun. Der Gesetzgeber hat das Ziel, im Falle einer Scheidung, die finanzielle Stabilität beider Parteien zu sichern. Die Eheleute sollten möglichst ihren Lebensstandard beibehalten. Da leider oft die Frauen sich als finanziell benachteiligt und abhängig erweisen, sind diese auch besonders schutzbedürftig. Eine Ausnahme ist jedoch, wenn die Frauen über ausreichende eigene finanzielle Mittel verfügen, etwa Mieteinnahmen oder Gehälter. Sie werden bei der Berechnung des Lebensunterhalts berücksichtigt, außer die Eheleute haben bereits im Ehevertrag die Anrechnung ausgeschlossen oder eine pauschale Unterhaltszahlung vereinbart.

Eheverträge müssen von unabhängigen, sehr gut bezahlten Notaren beurkundet werden. Warum gibt es dann doch so oft sittenwidrige Verträge?
Weil nicht alle Notare das Gebot der neutralen Beratung ernst nehmen.

Wie stehen die Chancen, um einen unfairen Vertrag vor Gericht anzufechten?
Bestens. Es hat einen Grund, warum die Anwälte der Männer dann fast immer eine außergerichtliche Einigung vorschlagen: Der Staat als Gesetzgeber schützt grundsätzlich die wirtschaftliche Lebensgrundlage des Erziehenden und der Kinder.

Ein Ehevertrag lässt sich bis zur Scheidung schließen. Wann ist das sinnvoll?
Jede Form der gütlichen Einigung ist kostengünstiger als ein Streit vor Gericht. Nicht zu vergessen: Sie zahlt auch auf die finanzielle Stabilität der Familie und die emotionale Sicherheit der Kinder ein.

→ TIPP

Nutzen Sie kostenlose Unterstützungsangebote: Örtliche Beratungsstellen der Rentenversicherung, ehrenamtliche Versichertenälteste und Sozialverbände helfen bei den Formalitäten und erklären die notwendigen Schritte.

Die große Witwenrente heißt zwar „groß“, aber sie ist es nicht. Wer nach 2001 geheiratet hat, bekommt in der Regel 55 Prozent der Rente, die die Rentenversicherung dem Verstorbenen zum Todeszeitpunkt gezahlt hat oder hätte. Stirbt der Ehepartner vor dem 65. Lebensjahr, wird der Rentenanspruch um einen Abschlag gekürzt.

GUT ZU WISSEN

Nach dem Tod Ihres Ehe- oder eingetragenen Lebenspartners erhalten Sie dessen Rente zunächst drei Monate lang weiter, und zwar in voller Höhe. Die Berechnung der Witwenrente ist alles andere als einfach – bei der Antragstellung sind viele Formulare auszufüllen.

734 Euro im Monat

betrug die durchschnittliche Große Witwenrente im Jahr 2023

Deutsche Rentenversicherung

De facto heißt das: Eine Witwe kann mit kaum mehr als der Hälfte der Rente des Verstorbenen rechnen. Dessen letztes Gehalt, falls er noch gearbeitet hat, spielt keine Rolle. Erzieht die Witwe noch Kleinkinder, fällt die Summe dank Kinderzuschlag etwas höher aus. Dabei kommt es auf das Jahr der Heirat und den Geburtsjahrgang des Verstorbenen an.

> **GUT ZU WISSEN**
>
> Bekommen Sie im Alter eine eigene Rente, werden Einkünfte aus einer Hinterbliebenenrente anteilig damit verrechnet. Das heißt: Ihre eigene Rente fällt niedriger aus.

Die große Witwenrente kann die Witwe – so sie nicht wieder heiratet – bis an ihr Lebensende beziehen. Möchte sie erneut aufs Standesamt, kann sie aber eine Rentenabfindung beantragen. Bei der großen Witwenrente sind das zwei Jahresbeträge der Witwenrente, die sie in den letzten zwölf Kalendermonaten durchschnittlich bekommen hat. Erfüllen eingetragene Lebenspartner die gleichen Voraussetzungen, haben sie ebenfalls Anspruch auf eine Witwenrente.

Kleine Witwenrente

Wer zum Todeszeitpunkt des Partners jünger als 46 Jahre und 4 Monate (Stand 2025) und weder erwerbsgemindert ist noch ein Kind erzieht, bekommt eine kleine Rente. Sie beträgt nur noch 25 Prozent des Rentenanspruchs des Verstorbenen. Auch hier kommt gegebenenfalls ein kleiner Kinderzuschlag hinzu. Ist der Partner schon vor seinem 65. Geburtstag gestorben, gibt es Abschläge abhängig vom Alter des Verstorbenen. In der Regel ist die kleine Witwenrente zudem auf die ersten 24 Kalendermonate nach dem Tod des Partners befristet. Der Gesetzgeber geht davon aus, dass die Witwe nach dieser Übergangszeit selbst für ihren Lebensunterhalt sorgen soll.

Anrechenbare Einkünfte

Hat die Witwe eigene Einkünfte, etwa Gehalt, Mieteinnahmen, eine private Rentenversicherung, kürzt der Staat die Rente. Hier kommt es immer auf den aktuellen Freibetrag und die sogenannte Hinzuverdienstgrenze an. Konkret heißt das im Jahr 2025: Hat die Witwe Nettoeinkünfte über 1.038,05

Euro (Stand bis 1. Juli 2025) im Monat, wird das Einkommen über dieser Grenze zu 40 Prozent angerechnet. Vorsicht: Auch hier liegt der Teufel im Detail. Welche Einkünfte in welcher Höhe dafür berechnet werden, ist immer individuell. Auch hier lohnt sich Beratung und Kontrolle des Rentenbescheids.

Waisenrente

Stirbt Vater oder Mutter, ist ein Kind Halbwaise. Bis zur Volljährigkeit hat es dann Anspruch auf eine Waisenrente. Wenn es mit 18 Jahren noch in der Ausbildung ist, studiert oder einen Freiwilligendienst leistet, verschiebt sich die Altersgrenze maximal auf den 27. Geburtstag. Man mag es gar nicht zu Ende denken, aber sterben beide Elternteile, hat das Kind Anspruch auf eine Vollwaisenrente.

Der oder die verstorbenen Elternteile müssen dafür aber die Mindestversicherungszeit, die sogenannte Wartezeit, von fünf Jahren erfüllt haben.

Von der Deutschen Rentenversicherung wurden 2022 im Durchschnitt monatlich 213 Euro Halbwaisenrente und 421 Euro Waisenrente an Vollwaisen gezahlt.

Die Waisenrente fällt auch deshalb so niedrig aus, weil sie nicht nach dem Einkommen des verstorbenen Elternteils berechnet wird. Wie bei der Witwenrente zählen auch hier nur die bislang eingezahlten Rentenbeiträge beziehungsweise Rentenpunkte (→ Seite 91) des Verstorbenen. Je jünger Vater oder Mutter also stirbt, umso niedriger fällt die Halbwaisenrente für die Kinder aus.

Unter Umständen können Witwen wie andere Alleinerziehende beim Jugendamt Unterhaltsvorschuss beantragen (→ Seite 150). Anspruch auf Unterhaltsvorschuss haben Kinder, die bei einem alleinerziehenden Elternteil leben und keinen oder keinen regelmäßigen Unterhalt von dem anderen Elternteil erhalten. Die Höhe des Unterhaltsvorschusses hängt vom Alter des Kindes ab und richtet sich nach dem für die betreffende Altersstufe festgelegten gesetzlichen Mindestunterhalt, der sich aus der Düsseldorfer Tabelle (→ Seite 149) ergibt. Auf den Mindestunterhalt wird das volle Kindergeld für ein erstes Kind angerechnet.

Für den Ernstfall: Wichtige Vollmachten

Wer könnte im Krankenhaus oder bei der Bank Ihre Interessen vertreten, wenn Sie plötzlich schwer krank wären? Selbst Ihr Ehepartner und Ihre erwachsenen Kinder brauchen dafür unter Umständen Ihre Vollmacht. So geht's.

Vorsorgevollmacht

Damit legen Sie schriftlich fest, wer im Ernstfall Ihre wichtigsten Angelegenheiten regeln soll. Denn ansonsten würde das Gericht dafür eine Person als Ihren Betreuer bestellen. Der oder die kennt dann allerdings möglicherweise Ihre Wünsche und Vorstellungen nicht – und entscheidet daher nicht unbedingt in Ihrem Sinne. Auch wichtig: Mit der Vorsorgevollmacht entbinden Sie Ärztinnen und Ärzte von ihrer Schweigepflicht gegenüber dem Bevollmächtigten.

Die Bedeutung macht man sich nur selten klar: So haben selbst die Eltern einer schwerkranken und suizidgefährdeten 18-jährigen Tochter kein Auskunftsrecht. Denn die Volljährige darf mit ihrem Körper machen, was sie will – die Schweigepflicht des medizinischen Personals gilt. Ob Elif, Julia, Katharina oder Oda: Jede unserer Frauen sollte in Portemonnaie oder Handyhülle einen Zettel mit dem Hinweis haben, dass es eine Vorsorgevollmacht für sie gibt – und wo sie aufbewahrt wird.

In der Vorsorgevollmacht können Sie auch niederschreiben, dass mehrere Personen Ihre Angelegenheiten regeln sollen – jeweils für verschiedene Lebensbereiche. Zum Beispiel kann Ihr Ehepartner diese Aufgabe für Fragen der medizinischen Behandlung übernehmen, während Sie Ihrer Freundin die Vermögensverwaltung übertragen. Letzteres klingt, als sei das nur ein Thema für Millionärinnen. Tatsächlich kann diese Vollmacht schon wichtig werden, um etwa bei Kursrutschen Ihre Aktien rechtzeitig verkaufen zu können oder freigewordenes Festgeld neu anlegen zu dürfen.

Geteilte Vollmachten haben zwei Vorteile. Zum einen können Sie so sichergehen, dass niemand allein über Ihr Wohl entscheidet. Die Bevollmächtigten können sich wiederum die Verantwortung teilen. Wichtig ist, dass Sie vorher mit Ihren Vertrauten klären, wie sie in wichtigen Fragen entscheiden sollen. Das kann schwerwiegende Missverständnisse vermeiden. Sie können jede geschäftsfähige Person mit einer Vollmacht ausstatten.

> **! WICHTIG**
>
> Sie brauchen volles Vertrauen zum Bevollmächtigten, da es keine Kontrolle von außen gibt – er oder sie hat völlige Handlungsfreiheit.

Sie können auch mehrere Vertraute für die gleichen Aufgaben bestimmen, etwa mehrere Töchter und Söhne. Dann sollte aber in der Vollmacht stehen, dass jedes Kind allein entscheiden kann. Sonst müssten alle Bevollmächtigten das immer gemeinsam tun. In Notfällen kann das schon zeitlich problematisch werden. Halten Sie in der Vollmacht auch fest, wer der Bevollmächtigten das letzte Wort bei Uneinigkeit hat. Das Krankenbett ist kein guter Ort für Diskussionen.

Sofern es in der Vollmacht nicht anders geregelt ist, endet ihre Wirksamkeit mit dem Tod der Vollmacht gebenden Person. Eine Klausel, dass die Vollmacht über den Tod hinaus gelten soll, ist allerdings empfehlenswert. So können Bevollmächtigte auch nach dem Tod mit der Vollmacht zum Beispiel noch die Beerdigung des Vollmachtgebers organisieren. Die Vollmacht endet dann erst, wenn die Erben die Vollmacht widerrufen.

Bankvollmacht

Wenn Sie Ihre Geldgeschäfte nicht mehr selbst regeln können, brauchen Sie einen Vertreter oder eine Vertreterin. Weder Ehepartner noch Kinder sind dazu automatisch bevollmächtigt.

Weil viele Banken häufig keine individuell formulierten Vollmachten akzeptieren, sollten Sie vorsorglich gleich die jeweils vorgesehenen Vordrucke des jeweiligen Geldinstituts nutzen. Sie können die Vollmacht auf das Girokonto beschränken oder auf alle Kapitalanlagen ausweiten. Das Original der Vollmacht bekommt die Bank und hinterlegt die Daten in ihren Systemen. Der oder die Bevollmächtigte und Sie als Vollmachtgeberin erhalten ein Duplikat.

! WICHTIG

Sonderfall Notvertretungsrecht

Seit 2023 gibt es für akute Krankheitssituationen ein gesetzliches Ehegattennotvertretungsrecht für Gesundheitsangelegenheiten. Es gilt nur für nicht getrenntlebende Verheiratete. Wenn eine verheiratete Person etwa wegen Bewusstlosigkeit oder Koma selbst nicht mehr in Gesundheitsangelegenheiten entscheiden kann, darf der Ehepartner grundsätzlich Entscheidungen für sie treffen. Der vertretende Ehepartner kann dann zum Beispiel in ärztliche Untersuchungen oder Heilbehandlungen einwilligen oder Krankenhaus- und Behandlungsverträge abschließen. Das Ehegattennotvertretungsrecht ist allerdings auf sechs Monate begrenzt. In dieser Zeit sind die behandelnden Ärzte auch von der Schweigepflicht entbunden.

Patientenverfügung

Mit einer Patientenverfügung kann individuell festgelegt werden, welche Untersuchungen und Behandlungen in bestimmten medizinischen Situationen erwünscht sind oder unterlassen werden sollen. Sie kommt zum Einsatz, wenn Sie selbst nicht mehr in der Lage sein sollten, Ihren Willen zu äußern.

Die Patientenverfügung richtet sich an den Arzt und an Ihren Bevollmächtigten oder Betreuer, damit diese Ihre Vorstellungen und Wünsche durchsetzen. Während die Vorsorgevollmacht die Vertretung in rechtlichen Angelegenheiten regelt, bringen Sie in der Patientenverfügung Ihre Wünsche und Vorstellungen einer ärztlichen Behandlung zum Ausdruck. Wichtig: Die Patientenverfügung ist nur wirksam, wenn sie schriftlich erstellt und mit Datum und Unterschrift versehen wurde.

Betreuungsverfügung

Kann sich eine volljährige Person wegen einer Krankheit oder Behinderung nicht mehr oder nur teilweise um die eigenen Angelegenheiten kümmern, springt das örtliche Gericht ein. Es bestellt nämlich einen Betreuer oder eine Betreuerin. Damit Sie sicher sein können, dass kein vom Gericht bestellter Fremder plötzlich Ihre Interessen vertreten soll, wenn Sie sich selbst nicht mehr dazu äußern können, gibt es die Betreuungsverfügung.

Darin können Sie dem Betreuungsgericht eine Person Ihrer Wahl als Betreuer vorschlagen oder umgekehrt Personen benennen, die auf keinen Fall gerichtlich für Ihre Betreuung bestellt werden sollen. Darüber hinaus können Sie in der Betreuungsverfügung Wünsche und Vorstellungen äußern, wie Ihre Angelegenheiten (zum Beispiel Gesundheits-, Vermögens- oder Wohnungsangelegenheiten) im Fürsorgefall vom gerichtlich eingesetzten Betreuer wahrgenommen werden sollen. Im Unterschied zur Vorsorgevollmacht räumt die Betreuungsverfügung einem Dritten keine Vollmacht ein. Der Betreuer muss weitreichende Entscheidungen mit dem Betreuungsgericht abstimmen. Weiterer Unterschied: Eine Vorsorgevollmacht gilt sofort, eine Betreuungsverfügung wird erst wirksam, wenn das Gericht eine Betreuung anordnet.

Aufbewahrung der Vorsorgeverfügungen

Sie können Ihre Vorsorgeverfügungen bei Ihren persönlichen Unterlagen aufbewahren oder einem Angehörigen oder einer anderen Vertrauensperson zur Verwahrung überlassen. Es ist auch möglich, die Vorsorgevollmacht und die Patienten- und Betreuungsverfügung im Zentralen Vorsorgeregister der Bundesnotarkammer registrieren zu lassen.

Das hat einen Vorteil: In diesem Fall können Betreuungsgerichte und behandelnde Ärzte schnell feststellen, welche Regelungen der Betroffene für seine rechtliche Vorsorge vorgenommen hat. Sie können alle Vorsorgeverfügungen grundsätzlich jederzeit widerrufen. Zugegeben, Themen wie Krankheit und Tod, Vollmachten und Patientenverfügungen sind harte Kost. Aber es ist ein sehr entspanntes Gefühl zu wissen: Es ist alles geregelt.

HINTERGRUND

Vollmacht für Digitales

Wahrscheinlich erledigen Sie vieles längst übers Internet: Onlinebanking, Handyvertrag abschließen, Shoppen. Instagram, Facebook oder andere soziale Netzwerke nutzen Sie vielleicht auch? Nicht zu vergessen der Cloudanbieter, bei dem Sie Ihre persönlichen Dokumente und Fotos sicher abgespeichert haben.
Was soll mit all diesen Accounts passieren, falls Sie krank und nicht mehr geschäftsfähig sind? Oder nach Ihrem Tod? Wenn Sie Ihren Angehörigen das Leben erleichtern wollen, erstellen Sie eine Übersicht Ihrer Accounts mit Benutzernamen und Passwörtern. Legen Sie fest, was mit Ihren Daten passieren soll. Setzen Sie eine Vollmacht für eine Person Ihres Vertrauens auf, die dann Ihre Accounts verwalten und Ihren digitalen Nachlass nach Ihrem Tod in Ihrem Sinne regeln kann.
Der gute Nebeneffekt: Mit der Aufstellung aller Accounts verschaffen Sie sich auch selbst mal wieder einen Überblick. Wer weiß schon noch, wo er sich über die Jahre alles registriert hat.
Die Vollmacht und Übersicht müssen Sie niemandem aushändigen. Aber informieren Sie die Vertrauensperson, wo sie die Unterlagen im Ernstfall findet. Sonst nützt die Vollmacht nichts.
Bei der Verbraucherzentrale gibt es eine Muster-Vollmacht für den digitalen Nachlass:
www.verbraucherzentrale.de/node/12002

→ TIPP

Die Verbraucherzentralen haben eine Reihe an Ratgebern mit Hinweisen und Musterformulierungen für die unterschiedlichen Verfügungen und Vollmachten.
www.ratgeber-verbraucherzentrale.de

Im Internet bieten sie zudem interaktive Tools, um online individuelle Vorsorgevollmachten, Patienten- oder Betreuungsverfügungen zu erstellen. Zu finden unter
www.verbraucherzentrale.de/node/76270

Care-Arbeit reißt Lücken

Solange in einer Beziehung beide Partner eigenes Einkommen haben, lässt sich die Frage nach Konto und der gerechten Verteilung der Kosten verhältnismäßig leicht klären. Schwieriger wird es, wenn sich Nachwuchs ankündigt. Dann werden die Finanzen neu verhandelt.

Denn die Mehrheit der Mütter tritt im Beruf, und damit auch beim Einkommen, zurück. Im Jahr 2022 waren nur knapp 40 Prozent der Mütter mit mindestens einem Kind unter drei Jahren erwerbstätig. Bei den Vätern waren es knapp 90 Prozent. Die Lücke schließt sich erst, wenn die Kinder zwischen zwölf und 18 Jahren alt sind. Dann arbeiten 84 Prozent der Frauen. Aber die meisten von ihnen nehmen auch dann Einkommensverluste in Kauf: Rund 50 Prozent der Frauen arbeiteten Teilzeit, bei den Männern waren es nur 13 Prozent.

Der Elternteil, der zugunsten des Kindes die Arbeitszeit reduziert, erleidet einen finanziellen Nachteil. Lange Jahre keine oder niedrigere Beiträge zur gesetzlichen Rentenkasse bedeuten eine niedrigere Altersrente. Selbst wenn später wieder Vollzeit gearbeitet wird. Die zusätzlichen Rentenpunkte, die es für diese sogenannte Care-Arbeit gibt, gleichen die Lücken längst nicht aus.

→ TIPP

Frauen sollten gegenüber ihrem Partner darauf pochen, dass ihre Care-Arbeit vergütet wird. Etwa durch Einzahlungen in eine private Altersvorsorge. Doppelt wichtig ist das bei unverheirateten Paaren, weil es bei einer Trennung keinerlei Ansprüche gegenüber dem Partner gibt.

Aber nicht nur das. Frauen in Teilzeit reißen sich meist ein Bein im Beruf aus. Viele wollen beweisen, dass sie als Mutter genauso engagiert und belastbar sind wie ihre kinderlosen Kolleginnen. Und leisten oft 100 Prozent auf einer 80 Prozent Stelle – mit entsprechend reduziertem Gehalt. Das freut die Chefs und Chefinnen. Sie befördern trotzdem die Kolleginnen und Kollegen in Vollzeit. Auch Doppelspitzen in gut bezahlten Führungspositionen sind noch immer rar, erst recht für Teilzeitkräfte. Diese finanzielle Lücke können viele Mütter im Laufe ihrer lebenslangen Berufstätigkeit nicht mehr schließen.

Die renommierte London School of Economics hat diesen Effekt 2024 weltweit untersucht. Deutschland schneidet dabei besonders schlecht ab. Die 41 Prozent Gehalt, die Mütter hierzulande zehn Jahre nach der Geburt ihres ersten Kindes weniger verdienen, erklären fast den gesamten Einkommensunterschied zwischen Frauen und Männern.

→ TIPP

Bei einer Trennung werden nur die während der Ehe erworbenen Rentenansprüche und Vermögenszuwächse im Rahmen des gesetzlich vorgeschriebenen Versorgungsausgleichs aufgeteilt. Die Effekte einer gebremsten Karriere bleiben jedoch unberücksichtigt. Im Ehe- oder Partnerschaftsvertrag (→ Seite 117) sollte daher festgelegt werden, dass der Mann auch nach der Scheidung weiter in die Altersvorsorge der Ex-Frau einzahlt.

Kinder kosten

Mit dem Baby reduziert sich aber nicht nur das Haushaltskommen. Der Nachwuchs sorgt auch für neue Kosten. Als Winzling ist das noch überschaubar und vieles, was die jungen Eltern brauchen, flattert als Geschenk ins Haus.

Aber womöglich muss jetzt eine größere Wohnung mit Kinderzimmer her? So steigt die Miete. Und spätestens, wenn beide Elternteile wieder ganz oder in Teilzeit arbeiten wollen, werden sie eine gute Kinderbetreuung brauchen. Wohl dem, der dann Großeltern mit Lust auf Kleinkinder in der Nähe hat. Die meisten haben diese Option nicht und müssen die Kita, den Kindergarten oder die Kinderfrau teuer bezahlen. Glück hat da, wer in einer Stadt lebt, die ab einem bestimmten Alter auch kostenlose Kinderbetreuung anbietet.

Was kostet eine Tagesmutter?

Es gibt keine einheitlichen Vorgaben für die Unterbringungskosten von Kindern. Die Gebühren richten sich vor allem nach der Betreuungsform und -zeit sowie nach dem Alter des Kindes. Je nach Stadt können sie bis zu 500 Euro im Monat betragen.

Private Kindergärten, die es schon für die ganz Kleinen gibt, rufen oft bis 1.000 Euro im Monat auf, je nachdem, wie viele Stunden das Kind betreut werden soll. Tagesmütter und -väter berechnen ab sechs Euro pro Stunde. Ein an eine Grundschule angeschlossener Hort verlangt schnell 150 Euro zuzüglich Essensgeld.

Diese Kosten können Sie in Höhe von bis zu 800 Euro pro Kind und Jahr bei Ihrer Steuererklärung geltend machen. Anerkannt werden Ausgaben für eine Kindertagesstätte, Hort oder ähnliche Einrichtungen, eine Tagesmutter oder -vater und eine Kinderfrau.

So schnell wie aus Kindern Leute werden, steigen auch ihre Kosten. Vereinsbeiträge, Nachhilfestunden, Jugendreise, später vielleicht noch ein Studium. Das staatliche Kindergeld von 255 Euro pro Monat (Stand 2025) je Kind hilft, aber es reicht nicht.

Bis zur Volljährigkeit mit 18 Jahren kostet ein Kind rund 173.000 Euro, so hat es das Statistische Bundesamt zuletzt 2018 errechnet. Teure Smartphones oder Hobbys haben die Statistiker dabei noch gar nicht berücksichtigt. Heute wird es deutlich mehr sein, die Inflation hat die Preise nach oben getrieben. Da kann es schon mal knapp werden in der Haushaltskasse. Erst recht bei mehreren Kindern und selbst bei zwei Einkommen, wenn die Familie in einer teuren Großstadt lebt.

Finanzielle Unterstützung: Geld vom Staat

Elterngeld

Der Staat springt jungen Eltern finanziell bei. Die bekannteste Leistung ist das sogenannte Elterngeld für alle Väter und Mütter, die nach der Geburt ihre Berufstätigkeit für ihr Kind unterbrechen oder einschränken. Dieses Basiselterngeld soll zumindest einen Teil des entfallenden Einkommens ersetzen. Die Höhe hängt immer vom individuellen Einkommen der Eltern ab. Auch getrennt lebende Elternteile haben Anspruch auf diese staatliche Leistung.

Den Eltern stehen gemeinsam insgesamt 14 Monate Basiselterngeld zu. Sie können die Monate frei untereinander aufteilen. Ein Elternteil kann dabei für sich mindestens zwei und höchstens zwölf Monate in Anspruch nehmen. Soll heißen: Das volle Geld bekommen nur Paare, die sich die Elternzeit teilen. Alleinerziehende können die vollen 14 Monate Elterngeld in Anspruch nehmen.

> GUT ZU WISSEN
>
> **Einkommensgrenzen**
>
> Seit dem 1. April 2024 gelten beim Elterngeld neue Einkommensgrenzen für Paare und für Alleinerziehende. Für Geburten nach diesem Zeitpunkt wird Elterngeld nur noch bis zu einer Grenze von 200.000 Euro zu versteuerndem Einkommen gezahlt. Für Geburten ab dem 1. April 2025 wird die Grenze bei 175.000 Euro zu versteuerndem Einkommen liegen. Wird sie überschritten, können Eltern kein Elterngeld bekommen. Maßgeblich ist jeweils das zu versteuernde Einkommen im Kalenderjahr vor der Geburt des Kindes. Die Grenze gilt einheitlich für Paare und Alleinerziehende.

ElterngeldPlus

Diese Variante ist interessant für alle, die gleich nach der Geburt und dem Mutterschutz in Teilzeit weiterarbeiten. Dann können Mütter und Väter das sogenannte ElterngeldPlus in Anspruch nehmen. Es wird 28 Monate, also doppelt so lange ausgezahlt wie das Basiselterngeld. Wenn Eltern nach der Geburt nicht arbeiten, ist das ElterngeldPlus halb so hoch wie das Basiselterngeld. Wenn sie nach der Geburt in Teilzeit arbeiten, kann das monatliche ElterngeldPlus genauso hoch sein wie das monatliche Basiselterngeld mit Teilzeit.

Partnerschaftsbonus

Eltern können für Neugeborene jeweils bis zu vier zusätzliche ElterngeldPlus-Monate als Partnerschaftsbonus erhalten, wenn sie in diesem Zeitraum gleichzeitig zwischen 24 und 32 Wochenstunden in Teilzeit arbeiten. Der Partnerschaftsbonus kann für mindestens zwei und höchstens vier Monate beantragt werden. Die Regelung gilt auch für getrennt erziehende Eltern, die als Eltern gemeinsam in Teilzeit gehen. Alleinerziehenden steht der gesamte Partnerschaftsbonus zu.

So wird gerechnet

Die Höhe des Elterngeldes hängt davon ab, wie viel Einkommen der betreuende Elternteil vor der Geburt des Kindes hatte und ob nach der Geburt Einkommen wegfällt. Eltern mit höheren Einkommen erhalten 65 Prozent, Eltern mit niedrigeren Einkommen bis zu 100 Prozent des Voreinkommens.

Im Detail bedeutet das: Je nach Einkommen beträgt das Basiselterngeld zwischen 300 Euro und 1.800 Euro im Monat und das ElterngeldPlus zwischen 150 Euro und 900 Euro im Monat (Stand 2025). Das Mindestelterngeld erhalten alle, die nach der Geburt ihr Kind selbst betreuen und höchstens 32 Stunden in der Woche arbeiten, etwa auch Studierende, Hausfrauen oder Hausmänner und Eltern, die wegen der Betreuung älterer Kinder nicht gearbeitet haben.

Mehrkindfamilien mit kleinen Kindern profitieren vom sogenannten Geschwisterbonus: Sie erhalten einen Zuschlag von zehn Prozent des sonst zustehenden Elterngeldes, mindestens aber 75 Euro bei Basiselterngeld (37,50 Euro bei ElterngeldPlus). Bei Mehrlingsgeburten wird ein Mehrlingszuschlag von 300 Euro (150 Euro bei ElterngeldPlus) für jedes weitere Neugeborene überwiesen.

Das Elterngeld wird beim Bürgergeld, bei der Sozialhilfe und beim Kinderzuschlag vollständig als Einkommen angerechnet – auch der Mindestbetrag von 300 Euro. Es gibt aber eine Ausnahme: Alle Elterngeldberechtigten, die Bürgergeld, Sozialhilfe oder Kinderzuschlag beziehen und die vor der Geburt ihres Kindes erwerbstätig waren, erhalten einen Elterngeldfreibetrag von maximal 300 Euro. Mit dem „Elterngeldrechner" des Bundesfamilienministeriums können Sie Ihren Anspruch auf Elterngeld ermitteln.

www.familienportal.de

Kinderzuschlag

Den können Eltern – auf Antrag bei der Bundesagentur für Arbeit – nur bekommen, wenn sie genug für sich selbst verdienen, aber das Einkommen nicht oder nur knapp für ihre gesamte Familie reicht.

Er wird als Ergänzung zum Kindergeld gezahlt, wenn folgende Voraussetzungen erfüllt sind: Für das Kind wird von der Familienkasse Kindergeld gezahlt und es ist jünger als 25 Jahre, unverheiratet und lebt mit Ihnen zusammen. Sie verdienen im Monat mindestens 900 Euro als Elternpaar oder 600 Euro, wenn Sie Ihr Kind allein erziehen. Darüber hinaus muss das Einkommen aber auch so hoch sein, dass mit Kindergeld, Kinderzuschlag und Wohngeld eine das Existenzminimum der Familie sichernde Lebensführung gewährleistet ist. Kinder haben einen altersabhängigen Bedarf, der sich an den Bürgergeld-Regelsätzen orientiert.

Der Höchstbetrag für den Kinderzuschlag liegt bei 297 Euro je Kind und Monat. Erhöht die Bundesregierung diese Summe, passt die Familienkasse die Auszahlung automatisch an.

Weitere Informationen unter

www.arbeitsagentur.de
Suchwort: kiz-lotse

Steuerlicher Kinderfreibetrag

Seit 2025 beträgt der Kinderfreibetrag 9.600 Euro je Kind für beide Elternteile. Getrennten Eltern steht der halbe Freibetrag von 4.800 Euro zu. Das Finanzamt prüft mit der Einkommensteuererklärung automatisch, ob das ausgezahlte Kindergeld oder der Kinderfreibetrag für Sie günstiger ist.

Teilhabepaket

Darauf haben Eltern einen Anspruch, die Bürgergeld oder Sozialhilfe beziehen, Kinderzuschlag oder Wohngeld erhalten oder denen Leistungen aus dem Asylbewerberleistungsgesetz zustehen. Hilfebedürftige Schülerinnen und Schüler bis zur Vollendung des 25. Lebensjahres, die eine allgemein- oder berufsbildende Schule besuchen und keine Ausbildungsvergütung erhalten, bekommen Leistungen für Bildung.

Leistungen für Teilhabe am sozialen und kulturellen Leben in der Gemeinschaft steht allen hilfebedürftigen Kindern und Jugendlichen bis zum vollendeten 18. Lebensjahr zu. Beispielsweise erkennt der Staat im Jahr 2025 einen persönlichen Schulbedarf von insgesamt 195 Euro an und übernimmt die Kosten bei ein- und mehrtägigen Schulausflügen. Unter bestimmten Voraussetzungen können Schülerinnen und Schüler auch Lernförderung in Anspruch nehmen. Dafür muss nicht erst ihre Versetzung gefährdet sein. Für die Teilhabe am sozialen und kulturellen Leben in der Gemeinschaft wird ein Betrag von pauschal 15 Euro monatlich gezahlt.

Die Zukunft der Kinder finanziell absichern

Die oder der Kleine liegt noch in den Windeln und schon beschäftigt viele Eltern – und manche Großeltern – eine neue Frage. Wie können wir das Kind schon jetzt finanziell für die Zukunft absichern? Erst recht, wenn es studieren möchte?

Zum Beispiel, indem die 255 (im Jahr 2025) Euro monatliches Kindergeld nicht in die Haushaltskasse fließen, sondern „für später" angespart werden. Wenn Sie diese gute Idee aber mit einem Bank- oder Versicherungskaufmann bereden, wird der innerlich jubeln. Die Finanzbranche hat spendable Eltern längst als attraktive Zielgruppe entdeckt. Entsprechend überbieten sie sich mit vermeintlich lukrativen Produkten für die Kinder. Doch viele davon sind teuer und ungeeignet.

Das Wichtigste zuerst: Bevor Sie über eine Geldanlage für Ihr Kind oder Enkelkind nachdenken, sollten Sie für Ihre eigenen Finanzen sorgen. Ist Ihr Konto in den schwarzen Zahlen? Haben Sie ausreichend Geld auf der „hohen Kante" für unerwartete Ausgaben? Wie sieht es mit Ihrer Altersvorsorge aus? Wenn dann noch Geld übrig ist, lässt sich leichter für Kinder vorsorgen. Sei es über einen Einmalbetrag, der für lange Zeit angelegt wird, oder über eine monatliche Sparrate.

GUT ZU WISSEN

Wenn Großeltern ein Konto für die Enkel eröffnen wollen, ist dazu zwar auch die Unterschrift der Eltern erforderlich. Das Konto gehört aber wirklich den Kindern und kann zum Beispiel nicht herangezogen werden, um die Kosten für die Pflege eines Großelternteils zu decken. Sind Enkel oder Enkelin mit 18 Jahren volljährig, können sie über das Kapital frei verfügen – auch die Weltreise oder den Führerschein damit bezahlen.

Von einigen Produkten, von denen Banken oder Versicherungen mehr als die Kinder profitieren, raten die Verbraucherzentralen ab. Dazu gehören etwa Ausbildungsversicherungen, Kinderpolicen, fondsgebundene Rentenversicherungen, Generationenpolicen, Bausparverträge oder Goldkonten. Denn entweder sind diese zu teuer oder zu unflexibel – oder beides.

Je nach Anlass, Ziel und Erwartung an die Erträge aus der Geldanlage kommen verschiedene Anlagemöglichkeiten in Betracht. Spar- und Tagesgeldkonten eignen sich für das einfache und eher kurzfristige Sparen. Wer langfristig anlegen will, kann eine der im Kapitel „Geldanlage“ (→ Seite 55) vorgestellten Varianten prüfen.

Können wir uns eine Immobilie leisten?

Eine Immobilie ist vieles. Ein eigenes Dach über dem Kopf. Ein Garten, in dem die Kinder toben dürfen. Ein Zuhause, das Sie (fast!) gestalten können, wie Sie es wollen. Eine sichere Geldanlage ist eine Immobilie nicht, egal ob Haus oder Eigentumswohnung. Nüchtern betrachtet ist sie das größte finanzielle Risiko, das die meisten Menschen eingehen. Der Kauf des neuen Familienheims kann zum finanziellen Super-GAU werden, wenn ungenau kalkuliert wird. Insgesamt sollte die monatliche Belastung nicht höher als 40 Prozent Ihres Nettoeinkommens sein. Nur dann können Sie die Finanzierung auf lange Sicht stemmen.

Holen Sie sich Angebote unterschiedlicher Baufinanzierer ein. Vertrauen Sie nicht allein auf Ihre Hausbank. Und auch nicht auf dauerhaft niedrige Zinsen für Darlehen. Über eine Kreditlaufzeit von womöglich mehreren Jahrzehnten können die Zinsen wieder steigen. Für Sie heißt das: Ihre monatliche Belastung steigt ebenfalls oder die Laufzeit des Darlehens verlängert sich, bis der Kredit endlich abbezahlt ist.

→ TIPP

Die Verbraucherzentrale bietet im Internet eine Checkliste um zu ermitteln, ob die eigene finanzielle Situation überhaupt – und wenn ja, in welcher Größenordnung – zum geplanten Vorhaben passt.

www.verbraucherzentrale.de/node/5822

Bausparen

Ein Bausparvertrag ist eine Form der Immobilienfinanzierung für ein Haus oder eine Eigentumswohnung. Das funktioniert so: Im ersten Schritt vereinbaren Sie mit einer Bausparkasse eine Summe, die sie in vielen Jahren als Immobiliendarlehen von ihr bekommen wollen. Die Bausparkasse legt dann auch schon den Zinssatz für das spätere Darlehen fest. Der kann durchaus günstiger sein als der aktuelle Marktzins.

Im zweiten Schritt sparen Sie über viele Jahre jeden Monat mit einer vereinbarten Rate die Hälfte der vereinbarten Bausparsumme an. Die andere Hälfte bekommen Sie danach von der Bausparkasse als das vorher abgesprochene Darlehen.

CHECKLISTE

Worauf kommt es also bei der Finanzierung an?

- ☐ **Eigenkapital:** Die Finanzierung Ihres Wohneigentums und die Kosten für das Darlehen hängen von Ihrem Eigenkapital ab. Sie sollten mindestens etwa 10 bis 20 Prozent des Kaufpreises plus die Erwerbsnebenkosten (für Grunderwerbssteuer, Notar und Grundbucheintrag) als Startkapital einbringen. Kalkulieren Sie so, dass der Kredit abbezahlt ist, bis Sie in Rente gehen.
- ☐ **Maklerkosten:** Haben Sie einen Makler mit der Suche nach einer Immobilie beauftragt, kassiert er die ortsübliche Provision inklusive Mehrwertsteuer von Ihnen. Das kann eine stolze Summe sein, je nach Region und Makler zwischen 1,5 und 3,57 Prozent des Kaufpreises.
- ☐ **Monatliche Belastung:** Außer den Darlehensraten müssen Sie auch die laufenden Kosten der Immobilie tragen. Als Eigentümerin geht das weit über die Nebenkostenabrechnung einer Mieterin hinaus. Sie brauchen außerdem eine Rücklage für Instandsetzungen. Die Belastungen belaufen sich im Monat auf rund 2 bis 3,50 Euro pro Quadratmeter für Neubauten und drei bis fünf Euro pro Quadratmeter bei Altbauten. Die Instandhaltung hört in einem Haus nie auf: Irgendwas ist immer.
- ☐ **Keine Kombi-Darlehen:** Ein Kombi-Modell verquickt einen Immobilienkredit mit einem Bausparvertrag (→ Seite 134). Dieses Modell rechnet sich für Sie in der Regel nicht. Anstatt zu tilgen, sparen Sie in einen Bausparvertrag an. Die bessere Sparform ist aber die Rückzahlung Ihres Darlehens, solange die Sparzinsen geringer als die Kreditzinsen sind. Teurer wird dieses Modell auch, weil für einen Bausparvertrag Abschlussgebühren fällig sind: In der Regel sind das 1,6 Prozent der Bausparsumme. Bei einem Bausparvertrag über 200.000 Euro, der ein Darlehen über 100.000 Euro ablösen soll, ist das eine stolze Summe von 3.200 Euro.

Zu den mageren Zinsen während der Ansparphase fallen auch noch Abschlusskosten in Höhe von ein bis zwei Prozent der Bausparsumme an. Während der Sparphase ist die Rendite deshalb aufgrund der Kosten meist sogar negativ. Nur wenn Sie eine Arbeitnehmersparzulage oder Wohnungsbauprämie (→ Seite 21) erhalten, haben Sie Aussicht auf eine kleine Rendite. Ob sich ein Bausparvertrag wegen der günstigen Darlehenszinsen gelohnt hat, lässt sich immer erst im Rückblick beurteilen. Niemand weiß vorab, wie sich die Zinsen in den kommenden zehn oder zwanzig Jahren entwickeln werden. Zudem: Selbst bei einem günstigen Darlehen müssen Sie immer hohe Tilgungsraten in Kauf nehmen.

→ TIPP

Mehr Informationen zum Bausparen
www.verbraucherzentrale.de/node/7024

Fragen und Antworten zur Wohnungsbauprämie finden Sie hier
www.verbraucherzentrale.de/node/59942

Fördermittel: Vor allem für Familien und energiesparende Baumaßnahmen gibt es von Land oder Bund oft Zuschüsse oder vergünstigte Darlehen. Nähere Infos dazu finden Sie auf den Internetseiten der Kreditanstalt für Wiederaufbau(KfW).
www.kfw.de

Nur auf solidem Fundament

Vorsicht vor vermeintlichen Schnäppchen. Wer ein Haus kaufen oder bauen möchte, braucht dazu so viele Informationen aus unabhängigen Quellen wie nur möglich. Wer eine konkrete Immobilie im Blick hat, sollte nicht an den überschaubaren Kosten für einen neutralen Baugutachter sparen. Alle, wirklich alle Häuser stecken voller Überraschungen. Manche davon, etwa Asbest, ein undichtes Dach oder versteckte Feuchtigkeit, verschlingen enorme Summen bei der Sanierung – und sind für den Laien bei der Besichtigung kaum erkennbar.

Aber selbst bei einer Top-Immobilie zu einem fairen Preis und einem günstigen Darlehen gilt immer noch: Sie ist trotzdem keine sichere Geldanlage. Was heute eine wunderschöne Lage im Grünen ist, kann übermorgen in der Nähe einer neuen Autobahnabfahrt liegen. Die tolle Küche in Schwarz oder die edlen Bäder würde ein potenzieller Käufer aus Geschmacksgründen womöglich gleich wieder herausreißen und dafür keinen Cent bezahlen. Zudem können Immobilienpreise stark schwanken. Sie sind von vielen Faktoren abhängig, darunter die allgemeine Wirtschaftslage, die Nachfrage und das Angebot auf dem örtlichen Immobilienmarkt. Nicht zu vergessen, eine Immobilie bindet Kapital auf Jahre oder Jahrzehnte. Auch wenn sie wirklich schön ist.

Trennung und Scheidung

Nicht jede Ehe hält ewig. Mehr als 130.000 Liebesgeschichten enden jährlich vor dem Scheidungsrichter. Das ist ein gutes Drittel aller Ehen. Keine Statistik beschreibt, welches Gefühlschaos mit einer Trennung verbunden ist. Ausgerechnet jetzt müssen ruhigen Blutes schwierige Fragen geklärt werden. Das ist eine Herausforderung für alle Beteiligten. Aber es ist unerlässlich. Denn im Trennungsjahr und bei der Scheidung werden die finanziellen Weichen für die Zukunft beider Ex-Partner gestellt. Auch unverheiratete Eltern haben bei einer Trennung einiges zu regeln. Es gibt viele Möglichkeiten, wie das fair und der Kinder wegen auch nachhaltig gelingen kann.

Das hatte sich Katharina alles mal ganz anders vorgestellt. Ihr Brautkleid hängt doch noch im Kleiderschrank. Aber nach zwölf Jahren steht auch sie vor den Scherben ihrer Ehe. Und mit ihr die 15-jährige Lina, die gemeinsame Tochter mit ihrem Noch-Ehemann Christian.

Katharina hat lange versucht, die Beziehung zu retten. Aber es hat nicht funktioniert. Keiner ist schuld. Sie haben sich auseinanderentwickelt und es lange nicht gemerkt. Jetzt ist es, wie es ist. Katharina schaut nach vorne.

Und sieht erst einmal lauter Fragezeichen. Wie funktioniert eine Scheidung? Hat sie einen Unterhaltsanspruch gegen ihren bald Ex-Mann? Was gilt im Trennungsjahr, was nach der Scheidung? Wie viel Unterhalt muss ihr Mann für Lina bezahlen? Wie kann die gemeinsame Tochter auch weiterhin alles bekommen, was sie braucht? Kann Katharina die Miete für die Wohnung allein noch bezahlen? Und was bedeutet die Trennung für ihre spätere Rente?

Fast jede Nacht nimmt ihr Gedankenkarussell wieder Fahrt auf. Glücklicherweise weiß sie, wo sie sich schon vor der Trennung zu Rechtsfragen, Unterhalt oder Sorgerecht kostenlos beraten lassen kann und nutzt diese Angebote. Denn sie will Klarheit, Sicherheit, Unabhängigkeit und eine gute Struktur für ihr künftiges Leben.

→ **TIPP**

Noch bevor Sie einen Anwalt oder eine Anwältin einschalten, können Sie sich zu den finanziellen und rechtlichen Folgen einer Trennung kostenlos beraten lassen. Das bieten zum Beispiel die Caritas, die evangelische und die katholische Kirche sowie viele örtliche Jugendämter an. Oft sind hier auch Gespräche mit Mediatoren möglich. Das kann für beide Partner eine große Hilfe auf dem Weg zu einem Neuanfang nach der Trennung sein.

Fehler vermeiden

Bei einer Trennung ist es nicht leicht, einen klaren Kopf zu bewahren. Trauer, Wut, Enttäuschung – alles mischt sich. Und manchmal hält man weder die Lage noch sich selbst aus. Das ist menschlich. Treffen Sie aber trotzdem keine übereilten emotionalen Entscheidungen. Schlafen Sie einmal darüber. Es rechnet sich. Unsere Checkliste „Häufigste Fehler vermeiden" gibt hilfreiche Hinweise für Ihre Überlegungen.

Aber auch wenn sich die Partner vornehmen, alles fair und einvernehmlich zu regeln: Bei vielen Paaren, die eigentlich rücksichtsvoll und geordnet auseinandergehen wollten, endet der Trennungs- und Scheidungsprozess dann leider doch oft in einem Rosenkrieg. Red Flags werden überschritten – jede Aktion provoziert Gegenmaßnahmen und Konflikte.

Wenn Sie diese Anzeichen wahrnehmen, sollten Sie sich mental auf harte Auseinandersetzungen einstellen:

→ **Anwaltswettlauf:** Gute Anwälte werden für die Gegenseite gesperrt, indem man sie selbst schnell für eine Erstberatung konsultiert – dann kann der andere Ehepartner sie nicht mehr beauftragen.

- **Die neue Adresse verstecken:** Um die Zustellung des Scheidungsantrags zu verhindern, wird die Wohnadresse verschleiert.
- **Angaben zum Versorgungsausgleich verweigern:** Dazu sind die Ehepartner aber verpflichtet.
- **Bankkonto heimlich leerräumen:** Einer von beiden sichert sich das Geld der gemeinsamen Bankkonten.
- **Wohnungsräumung:** In einer Nacht-und-Nebel-Aktion werden Möbel und Wertgegenstände aus der ehelichen Wohnung abgezogen. Oder die gemeinsame Wohnung wird ohne Wissen der Partnerin gekündigt.
- **Das vereinbarte Trennungsjahr bestreiten:** So soll der Scheidungsprozess verzögert werden.
- **Vermögen verjubeln:** Lieber Geld aus dem Fenster werfen, als dass es der Ex-Partner oder die Partnerin bekommt.
- **Steuerliche Manipulation:** Der Ex-Partner kann Steuerschulden produzieren, um seine finanzielle Situation zu verschlechtern.

GUT ZU WISSEN

Prozesskostenhilfe bei Scheidung

Wenn Ehepartner eine gemeinsame Rechtsschutzversicherung abgeschlossen haben, sind damit meist nicht die Kosten für eine vor Gericht ausgetragene Scheidung gedeckt. Das wird im Kleingedruckten der Verträge in der Regel ausgeschlossen. Wer bei einer Trennung die Anwalts- und Gerichtskosten nicht bezahlen kann, sollte Prozesskostenhilfe beantragen. Das zuständige Familiengericht entscheidet dann, ob diese bewilligt wird – abhängig vom Vermögen, der Höhe des Einkommens und den Erfolgschancen des Scheidungsantrags. Der Staat springt dann gegebenenfalls für die Kosten ein. Manchmal wird Prozesskostenhilfe bei Scheidung auch nur als Darlehen bewilligt, das zurückgezahlt werden muss.

CHECKLISTE

Häufigste Fehler vermeiden

Die folgenden Überlegungen sind leider weit verbreitet – können sich im Trennungs- und Scheidungsprozess aber als kostenträchtige Irrtümer erweisen.

- ☐ **„Das schaffe ich schon allein!"**
  Verzichten Sie nicht auf private oder professionelle Hilfe. Der Trennungsprozess kann sich lange hinziehen und immer wieder kommen neue, schwierige juristische Fragen auf.
- ☐ **„Wir nehmen einvernehmlich einen gemeinsamen Anwalt."**
  Das spart zwar Anwaltskosten. Aber sind Sie sich sicher, dass dieser Anwalt auch Ihre Interessen mit Verve vertritt?
- ☐ **„Mein Mann kennt sich aus bei den Finanzen."**
  Mangelnder Überblick über das gemeinsame Vermögen kann teuer zu stehen kommen.
- ☐ **„Das war's an Vermögen."**
  Vergessen Sie Lebensversicherungen und Pensionsansprüche des Ex-Partners beim Versorgungsausgleich nicht.
- ☐ **„Wir haben keine Schulden."**
  Nicht alle wissen nach vielen Jahren Beziehung noch, welche Papiere sie mal gutgläubig unterschrieben haben.
- ☐ **„Wir behalten das gemeinsame Bankkonto."**
  Im Trennungsjahr sollte auch das getrennt werden, weil damit zugleich die Trennung dokumentiert und vermieden wird, dass der Partner das Konto leerräumt oder für dessen Kontoüberziehungen gehaftet werden muss.
- ☐ **„Passt schon!**
  Machen Sie keine Zugeständnisse ohne Gegenleistung.
- ☐ **„Ich verzichte freiwillig."**
  An mancher Stelle kann das dem Frieden dienen, ein voreiliger Unterhaltsverzicht ist aber mehr als riskant.
- ☐ **„Das haben wir so besprochen."**
  Nur Schriftliches zählt im Ernstfall.
- ☐ **„Nach der Scheidung habe ich die Summe X zur Verfügung."**
  Beachten Sie Ihre neue Steuerklasse. Es kann mehr oder weniger Geld sein.

Finanzen neu ordnen

Eine Trennung ist ein massiver finanzieller Einschnitt. Wo sich früher zwei Menschen die Kosten für Miete, Auto und vieles mehr teilten, muss bald jeder und jede für sich selbst sorgen. Selbst wenn beide Ehepartner während der Beziehung etwa gleich viel verdient haben, ist die Haushaltskasse nach der Trennung knapper als vorher. Für Paare mit sehr unterschiedlichen Einkommen oder einem Partner oder einer Partnerin in Teilzeit oder gerade auf Stellensuche, wird der Schnitt noch folgenreicher.

Wenn Sie vor der Frage stehen „Gehen oder bleiben?“ oder bereits vor vollendete Tatsachen gestellt wurden, müssen Sie in Zukunft mit diesen Ausgaben kalkulieren:

CHECKLISTE

Ausgabenplanung nach der Trennung

- ☐ **Kinderbetreuung:** Muss Ihr Kind während Ihrer vielleicht erweiterten Arbeitszeit betreut werden? Dann fallen künftig Kosten für zusätzliche Betreuung an.
- ☐ **Miete:** Können Sie die gemeinsame Wohnung allein finanzieren oder müssen Sie umziehen? Prüfen Sie, ob Sie Wohngeld (→ Seite 20) bekommen.
- ☐ **Versicherungen:** Stellen Sie sicher, dass Sie und Ihre Kinder ausreichend kranken- und unfallversichert sind. Mit der Rechtskraft der Scheidung endet automatisch auch die Familienversicherung in der gesetzlichen Krankenversicherung. Ab dann muss sich jeder Ex-Gatte selbst versichern. Checken Sie bei Unfall- oder Lebensversicherungsverträgen, wer als Begünstigter eingetragen ist.
- ☐ **Altersvorsorge:** Klären Sie frühzeitig, wie sich die Scheidung auf Ihre Rentenansprüche auswirkt. Es ist komplex, nutzen Sie kostenlose Beratungsangebote.
- ☐ **Schulden:** Vorsicht vor unerwarteten Verbindlichkeiten Ihres Ex-Partners. Für diese Schulden haften Sie nur, wenn Sie eine Bürgschaft (zum Beispiel gegenüber der Bank) übernommen haben.
- ☐ **Ehegattenunterhalt:** Nachehelicher Unterhalt ist die Ausnahme, weil beide Ehegatten nach der Scheidung verpflichtet sind, eine zumutbare Erwerbstätigkeit aufzunehmen. Und regelmäßig ist der nacheheliche Unterhalt zeitlich befristet.
- ☐ **Kindesunterhalt:** Klären Sie, ob und in welcher Höhe Sie Anspruch auf Kin-

desunterhalt haben (→ Seite 149). Zahlt der Ex-Partner Kindesunterhalt, wird auch das Kindergeld zwischen den Eltern geteilt.

- ☐ **Eigene Einkommensquellen:** Können Sie Ihr eigenes Einkommen erhöhen, zum Beispiel durch eine höhere Wochenarbeitszeit, Weiterbildung oder die Bewerbung auf eine besser bezahlte Stelle?
- ☐ **Steuerliche Aspekte:** Durch die Scheidung ändert sich Ihre Steuerklasse.
- ☐ **Rechtskosten:** Sind viele Fragen zwischen den Parteien strittig, muss das Gericht entscheiden. Anwalts- und Prozesskosten summieren sich so schnell.

Struktur und Sicherheit in den Trennungsprozess bringt auch eine rechtzeitige Bestandsaufnahme der wichtigsten finanziellen Verpflichtungen sowie der Verfügungsberechtigungen über Konto, Kreditkarte & Co. Auch wenn es mühsam ist: Gehen Sie es an!

CHECKLISTE

Finanzen im Griff

- ☐ Erstellen Sie eine Liste aller Konten, sowohl Ihrer eigenen als auch die Ihres Ex-Partners. Kopieren Sie alte Steuererklärungen, Verträge und Kontoauszüge.
- ☐ Überlegen Sie, auf welche Gelder Sie sicher noch zugreifen können, sobald Ihr Partner Ihre Trennungsabsicht kennt.
- ☐ Stellen Sie sicher, dass Sie für das kommende Jahr ausreichend Kapital haben, um sich und gegebenenfalls Ihre Kinder zu versorgen. Es kann dauern, bis alle Unterhaltsfragen geklärt sind.
- ☐ Beantragen Sie eine eigene Kreditkarte, da es nach der Scheidung möglicherweise schwieriger ist, eine zu bekommen.
- ☐ Gehen Sie keine unnötigen neuen finanziellen Verpflichtungen ein.
- ☐ Erstellen Sie ein neues Budget, das Ihrem veränderten Einkommen spricht. Bauen Sie Rücklagen für Notfälle auf.
- ☐ Eröffnen Sie Ihre eigenen Bankkonten.

In Deutschland ist eine Scheidung nur mit einem Rechtsbeistand möglich. Im Interview (→ Seite 148) mit Rechtsanwalt Martin Wahlers klären wir, wofür dieser benötigt wird.

Trennung und Versicherungen

Was passiert mit der gemeinsamen Hausratversicherung, wenn sich ein Ehepartner eine neue Bleibe sucht? Zunächst eine gute Nachricht: Der Versicherungsschutz bleibt erhalten, wenn der Versicherungsnehmer weiter dort wohnt, der bislang mitversicherte Ex-Partner mit dem Umzug jedoch herausfällt. Prüfen Sie daher, wer in der Police als Vertragspartner steht! Sind Sie nicht Versicherungsnehmerin der gemeinsamen Hausratversicherung, sollten Sie sich schnell eine eigene Versicherung suchen, damit der Hausrat weiterhin abgesichert ist.

i GUT ZU WISSEN

Mit dem Auszug eines Partners ändert sich ja auch der Wert des Hausrats, weil Wertgegenstände oder Möbel mitgenommen werden. Da lohnt es sich, über die Anpassung der Versicherungssumme nachzudenken, um nicht überversichert zu sein. Das spart Beiträge!

Auch bei einer gemeinsamen Haftpflichtversicherung lohnt der Vertrags-Check: Im Falle einer Trennung bleiben nur ein Versicherungsnehmer und die gemeinsamen Kinder im alten Vertrag abgesichert. Das gilt, sobald die Scheidung rechtskräftig ist.

! ACHTUNG

Hat der Versicherungsnehmer während der Trennung bereits seine neue Partnerin in den Versicherungsvertrag mit aufgenommen, erlischt der Versicherungsschutz der Ex sofort, nicht erst bei einer rechtskräftigen Scheidung!

Während einer Ehe ist der Partner oder die Partnerin in der Regel als Begünstigte in der Lebensversicherungspolice eingetragen. Denn man will ja sicherstellen, dass die Liebsten im Fall der Fälle abgesichert sind. Bei einer Trennung steht dann häufig auch im Raum, nicht nur die Beziehung, sondern auch die Absicherung zu kappen. Heißt: Stirbt der Versicherungsnehmer oder die -nehmerin, bekommt der Partner oder die Partnerin die in guten Zeiten festgeschriebene Summe aus der Lebensversicherung dann nicht mehr ausgezahlt. Ob das einfach so geht?

Kommt – wie immer – auf die jeweiligen Versicherungsbedingungen an. Trennen Sie sich von Ihrem Partner oder lassen Sie sich scheiden, sollten Sie immer überprüfen, ob eine Änderung der Bezugsberechtigung erforderlich ist. Mit der Trennung oder Scheidung entfällt nämlich nicht automatisch die dem Ex-Partner eingeräumte Bezugsberechtigung. Möchten Sie diese ändern, müssen Sie das ausdrücklich gegenüber der Lebensversicherungsgesellschaft schriftlich widerrufen und gegebenenfalls eine neue bezugsberechtigte Person benennen. Schwierig wird es, wenn Sie das Bezugsrecht in unwiderruflicher Form eingeräumt haben. Dann können Sie das nur mit Zustimmung der bezugsberechtigten Person ändern. Ist dies Ihr Ehepartner, sollte in der Scheidungsfolgenvereinbarung geregelt werden, dass er der Änderung der Bezugsberechtigung zustimmt.

So funktioniert Unterhalt

Die Rechnung, wie gefüllt die Haushaltskasse nach der Trennung wohl sein wird, kann schlaflose Nächte bereiten. Für verheiratete Paare gilt: Durch die Eheschließung sind beide Partner über die Trennung hinaus füreinander verantwortlich. Unverheiratete Paare haben keine gegenseitigen Unterhaltsansprüche. Mit einer Ausnahme: Einer von beiden betreut ein gemeinsames Kind von in der Regel unter drei Jahren. Das ist das Prinzip des Betreuungsunterhaltes, wie es auch für Ehen und eingetragene Lebenspartnerschaften gilt.

Beim Unterhalt kommt es auch auf den genauen Zeitpunkt im Trennungsprozess an. So ist die Gesetzeslage im Trennungsjahr, nach der Scheidung und beim Unterhalt für Kinder.

Im Trennungsjahr

Schon ab dem Zeitpunkt, an dem sich das Paar offiziell trennt, kann der weniger Verdienende oder Kinder betreuende Elternteil einen Anspruch auf Unterhalt vom besserverdienenden Ex-Partner haben. Das soll beiden den Übergang in die wirtschaftliche Selbstständigkeit leichter machen.

Wer während der Ehe – etwa um Kinder großzuziehen – gar nicht oder in Teilzeit gearbeitet hat, ist gesetzlich nicht verpflichtet, sofort nach der Trennung eine Vollzeitstelle anzunehmen. Man darf das Trennungsjahr in Ruhe nutzen, um sich beruflich neu zu orientieren. Der Trennungsunterhalt muss in der Regel solange gezahlt werden, bis die Scheidung rechtskräftig ist.

Wenn das Ex-Paar schon getrennt lebt, richtet sich die Höhe des Trennungsunterhalts nach den früheren ehelichen Lebensverhältnissen. Hier rechnen die Juristen nach dem Halbteilungsgrundsatz.

Zunächst wird für jeden Partner berechnet, wie viel Geld er oder sie im Monat nach

Abzug von gesetzlichen Abgaben wie etwa Steuern, größeren Schulden oder Kindesunterhalt zur Verfügung hat. Zusätzlich werden von den Erwerbseinkünften 10 Prozent als sogenannter Erwerbstätigenbonus abgezogen. Danach werden beide Einkommen zusammengerechnet und die Summe halbiert. Dieser Betrag bestimmt den unterhaltsrechtlichen Bedarf jedes Ehepartners. Kann einer diesen Bedarf aber nicht durch sein eigenes Einkommen decken, hat er oder sie Anspruch darauf, dass der andere Partner diese finanzielle Lücke ausgleicht. Wie immer kommt es auch hier auf Details an – deshalb beraten lassen.

Bei der Berechnung hat jeder Unterhaltspflichtige das Recht auf Selbstbehalt. Soll heißen, diese Summe muss ihm oder ihr auch nach Abzug der Unterhaltszahlungen noch zum Leben bleiben. Im Jahr 2025 liegt der in der Düsseldorfer Tabelle geregelte Selbstbehalt bei 1.600 Euro für Erwerbstätige und bei 1.475 Euro für nicht Erwerbstätige. Darin sind 580 Euro Wohn- und Heizkosten enthalten. Sind die tatsächlichen Kosten höher, steigt der Selbstbehalt entsprechend.

Bei einer Scheidung

Nach der Scheidung sind beide Ehepartner grundsätzlich dazu verpflichtet, wieder selbst für ihren Lebensunterhalt zu sorgen. Auch hier gibt es aber Ausnahmen, etwa wenn Sie die Betreuung der Kinder, Fortbildung, Krankheit oder Alter daran hindern. Dann müssen die Ex-Gatten auch nach der Scheidung den Lebensbedarf des anderen sicherstellen. Man ahnt es: Darüber kann man sich streiten. Deshalb landen viele Einzelfälle doch vor Gericht.

Betreuungsunterhalt und Aufstockungsunterhalt

Abhängig davon, ob das Paar gemeinsame Kinder hat oder nicht, kommen zwei Formen von Unterhaltspflicht in Betracht.

Betreuungsunterhalt bekommt, wer Kinder unter drei Jahren großzieht. Wie viele Stunden dieser Elternteil in der Zeit arbeiten muss – und ob überhaupt –, das richtet sich auch nach einer möglichen Kinderbetreuung während der Arbeitszeit.

Aufstockungsunterhalt im Trennungsjahr ist fällig, wenn trotz Erwerbstätigkeit einer der beiden Ex-Partner finanziell erheblich schlechter gestellt ist. Auch hier richtet sich die Höhe des Unterhalts nach dem Halbteilungsgrundsatz und den Grundsätzen für die Berechnung des Trennungsunterhalts. Wie lange der Ex-Partner zahlen muss? Das kommt wieder einmal auf den Einzelfall an.

„Einigen Sie sich über möglichst viel ohne Anwälte!“

MARTIN WAHLERS, Fachanwalt für Familienrecht in Bickenbach

Wie findet man einen guten Rechtsbeistand?
Indem Sie erst mal für sich klären, was Sie genau wollen. Den schärfsten Hund, der das Maximum für Sie herausholt, koste es, was es wolle? Da zahlen Mandanten schnell drauf. Oder einen Anwalt, eine Anwältin, die den optimalen Kompromiss für Sie erreichen wollen? Der geht mit der Mandantin die Chancen und Argumente aller Streitfragen transparent durch und kann die Reaktion der Gegenseite realistisch einschätzen. Am Ende ist es meist ein sportlicher Kampf der Argumente, gerade bei Unterhaltsfragen, und in fünf Monaten treffen wir uns in der Mitte.

Wer sich scheiden lässt, braucht gute Nerven?
Das ist so. Plus Beratung und Geduld.

Was kostet ein Erstgespräch mit einem Anwalt, um dessen Strategie herauszufinden?
Bundesweit einheitlich 190 Euro plus Mehrwertsteuer. Bei dem Gespräch sollten Sie klären, was Sie wollen und ob Sie sich mit dem Anwalt oder der Anwältin wohlfühlen.

Worauf müssen Frauen bei einer Scheidung achten?
Als Erstes muss man sich über die Vermögensauseinandersetzung Gedanken machen. Das ist quasi der eheliche Flohmarkt, das pragmatische Auseinanderdividieren des gemeinsamen Besitzes. Dazu kommt, gerade bei einer Zugewinngemeinschaft, die Prüfung, ob darüber hinaus noch gegenseitige finanzielle Ausgleichsansprüche bestehen. Wichtig: Sind sich die Ehepartner nicht einig über einen Trennungsunterhalt, muss der womöglich schon vor der eigentlichen Scheidung vor Gericht geltend gemacht werden.

Mit welchen Kosten muss man bei einer Scheidung rechnen?
Grob gesagt: Je uneiniger sich die Ehegatten sind und desto mehr über die Anwälte oder die Gerichte geklärt werden muss, desto teurer wird es.

Geht es auch billiger?
Ja, wenn sich beide Parteien schon ohne Anwälte und Gerichte über möglichst viele Punkte einigen. So sparen Sie sich auch Gutachter. Und es lohnt sich, alle noch offenen Punkte wie Vermögensausgleich, Sorgerecht oder nachehelicher Unterhalt in einem Verfahren zu bündeln. Das ist

deutlich günstiger als jedes Thema in einem einzelnen Verfahren zu klären.

Was halten Sie von einer Mediation der Eheleute durch geschulte Mediatoren?
Das kann eine große Hilfe sein, aber nicht direkt nach einer Trennung. Der Rauch muss sich erst verzogen haben. Eine Mediation ist ja keine Therapie, sondern der konstruktive Weg zu einer Gesamtlösung, idealerweise, bevor das Scheidungsverfahren eingeleitet wird.

Welche Fehler machen manche Mütter bei einer Scheidung?
Niemand sollte sich unter Wert verkaufen. Frauen und Männer geben manchmal bei berechtigten Ansprüchen zu schnell klein bei. Die Frauen der Kinder zuliebe, die Männer eher des lieben Friedens willen. Wichtig ist die Beratung zu den rechtlichen Gegebenheiten. Dann ist das individuelle Koordinatensystem gesetzt. Am Ende geht es menschlich und finanziell um die Gesamtkonstellation. Ich finde es nicht schlimm, wenn Mandanten oder Mandantinnen, da, wo es für sie machbar ist, auch mal nachgeben. Die können dann auch nach der Scheidung noch miteinander reden. Wer das Maximum für sich herausholen will, eskaliert willentlich die Lage.

Kindesunterhalt

Grundsätzlich gilt hier: Es ist egal, ob die Eltern bei der Geburt verheiratet oder unverheiratet waren oder das Kind adoptiert wurde. Ein Elternteil leistet seine Pflicht, indem er das Kind großzieht. Der andere leistet seinen Anteil durch eine monatliche Unterhaltszahlung. Diesen finanziellen Rechtsanspruch hat übrigens nicht der erziehende Elternteil. Den haben nur die Kinder.

Die Düsseldorfer Tabelle regelt schon seit 1962 die genaue Höhe des Unterhaltsanspruchs. Sie wird jährlich neu berechnet und vom Oberlandesgericht Düsseldorf veröffentlicht. Die Tabelle wirkt friedensstiftend, denn sie erspart allen Beteiligten viele Diskussionen. Wobei, sie hat keine Gesetzeskraft, aber alle deutschen Gerichte orientieren sich an ihr. Die Höhe des Kindesunterhalts ist abhängig vom Einkommen des unterhaltspflichtigen Elternteils sowie vom Alter des Kindes. Die Tabelle enthält 15 Einkommensgruppen für die Unterhaltspflichtigen und vier Altersstufen für die Kinder und Jugendlichen. Sie endet bei einem bereinigten Einkommen von 11.200 Euro im Monat. In der Düsseldorfer Tabelle ist das Kindergeld nicht berücksichtigt. Das müssen sich beide Eltern teilen. Fließt das Kindergeld dem betreuenden Elternteil zu, darf der Unterhaltsverpflichtete die Hälfte des

Kindergeldes von seiner Zahlung nach der Düsseldorfer Tabelle abziehen.

Details dazu finden sie unter

www.unterhalt.com/kindergeld

Im Regelfall deckt dieser Barunterhalt nach der Düsseldorfer Tabelle den Lebensbedarf des Kindes ab. Aber nicht immer. Möchte der betreuende Elternteil vom zahlungspflichtigen darüber hinaus eine Zahlung erhalten, kann er Mehrbedarf oder Sonderbedarf geltend machen. Mehrbedarf ist der Teil des Lebensbedarfs, der regelmäßig während eines längeren Zeitraums anfällt und den üblichen Kostenaufwand übersteigt (zum Beispiel Kosten für Nachhilfeunterricht oder gesundheitsbedingte Mehrkosten). Sonderbedarf ist ein einmaliger Kostenaufwand, der unerwartet entsteht und außergewöhnlich hoch ist (etwa Kosten für eine kieferorthopädische Behandlung).

www.olg-duesseldorf.nrw.de
Suchwort: Düsseldorfer Tabelle

Unterhaltsvorschuss: Wenn der Kindsvater nicht zahlt

Kommt der Vater seinen Verpflichtungen nicht nach, springt der Staat unter bestimmten Voraussetzungen ein. Dann überweist er den Alleinerziehenden einen monatlichen Unterhaltsvorschuss. Dafür ist kein Gerichtsverfahren erforderlich.

Jedes Kind hat diesen Anspruch, unabhängig vom Einkommen der Mutter. Es kann bis zu seinem zwölften Geburtstag Unterhaltsvorschuss erhalten. Bis zum 18. Geburtstag gibt es die Einschränkung, dass das Kind keine Leistungen nach dem Zweiten Buch Sozialgesetzbuch (SGB II), also Bürgergeld, erhält oder der alleinerziehende Elternteil, der Bürgergeld bekommt, mindestens 600 Euro brutto verdient.

Der Staat versucht anschließend, sich das Steuergeld vom säumigen Vater zurückzuholen. Das kann für ihn unangenehm werden. Gibt er keine oder nur unvollständige Auskunft über sein Einkommen, kann die Unterhaltsvorschuss-Stelle Informationen über seine Bankkonten beim Bundeszentralamt für Steuern einholen. Auch sein Arbeitgeber, das Finanzamt, Versicherungen und Sozialleistungsträger können um Auskunft gebeten werden.

Die Höhe des Unterhaltsvorschusses richtet sich nicht nach der Düsseldorfer Tabelle. Hier wird nach dem Alter der Kinder und dem sogenannten Mindestunterhalt gerechnet. Den legt das Bundesjustizministerium fest. Von dieser Summe werden zum Beispiel noch das Kindergeld für das erste Kind oder Waisenbezüge sowie andere Unterhaltszahlungen abgezogen. Im Jahr 2025 liegen die monatlichen Sätze bei bis zu 230 Euro für Kinder von 0 bis 5 Jahren, bis zu 299 Euro für Kinder von 6 bis 11 Jahren und bis zu 394 Euro für Kinder von 12 bis 17 Jahren.

Der Unterhaltsvorschuss muss schriftlich bei der Unterhaltsvorschuss-Stelle beantragt werden. Das ist meist das Jugendamt der Stadt, in der das Kind lebt. Wenn sich die Lebensumstände der Mutter und des Kindes ändern, muss das Amt sofort informiert werden, zum Beispiel bei einem Umzug, dem Auszug des Kindes, einer Neuheirat der Mutter oder dem Tod des anderen Elternteils.

Es gibt auch Ausschlusskriterien für den Unterhaltsvorschuss. So besteht beispielsweise kein Anspruch auf Unterhaltsvorschuss, wenn beide Elternteile in häuslicher Gemeinschaft miteinander leben, unabhängig davon, ob sie miteinander verheiratet sind oder nicht. Kein Anspruch auf Unterhaltsvorschuss besteht auch dann, wenn beide Elternteile das Kind gemeinsam betreuen beziehungsweise eine erhebliche Mitbetreuung durch den anderen Elternteil erfolgt. Auch wenn der alleinerziehende Elternteil, bei dem das Kind lebt, heiratet oder der alleinerziehende Elternteil sich weigert, die erforderlichen Auskünfte zu erteilen oder bei der Feststellung der Vaterschaft oder des Aufenthaltes des anderen Elternteiles mitzuwirken, wird kein Unterhaltsvorschuss gezahlt.

Der Staat überweist derzeit jährlich mehr als 2,5 Milliarden Euro Unterhaltsvorschuss an rund 800.000 Alleinerziehende.

→ TIPP

Das Bundesfamilienministerium bietet auf seiner Homepage unter Service eine kostenlose Publikation zum Thema Unterhaltsvorschuss an:
www.bmfsfj.de

Sonderfall Wechselmodell

Immer öfter erziehen getrennte Eltern ihre Kinder im Wechselmodell. Das heißt, der Nachwuchs wohnt abwechselnd bei Vater und Mutter. Auch in diesem Fall wird zur Berechnung des Unterhalts die Düsseldorfer Tabelle herangezogen. Allerdings gibt es jetzt nicht nur einen Unterhaltsschuldner, sondern das unterhaltsrechtliche Einkommen beider Eltern wird addiert – und erst dann wird der Gesamtunterhalt des Kindes ermittelt.

Gesetzlich neu geregelt werden soll das sogenannte asymmetrische Wechselmodell, das vorliegt, wenn sich der andere Elternteil weniger (mit einem Anteil zwischen 30 und 49 Prozent) an der Betreuung des Kindes beteiligt. In solchen Fällen sollen die Unterhaltslasten fairer verteilt werden. Es soll erstmals klar geregelt werden, unter welchen Voraussetzungen und in welchem Umfang die Betreuungsleistung des mitbetreuenden Elternteils zur Senkung der Unterhaltslast führen kann. Von der gesetzlichen Neuregelung nicht betroffen ist das sogenannte symmetrische Wechselmodell, bei dem die getrennt lebenden Elternteile das Kind jeweils zu gleichen Teilen (zum Beispiel abwechselnd jeweils eine Woche) betreuen.

Scheidung und Schulden

Eine von vielen Fragen bei einer Trennung ist: Was wird aus unseren Schulden? Das können Mietschulden, der Überziehungskredit auf dem gemeinsamen Girokonto, Konsumkredite bei Banken, Immobilienkredite oder auch Ratenverträge bei Versandhäusern sein.

Dabei wird genau unterschieden: Künftige Zahlungsverpflichtungen ergeben sich für Ex-Eheleute nur für Kredite, die sie während einer Ehe gemeinsam aufgenommen haben. In diesem Fall haften die Eheleute gesamtschuldnerisch, das heißt, jeder Ehegatte muss für die gesamte Leistung einstehen. Für einzeln eingegangene Verpflichtungen haftet auch nach der Trennung jeder allein. Aus Bankensicht ist aber völlig egal, ob die beiden Kreditnehmer verheiratet waren oder nicht. Auch unverheiratet haften für gemeinsame Schulden die Partner gesamtschuldnerisch.

! ACHTUNG

Kann oder will einer der beiden die Schulden nicht begleichen, darf sich die Bank die gesamte Summe von dem anderen Partner oder der Partnerin zurückholen. Das ist bitter und nennt sich gesamtschuldnerische Haftung. Im Zweifel muss der in die Pflicht genommene Ex-Partner den Zahlungsverweigerer privat auf die anteilige Übernahme der Schulden verklagen.

Andersherum gilt: Hat ein Ehegatte während der Ehe schon mehr als die Hälfte der Schulden abgestottert, kann er diesen Mehrbetrag vom anderen zurückfordern. Um Ärger zu vermeiden, empfiehlt es sich, die genaue Aufteilung der noch zu zahlenden Kreditraten auch in der Scheidungsvereinbarung festzuhalten.

! ACHTUNG

Vorsicht bei Bürgschaften: Wer für ein Darlehen oder einen Kredit seines Partners gebürgt oder dafür eine Sicherheit hinterlegt hat, kann vom Gläubiger entsprechend herangezogen werden.

Verbraucherinsolvenz als Ausweg

Drohen die Schulden über den Kopf zu wachsen oder ist der Überblick bereits ganz verloren, bleibt die Möglichkeit der Verbraucherinsolvenz. Durch dieses Verfahren können sich überschuldete Personen in der Regel innerhalb von nur drei Jahren von allen Schulden befreien. Einzige Voraussetzung: Sie müssen vorher versuchen, eine außergerichtliche Einigung mit ihren Gläubigern zu erreichen. So eine Privatinsolvenz ist kein ganz einfaches Verfahren. Deshalb ist auch hier eine gute Beratung so wichtig. So bieten zum Beispiel die Verbraucherzentralen persönliche Unterstützung. Sie prüfen die Gläubigerforderungen, machen eine Bestandsaufnahme der Haushaltsfinanzen und erarbeiten außergerichtliche Einigungspläne.

www.verbraucherzentrale.de/beratung

Schulden fließen auch in die Berechnung von Unterhaltszahlungen ein. Dieses Thema ist ein weites Feld. Oder wie die Anwälte sagen: „Es kommt darauf an". Beim Ehegattenunterhalt wirken sich gemeinsam aufgenommene Schulden unterhaltsmindernd aus, wenn der Vater weiterhin die Darlehen allein bedient. Bei der Unterhaltsberechnung können im Einzelfall auch Allein-Schulden eines Ehegatten berücksichtigt werden. Dies ist insbesondere dann der Fall, wenn die Schulden bereits vor der Trennung eingegangen und auch während der Ehe schon abgezahlt wurden. Diese können dann vom Schuldner von seinem Einkommen abgezogen werden.

Beim Kindesunterhalt werden beim Nettoeinkommen des Unterhaltsschuldners beispielsweise Schulden berücksichtigt, die der Unterhaltspflichtige noch während des gemeinsamen Zusammenlebens für die gemeinsame Lebensführung eingegangen ist. In diesem Fall darf der Schuldenabzug aber nicht dazu führen, dass der Mindestunterhalt unterschritten würde, also der unterste Betrag der Düsseldorfer Tabelle (→ Seite 149). Dieser Mindestunterhalt muss auf jeden Fall gezahlt werden, egal wie hoch die Schulden sind.

Auch für Immobilienkredite gibt es Sonderregeln. Beim Zugewinnausgleich werden die Schulden ebenfalls mit einbezogen. Dabei wird aber sorgfältig unterschieden. Nachvollziehbare Schulden werden anerkannt. Der Abzug sogenannter „Schulden aus illoyalen Gründen" von der Unterhaltspflicht ist dagegen gar nicht oder nur teilweise möglich. Das ist zum Beispiel der Fall, wenn sich der Unterhaltspflichtige vor der Trennung schnell noch ein teures Auto gekauft hat, das er sich normalerweise nicht leisten würde.

Was passiert mit unserer Immobilie?

Sie stehen vor der Frage, was aus Ihrer gemeinsamen Eigentumswohnung oder dem Haus nach einer Trennung werden soll? Zumal der Kredit noch nicht abbezahlt ist? Dann haben Sie verschiedene Optionen. Sie hängen von den zukünftigen Einkommensverhältnissen beider Ex-Partner ab – und davon, wie gut beide nach der Trennung noch miteinander planen und Absprachen treffen können.

Zunächst muss eindeutig geklärt sein, wem die Immobilie zu welchen Anteilen gehört. Nur wer dafür im Grundbuch steht, ist der rechtmäßige Eigentümer oder Eigentümerin. Ob das Paar gemeinsam das nötige Darlehen aufgenommen und abbezahlt hat, zählt dabei nicht. Interne Absprachen innerhalb der Beziehung sind vor Gericht nichts wert. Diese Erkenntnis hat schon viele gutgläubige Frauen wie der Blitz getroffen.

Sind beide Eheleute im Grundbuch festgehalten, müssen sie sich einigen.

Verkauf

Das ist die häufigste Variante. Mit dem Erlös wird dann die Restschuld bei der Bank abgelöst und beide Ex-Partner fangen woanders neu an. Das kann aber unerwartete Kosten nach sich ziehen. Zwar darf die finanzierende Bank die vorzeitige Kündigung des Darlehens nicht verweigern. Sie kann aber eine Vorfälligkeitsentschädigung für die entgangenen Zinsen bis Laufzeitende fordern.

Bei der Stiftung Warentest können Sie mit Ihren persönlichen Daten die Höhe der Vorfälligkeitsentschädigung berechnen: www.test.de/node/1159358-0/

HINTERGRUND

Vorfälligkeitsentschädigung

In bestimmten Fällen haben Sie das Recht, Ihr Darlehen bereits vor Ablauf der Zinsbindung zurückzuzahlen. Häufig wird der Kredit vorzeitig abgelöst, wenn das Haus oder die Wohnung verkauft wird. Im Gegenzug für die einseitige Kündigung kann die Bank einen Ausgleich für ihren entgangenen Zinsgewinn bis zur nächsten regulären Kündigungsmöglichkeit verlangen. Wie hoch diese Vorfälligkeitsentschädigung ist, hängt vom Zinssatz ab, den eine Bank für ihre Ersatzanlage zugrunde legt. Je niedriger der Zinssatz, desto höher die verlangte Entschädigung.

Einer bleibt im Haus

Bei dieser Variante bleiben Mutter oder Vater mit dem Kind oder den Kindern in der Eigentumswohnung oder dem Haus wohnen. Dieser Elternteil finanziert die Immobilie im

Gegenzug in Zukunft allein. Das setzt aber viel Kapital voraus. In der Regel muss der ausziehende Ex-Partner für seine bereits abgestotterten Kreditraten ausgezahlt werden. Oft stellen beide Seiten dann auch ihre geleistete Arbeitszeit etwa für Renovierung, Sanierung oder die laufenden Kosten der Immobilie in Rechnung. In der Praxis ist das aber nur schwer zu beziffern.

Auch hier sitzt die Bank mit im Boot. Sie prüft den oder die künftig allein Finanzierenden oder Finanzierende auf Kreditwürdigkeit. Lehnt die Bank den Kreditantrag ab, muss die bisherige Baufinanzierung gekündigt werden – auch hier könnte wieder eine Vorfälligkeitsentschädigung anfallen. Dafür kann der neue Vertrag mit jedem anderen Geldinstitut abgeschlossen werden. Vielleicht sogar günstiger.

Vermietung

Auch das kann eine langfristige Lösung sein. Dann behalten beide Ex-Partner ihren Anteil und zahlen weiterhin gemeinsam den Kredit ab. Im besten Fall finanzieren die Mieteinnahmen die Darlehensraten bis zum Laufzeitende. Aber Vorsicht: Mieteinnahmen sind nicht gleich verfügbares Geld auf dem Konto. Viele Kosten der Immobilie können Sie nicht auf die Mieter umlegen. Diese müssen Sie weiterhin – zusätzlich zu den Kreditraten – aus der eigenen Tasche bezahlen. Dazu gehören etwa bei einer Eigentumswohnung das Hausgeld, bei einem Haus die meisten Reparaturen und Instandhaltungsmaßnahmen.

Teilen in zwei Einheiten

Die letzte Variante ist etwas für Ex-Partner mit hoher Kommunikations- und Kompromissbereitschaft. Die können ihr Haus vertraglich in zwei Wohneinheiten teilen und beide weiterhin dort wohnen bleiben. Bei diesem Modell kann entweder einer den Kredit allein abzahlen und bekommt im Gegenzug vom Ex-Partner eine ortsübliche monatliche Miete. Oder beide Ex-Partner bleiben Kreditnehmer und zahlen weiter gemeinsam ab.

Zwangsversteigerung

Das ist ein trauriges Ende für eine gemeinsame Immobilie. Kann sich das Ex-Paar nicht einigen oder keiner kann die Immobilie finanzieren, kommt es meist zu einer Zwangsversteigerung – oft weit unter ihrem Wert.

Und auch das ist rechtlich möglich: Einer von beiden kann beim zuständigen Amtsgericht eine Teilungsversteigerung sogar gegen den Willen des Miteigentümers erwirken. Der nicht verkaufswillige Ehegatte kann immerhin noch bei der Teilungsversteigerung mitbieten. Macht er das höchste Angebot, gehört ihm die Immobilie allein. Macht ein Dritter ein besseres Angebot, muss sich der verbliebene Eigentümer künftig mit jemand Wildfremden eine Immobilie und die sich daraus ergebenden Pflichten (und Kosten!) teilen.

Steuern beim Hausverkauf

Beim Thema Immobilienverkauf oder -übertragung ist auch die Steuerfrage wichtig. So kann die Übertragung gegen Auszahlung steuerpflichtig sein, wenn die Spekulationsfrist für die Immobilie von zehn Jahren noch nicht abgelaufen und einer der Ehegatten bereits ausgezogen ist. Eine mögliche Grunderwerbsteuer lässt sich vermeiden, indem man das Haus oder die Wohnung noch vor der Scheidung überträgt. Hier ist es wichtig, sich vor einer Entscheidung steuerlichen Rat einzuholen.

Scheidung und Steuern

Während des Trennungsjahrs können beide Ehepartner ihre Steuerklasse behalten und weiterhin gemeinsam veranlagt werden. Übrigens muss ein Noch-Ehegatte einer Zusammenveranlagung während der Trennungszeit zustimmen, wenn diese zur insgesamt geringsten Steuerbelastung beider Ehegatten führt. Wer sich weigert, macht sich schadensersatzpflichtig. Im Zweifel kann die Abgabe der gemeinsamen Steuererklärung für das Jahr der Trennung gerichtlich eingeklagt werden. Wie lange sich das Ehegattensplitting (→ Seite 115) nutzen lässt, hängt vom Zeitpunkt der Trennung und dem Beginn des Trennungsjahres ab.

! ACHTUNG

Juristen definieren ein Trennungsjahr anders als das Finanzamt. Juristisch gilt: Das Trennungsjahr beginnt, wenn das Paar getrennt lebt und sich jeder selbst versorgt. Dafür können auch beide noch in der gleichen Wohnung oder Haus leben. Entscheidend ist die Trennung von Tisch und Bett. Das Finanzamt dagegen schaut auf das Kalenderjahr der Trennung. Das ist tricky. Trennt sich das Paar im Dezember, ist vor dem Finanzamt jeder steuerrechtlich schon Single. Trennt sich das Paar im Januar, muss es dafür das komplette Kalenderjahr abwarten. Lassen Sie sich beraten, was für Sie von Vorteil ist.

Wenn ein Ehepartner die Steuerklasse wechseln will, muss der andere zustimmen. Nach der Scheidung muss die Steuerklasse definitiv gewechselt werden. Der Wechsel muss beim Finanzamt beantragt werden.

Lohnsteuerklassen

STEUERKLASSE	FAMILIENSTAND	MERKMALE STEUERBELASTUNG
1	ledig	hohe Steuerbelastung
2	alleinerziehend	wie Steuerklasse 1, jedoch mit Berücksichtigung eines Entlastungsbetrags für Alleinerziehende
3	verheiratet/verpartnert	Kombination Steuerklasse 3/5 oder 5/3 Steuerklasse 3: niedrigere Steuerbelastung Steuerklasse 5: höhere Steuerbelastung
4 ohne Faktor	verheiratet/verpartnert	hohe Steuerbelastung
4 mit Faktor	verheiratet/verpartnert	wie Steuerklasse 4 ohne Faktor und Berücksichtigung Steuervorteil durch Ehegattensplitting
5	verheiratet/verpartnert	Kombination Steuerklasse 3/5 oder 5/3 Steuerklasse 3: niedrigere Steuerbelastung Steuerklasse 5: höhere Steuerbelastung
6	für zusätzliche Arbeitsverhältnisse	höchste Steuerbelastung

Ein wichtiges Feld für Steuerfragen ist auch der Zugewinnausgleich. Der ist steuerfrei. Allerdings gilt das nur, wenn der Zugewinnausgleich in Geld stattfindet. Sollen zum Beispiel Immobilien übertragen werden, wird dieser Vorgang als Veräußerung angesehen und dafür werden Steuern fällig. Auszahlungen im Rahmen des Zugewinnausgleichs unterliegen auch keiner Schenkungssteuer.

! ACHTUNG

Wird die Auszahlung des Zugewinnausgleichsanspruchs zeitlich gestreckt, kann doch noch eine zu versteuernde Zinsschuld wie bei einem Darlehen entstehen. Gönnen Sie sich einen Steuerberater, der sich mit Scheidungsfragen auskennt. Gute Beratung zahlt sich auch hier aus.

GUT ZU WISSEN

Scheidungskosten können nur von der Steuer abgesetzt werden, wenn sie die Existenzgrundlage des Steuerpflichtigen gefährden würden.

Versorgungsausgleich

Wer sich scheiden lässt, muss sich mit dem Thema Versorgungsausgleich beschäftigen. So will es das Gesetz. Und das aus gutem Grund: Es geht um die späteren Rentenansprüche beider Partner und die werden für die Zeit der Ehe als gemeinschaftliche Lebensleistung betrachtet. Folgerichtig werden die erworbenen Altersvorsorge-Ansprüche beider Parteien bei der Scheidung geteilt. War die Ehe kürzer als drei Jahre, findet der Kassensturz nicht automatisch statt. Dann muss ihn einer der Partner beim Familiengericht beantragen. Denn der Versorgungsausgleich ist Teil des Scheidungsverfahrens und das örtliche Familiengericht kümmert sich um die Berechnung.

Es fordert alle Rentenkassen, Versorgungswerke und privaten Versicherungen beider Parteien auf, deren bereits erworbenen Ansprüche offenzulegen. Haben beide Ehegatten Rentenanwartschaften in ähnlicher Höhe, entfällt der Ausgleich. Das geschieht auch bei geringwertigen Anrechten.

Bei Ansprüchen in unterschiedlicher Höhe rechnet das Gericht dagegen genau nach. Seine Entscheidung über den Versorgungsausgleich führt es im Scheidungsurteil auf. Nach Ablauf der Beschwerdefrist setzen die verschiedenen Rentenkassen den Versorgungsausgleich um. Sie informieren ihre Versicherten, mit welchen Alterseinkünften sie nun rechnen können. Für den Besserverdienenden kann das zu einem bösen Erwachen führen. Gerade nach langen Ehen wird dessen spätere Rente empfindlich gekürzt. Dann ist es sinnvoll, sich direkt um eine zusätzliche private Altersvorsorge zu kümmern. Wer das Rentenalter noch nicht erreicht hat, kann beispielsweise freiwillige Beitragszahlungen leisten.

Wichtig: Ehegatten und Lebenspartner können auch ohne Gericht, aber notariell beglaubigt, einen Versorgungsausgleich treffen. Dabei können sie auch den bei der Scheidung ebenfalls anstehenden Vermögensausgleich einbeziehen. Sie können den Versorgungsausgleich sogar ganz oder teilweise ausschließen. Sittenwidrig dürfen solche Absprachen aber nicht sein. Das heißt, keiner darf benachteiligt werden und das Familiengericht muss diese individuelle Absprache absegnen. Das klingt alles einleuchtend, menschlich wie juristisch fair. In der Praxis wird um den Ausgleich aber oft wie die Kesselflicker gestritten. Es geht um viel Geld – auf beiden Seiten. Wer etwa monatlich 500 Euro weniger Rente vom 67. bis zum 87. Lebensjahr bekommt, dem fehlen 120.000 Euro in der Kasse. Auch deshalb ist eine gute Scheidungsanwältin oder -anwalt wichtig.

→ TIPP

Bei der Suche nach einem Anwalt oder einer Anwältin gibt es auf den Seiten der Bundesrechtsanwaltskammer Hilfestellung:
www.brak.de
Suchwort: Anwaltssuche

GUT ZU WISSEN

Sogar ein bereits rechtskräftiger Versorgungsausgleich kann auf Antrag noch viele Jahre nach der Scheidung geändert werden. Das ist schon möglich, wenn sich eine rechtliche Vorgabe bei der Berechnung wesentlich geändert hat. Das war beispielsweise mit der Einführung der Mütterrente der Fall. Dann wird der Versorgungsausgleich nachträglich neu berechnet. Nichts ist sicher. Das gilt auch hier. Eine eigene Altersvorsorge ist deshalb immer wichtig.

Wichtiger als alles Geld: die Kinder

Wer vor den Scherben einer langjährigen Beziehung steht, muss sich mitten in einem Gefühlschaos neu sortieren. Das gilt auch für die betroffenen Kinder und Jugendlichen. Selbst wenn sie erleichtert sind, dass sich ihre Eltern „endlich" trennen, es tut trotzdem weh. Kinder brauchen und lieben beide Eltern. Erwachsene helfen ihren Kindern, wenn sie die eigenen Konflikte vertraulich unter vier Augen klären. Wenn sie akzeptieren, dass konstruktive Lösungen und Kompromisse wichtig sind – auf beiden Seiten. Das klappt selten auf Anhieb und vermutlich nie perfekt. Aber Kinder lernen viel für ihr Leben von Eltern, die auf lange Sicht wieder respektvoll miteinander umgehen können. Oder es immer wieder versuchen. So gilt auch beim schwierigen finanziellen Ausgleich rund um eine Trennung: Das Maximum ist nicht das Optimum.

Keine Angst vor der Rentenlücke

Ob mein Geld im Alter reichen wird? Mit Mitte/Ende Fünfzig wird diese Frage immer öfter im Freundeskreis diskutiert: Wie lange wollen wir noch arbeiten? Und könnten wir uns einen vorzeitigen Einstieg in den Ausstieg leisten? Realistisch weiß kein Mensch, an welchen Renten-Stellschrauben die Politik noch drehen wird. Die gute Nachricht: Das macht nichts, denn Sie haben auch jetzt noch genug Zeit, Ihre Rentenlücke zu schließen.

Oda (56) hat in ihrem Leben schon einiges erlebt. Beziehungen sind gekommen und gegangen. Jobs auch. Sie kommt mit ihrem Gehalt als Museumspädagogin gut aus, hat einige Rücklagen. Ihre Arbeit macht ihr Spaß. Aber ob sie wirklich noch elf Jahre bis zum Rentenbeginn weiterarbeiten will? Ginge es nicht auch früher? Und was bliebe ihr als Single dann netto in der Haushaltskasse? Oda merkt: Finanzielle Sicherheit wird ihr wichtiger. Sie will Klarheit über ihre Situation im Alter. Und sie ist jetzt dank Rücklagen in der Lage, Geld in die Hand zu nehmen, um ihre „Rentenlücke" zu schließen.

Kassensturz

Wie eine dunkle Wolke schwebt dieses Wort über Deutschland: Rentenlücke. Dahinter steckt die Tatsache, dass die Leistungen aus der gesetzlichen Rentenversicherung gerade mal knapp die Hälfte des letzten Nettoeinkommens betragen werden. Dieses „Rentenniveau" (→ Seite 93) gilt aber nur für die wenigen Menschen, die die maximale Beitragsdauer zur Rentenversicherung von 45 Jahren erfüllt und immer durchschnittlich verdient haben. Rechnen oder schauen Sie mal nach, auf wie viele Jahre Sie rein theoretisch kommen können!

Fakt ist: Frauen sind bei der Rente hinten dran. Sie zahlen durchschnittlich weniger Jahre in die gesetzliche Rentenkasse ein, beziehen aber länger Rente als Männer.

Rente: Frauen bekommen weniger

Wer 2022 in Rente ging, erhielt durchschnittlich*

	West	Ost
	1.256	1.174
	842	1.109

* jeweils monatlich in Euro, nach Abzug der Beiträge zur Kranken- und Pflegeversicherung

HINTERGRUND

Digitale Rentenübersicht

Die digitale Rentenübersicht der Deutschen Rentenversicherung kann eine echte Hilfe sein: Mit wenigen Klicks soll sie allen Versicherten den Überblick über ihre Ansprüche aus gesetzlicher, betrieblicher und privater Altersvorsorge verschaffen. Hier finden Arbeitnehmerinnen in der Übersicht, wie hoch ihre zu erwartende Rente sein wird. Also die Informationen, die auch in der jährlich verschickten Renteninformation enthalten sind.

Bis Ende 2024 mussten sich fast alle Anbieter von Altersvorsorge-Produkten an die Digitale Rentenübersicht anbinden. Seit Januar 2025 können Interessierte ihre gesetzlichen, privaten und betrieblichen Altersvorsorge-Ansprüche abrufen. Für einen besseren Überblick wird unterschieden zwischen lebenslangen Renten, Zeitrenten und Einmalzahlungen. Zusätzlich finden Sie hier Informationen über den Beginn jeder Auszahlung und Sie erfahren, ob ein Betrag zum Beispiel monatlich oder vierteljährlich ausgezahlt wird. Zu erreichen unter **www.rentenuebersicht.de**

Die 28-jährige Elif hat gerade noch andere finanzielle Themen als ihre Altersvorsorge. Die junge Mutter Julia (35) und die bald alleinerziehende Katharina (45) haben sich damit schon auseinandergesetzt. Sie hoffen darauf, ausreichend über den Betrieb und privat vorzusorgen. Bis zur Rente haben sie noch viele Jahre, sodass sie sich bis dahin auch mit kleinen monatlichen Sparraten ein gutes Polster aufbauen können.

→ TIPP

So früh anfangen wie möglich – das ist die Grundregel bei der Altersvorsorge. Auch wenn junge Frauen erst einmal nur kleine Beträge investieren, profitieren sie besonders stark vom Zinseszinseffekt (→ Seite 63). Die Rechnung für den auskömmlichen Ruhestand ist schnell erledigt: Ausgehend von Ihrem aktuellen Nettoeinkommen ermitteln Sie, wie viel Vermögen Sie zu Beginn Ihrer Rente brauchen, um davon 30 Jahre gut leben zu können. Denn das ist in etwa die durchschnittliche Lebenserwartung – mit einem zusätzlichen Puffer. Älter als 90 Jahre zu werden, ist gar nicht so unwahrscheinlich. Und vergessen Sie die Inflation nicht!

Bei Oda sieht das anders aus. Jetzt wird es Zeit für einen realistischen Kassensturz. Mit Mitte Fünfzig liegen alle Zahlen auf dem Tisch. Sie kann sich jetzt konkret ausrechnen, ob für sie ein vorgezogener Ruhestand möglich ist und wie hoch ihre gesetzliche Rente sein wird. Dabei helfen ihr die Online-Rechner der Deutschen Rentenversicherung:

www.deutsche-rentenversicherung.de/
Suchwort: Online-Rechner

GUT ZU WISSEN

Grundrente

Wenn Sie nur ein geringes Einkommen haben, sollten Sie unbedingt versuchen, den sogenannten Grundrentenzuschlag zu bekommen. Dazu müssen Sie mindestens 33 Jahre bestimmte Rentenzeiten in der gesetzlichen Rentenversicherung angesammelt haben und dennoch nur eine kleine Rente erhalten. Den vollen Grundrentenzuschlag gibt es erst ab 35 Jahren. Zu den Grundrentenzeiten zählen auch Pflichtbeitragszeiten für Kindererziehung und Pflege. Auch ein Minijob, bei dem die Versicherungspflicht in der Rentenversicherung nicht abgewählt wird, wird als Rentenzeit berücksichtigt. Die Zeiten, in der Angehörige gepflegt oder Kinder erzogen werden, zählen auch mit.

GUT ZU WISSEN

Wer 1964 oder später geboren wurde, muss bis zum Alter von 67 Jahren arbeiten, um abschlagsfrei in Rente gehen zu können.

BEISPIEL

Oda ist Jahrgang 1968, ledig und kinderlos. Im Oktober 2035 erreicht sie die Regelaltersgrenze von 67 Jahren. Von ihrem Arbeitgeber wird sie eine kleine Betriebsrente ausgezahlt bekommen. Sie rechnet:

Odas Rechnung

Monatliches Bruttoeinkommen heute	4.000 Euro
Monatliches Nettoeinkommen heute	2.400 Euro
Renteneintritt mit 67 Jahren	
Monatliche Wunschrente	1.800 Euro
Gesetzliche Rente	1.335 Euro
Betriebsrente	100 Euro
Rentenlücke	365 Euro

Auch Ihre Rentenlücke ist schnell ermittelt.

1. Addieren Sie Ihre aktuellen Lebenshaltungskosten. Machen Sie sich ehrlich: Hier geht's nicht nur um Miete, Krankenversicherung, vielleicht ein Auto. Was geben Sie denn übers Jahr für Essen gehen, Reisen, Kultur, Shopping, Spenden oder anderes aus? Wenn Sie ein Haushaltsbuch führen (→ Seite 16), bekommen Sie damit schnell einen Überblick.
2. Worauf wollen Sie als Rentnerin verzichten? Sind Sie Single oder können Sie sich Kosten mit einem Lebenspartner oder -partnerin teilen? Rechnen Sie in beiden Fällen realistisch. Wer jetzt Single ist, ist in zehn Jahren vielleicht glücklich verheiratet. Oder auch nicht. Wer jetzt glücklich verheiratet ist, ist in 15 Jahren womöglich Witwe. Die Ausgaben für die Kinder werden vermutlich entfallen. Wichtig ist auch Ihre individuelle Lebenssituation: Wohnen Sie im Alter im abbezahlten Eigenheim oder müssen Sie weiter eine hohe Miete zahlen? Lässt sich die Restschuld aus dem Hypothekendarlehen vorzeitig tilgen?

→ TIPP

Rechnen Sie beim Überschlagen der Ausgaben im Rentenalter mit Ihrem aktuellen Bedarf! Abziehen sollten Sie höchstens Sparraten, die Sie bislang in die Altersvorsorge stecken.

3. Drittens: Addieren Sie alle zu erwartenden Einnahmen aus der gesetzlichen Rentenversicherung (die finden Sie in Ihrer jährlichen Renteninformation) plus mögliche Auszahlungen aus betrieblichen sowie privaten Lebens- oder Rentenversicherungen und Kapitalanlagen – nach Steuern!

Dann ziehen Sie die Ausgaben von den Einnahmen ab. Und das ist sie dann, Ihre Rentenlücke. Gerade Frauen stellen an dieser Stelle oft erschrocken fest: Das wird ja richtig eng! Genau genommen wird's noch enger. Sie zahlen nicht nur Steuern (je nach Rentenhöhe), sondern auch Beiträge zur Kranken- und Pflegeversicherung von Ihrer Rente.

Vergessen Sie zudem den Einfluss der Inflation auf die Kaufkraft nicht. Die Inflationsrate lag in den vergangenen zehn Jahren im Schnitt bei zwei Prozent, zum Teil heftig darüber. Das bedeutet, 1.000 Euro heute werden im Jahr 2034 wahrscheinlich nicht mehr als 800 Euro Kaufkraft wert sein.

Zwar werden Sie im Rentenalter weniger Geld benötigen als im Arbeitsleben, zwischen 70 und 80 Prozent Ihres letzten Nettogehalts sollten Ihnen aber nach einer Faustformel unterm Strich zur Verfügung stehen, wenn Sie sorgenfrei in den Ruhestand gehen und Ihr gewohntes Leben einigermaßen fortsetzen wollen.

→ TIPP

Wenn Sie die Sparrate zum Schließen der Rentenlücke ermitteln wollen, sind zwei Faktoren von Bedeutung: Wie groß ist Ihre individuelle Rentenlücke? Wie viel können Sie monatlich überhaupt zurücklegen?

Für die passende Altersvorsorge gibt es keine „One size fits all"-Lösung. Aber diese vier Fragen lotsen zur passenden Strategie und den individuell passenden Anlageformen, die wir im Kapitel „Geldanlage" (→ Seite 55) vorgestellt haben:

1. **Einmalzahlung oder Rate?** Wollen Sie eine größere Summe auf einmal anlegen oder Monat für Monat Geld zurücklegen? Dann geht es um Festgeld versus Sparplan.
2. **Kümmern oder nicht?** Wollen Sie sich selbst um die Geldanlage kümmern oder das gegen hohe Gebühren Banken, Versicherungen oder Fondsmanagern überlassen? Dann liegt die Entschei-

dung zwischen Festgeld und ETFs auf der einen und einer privaten Rentenversicherung oder Renten- und offenen Immobilienfonds auf der anderen Seite.

3. **Wie viel Risiko möchten Sie eingehen?** Sie haben die Wahl vom sicheren Festgeld bis zu schwankungsanfälligen Einzelaktien oder Kryptowährungen.
4. **Geld im Notfall verfügbar?** Wollen Sie auf das Kapital bis zur Rente sicherheitshalber in der Not noch Zugriff haben? Dann ist die Zinstreppe eine gute Option, ebenso die täglich zu verkaufenden ETFs.

Bleiben wir bei Oda: Ihre monatliche Rentenlücke nach der Rechnung oben beträgt 365 Euro. Hochgerechnet auf rund 30 Jahre, die sie vielleicht Rente beziehen wird, sind das 131.400 Euro. Ein riesiges Vermögen also, das sie noch ansparen müsste. Der Zinseszinseffekt (→ Seite 63) wird auch kleiner, weil ihr ja weniger Zeit zum Sparen bleibt als jüngeren Frauen. Hinzuverdienen, beruflich neu orientieren, Abstriche beim aktuellen Lebensstil machen – das wären neben einer lohnenden Geldanlage weitere Stellschrauben, um Lücken zu schließen.

Einmalanlagen: Plus durch Zinseszinseffekt

LAUFZEIT DER ANLAGE IN JAHREN	ANLAGEERGEBNIS IN EURO BEI EINER RENDITE VON					
	0,50 %	1,00 %	2,00 %	3,00 %	4,00 %	5,00 %
1	10.050	10.100	10.200	10.300	10.400	10.500
3	10.151	10.303	10.612	10.927	11.249	11.576
5	10.253	10.510	11.041	11.593	12.167	12.763
10	10.511	11.046	12.190	13.439	14.802	16.289
15	11.777	11.610	13.459	15.580	18.009	20.789

BEISPIEL

Auch mit Mitte Fünfzig lässt sich noch ein Polster fürs Alter aufbauen. Dafür braucht es nur etwas (Spar-)Disziplin und Eigeninitiative.
Die Tabelle links zeigt, was eine Einmalanlage von 10.000 Euro – bei unterschiedlichen Zinssätzen – in welchen Zeiträumen noch bringen kann.

Welche Rente für wen?

Nicht jede Frau möchte bis zur gesetzlichen Altersgrenze von 67 Jahren (Stand 2025) durcharbeiten. Das muss sie auch nicht. Viele Wege führen nicht nur nach Rom, sondern auch in die Rente und den Vorruhestand. Aber manche Wege sind teurer als andere.

→ **Reguläre Altersrente:** Für fast alle, die gearbeitet und Kinder erzogen haben. Regelaltersrente erhält die oder der Versicherte, wenn er oder sie die Regelaltersgrenze erreicht hat. Für 1964 und später Geborene liegt diese beim 67. Lebensjahr. Die Zahlung der Regelaltersrente setzt eine Mindestversicherungszeit (Wartezeit) von fünf Jahren (60 Beitragsmonate) voraus. Dazu gehören auch Kinderziehungszeiten und Zeiten aus einem Versorgungsausgleich. Die Regelaltersrente können Sie nicht vorzeitig – auch nicht mit Abzügen – bekommen.

→ **Altersrente für besonders langjährig Versicherte:** Alle, die 45 Jahre anrechenbare Zeiten in der Rentenversicherung haben, können bei voller Rente vor dem 67. Geburtstag aus dem Beruf aussteigen. Da das Rentenalter schrittweise angehoben wird, verschiebt sich auch das Eintrittsalter mit dem Geburtsjahr nach oben. Ab Geburtsjahrgang 1964 oder später können Versicherte mit 65 Jahren in Rente gehen. Die Altersrente für besonders langjährig Versicherte können Sie nicht vorzeitig in Anspruch nehmen, auch nicht mit Abschlägen.

→ **Altersrente für langjährig Versicherte:** Wer 35 Jahre an anrechenbaren Zeiten in der Rentenversicherung hat, profitiert von der Altersrente für langjährig Versicherte. Alle Versicherten der Jahrgänge bis 1963 können noch vor ihrem 67. Geburtstag ohne Abschläge in Rente gehen. Wann genau, hängt vom Geburtsjahr ab. Das Rentenalter wird schrittweise angehoben. Wer beispielsweise 1960 geboren wurde, kann im Alter von 64 Jahren und vier Monaten eine abschlagsfreie Rente beziehen. Für alle, die 1964 oder später geboren sind, liegt das Renteneintrittsalter auch nach 35 Beitragsjahren bei 67 Jahren. Die Altersrente kann auch ab 63 Jahren vorzeitig in Anspruch genommen werden, allerdings mit einem Abzug von bis zu 14,4 Prozent.

→ **Altersrente für schwerbehinderte Menschen:** Für alle mit einem Grad der Behinderung von mindestens 50 Prozent plus mindestens 35 Beitragsjahren. Wer 1964 oder später geboren ist, kann mit 65 Jahren ohne Abschläge oder ab 62 Jahren mit Abschlägen in Rente gehen.

→ **Erwerbsminderungsrente:** Für alle, die keine Behinderung haben, aber aus gesundheitlichen Gründen trotzdem nicht mehr arbeiten können. Aber es gilt der Grundsatz: Reha vor Rente. Soll heißen, die Rentenversicherung erwartet, dass Sie erst alle medizinischen Möglichkeiten nutzen, um wieder arbeitsfähig zu werden. Diese Rente kann anteilig ausgezahlt werden, wenn die Versicherte noch stundenweise berufstätig bleibt. Weitere Voraussetzungen: Sie müssen mindestens fünf Jahre vor Eintritt der Erwerbsminderung in der Deutschen Rentenversicherung versichert gewesen sein (dazu zählen neben Pflichtbeitragszeiten aus einer Beschäftigung auch Kinderziehungs- und Pflegezeiten) und in dieser Zeit mindestens drei Jahre Pflichtbeiträge in die Rentenversicherung gezahlt haben.

→ **Grundsicherung im Alter:** Reichen Ihre Einkünfte im Alter oder bei voller Erwerbsminderung nicht für Ihren Lebensunterhalt aus, können Sie unter Umständen Grundsicherung bekommen. Die Grundsicherung soll Ihren notwendigen Lebensunterhalt, Aufwendungen für Unterkunft und Heizung, Kranken- und Pflegeversicherungsbeiträge, Vorsorgebeiträge, Mehrbedarf für bestimmte Personengruppen und Hilfe in Sonderfällen abdecken. Je nach Regelbedarfsstufe sind das im

GUT ZU WISSEN

„Versichertenälteste" informieren

Das ist ein kostenloser Service der Deutsche Rentenversicherung, die die Ältesten auch schult. Diese Frauen und Männer arbeiten ehrenamtlich und sind selbst Versicherte oder schon in Rente. Sie wohnen in der Nachbarschaft und helfen bei Anträgen oder Fragen ohne bürokratische Hürden oder lange Wege. Die Kontakte finden Sie über die Homepage der Deutschen Rentenversicherung.

www.deutsche-rentenversicherung.de

Jahr 2025 gerade mal zwischen 357 Euro und 563 Euro monatlich. Man könnte auch sagen: Zum Leben zu wenig, zum Sterben zu viel.

Früher aufhören – der Preis der Freiheit

Die Logik leuchtet ein: Wer weniger in die Rentenversicherung einzahlt, bekommt auch weniger raus. Einen vorgezogenen Abschied muss man sich deshalb leisten können: Die monatlichen Abschläge summieren sich bis zum Tod gewaltig.

Vorgezogener Ruhestand

Vorzeitig aus dem Arbeitsleben auszusteigen ist nur in bestimmten Fällen möglich und ist mit Abschlägen verbunden, die die künftige Rente erheblich schmälern. So kann die Altersrente für langjährig Versicherte und für schwerbehinderte Menschen vorzeitig in Anspruch genommen werden. Aber für jeden Monat, den Sie früher den Dienst quittieren, erhalten Sie 0,3 Prozent Rente weniger, im Jahr also 3,6 Prozent. Klingt vielleicht wenig, ist es aber nicht. Denn diese Abzüge bleiben bis zum Lebensende! Wenn Sie – nach 35 Beitragsjahren – mit 63 statt mit 67 Jahren in Rente gehen wollen, können sich diese Abzüge auf maximal 14,4 Prozent erhöhen (48 x 0,3 Prozent an Abschlag).

Vorsicht auch beim Rechnen: Die Rentenversicherung zieht den Abschlag vom Wert der Rente beim vorgezogenen Rentenbeginn ab. Der ist natürlich niedriger als wenn Sie bis zum 67. Lebensjahr eingezahlt hätten. Nicht zuletzt: Auch prozentuale Rentenerhöhungen gibt es nur auf Basis der niedrigeren Rente. Der Preis für die vorzei-

> **BEISPIEL**
>
> Wenn Sie drei Jahre eher in den Ruhestand gehen wollen, reduziert sich die monatliche Rente um 36 Monate x 0,3 Prozent Abschlag, also rund zehn Prozent. Für Oda und ihren potenziellen Anspruch auf 1.335 Euro gesetzliche Rente bedeutet das: Ab dem 64. Geburtstag bekäme sie rund 140 Euro weniger Rente im Monat. Auf ihre realistische Lebenserwartung von 87 Jahren gerechnet sind das 140 Euro x 12 Monate x 20 Jahre. Ihr werden im Alter also rund 33.600 Euro in der Haushaltskasse fehlen.
>
> Die Deutsche Rentenversicherung bietet einen Onlinerechner an, um die eigenen Rentenansprüche bei einer vorgezogenen Rente zu berechnen.
>
> **www.deutsche-rentenversicherung.de**

tige Rente wird also immer höher. Für Frauen, die durchschnittlich fast vier Jahre länger als Männer eine Rente beziehen, wird er somit noch weiter in die Höhe getrieben.

Altersteilzeit

Ab dem 55. Geburtstag können Sie Ihre Arbeitszeit für einen gleitenden Übergang in die Rente halbieren. Einen Rechtsanspruch gegen den Arbeitgeber gibt es nicht. Dafür müssen Sie in den fünf Jahren zuvor mindestens 1.080 Kalendertage versicherungspflichtig beschäftigt gewesen sein. Der Arbeitgeber muss das gewöhnliche Arbeitsentgelt um mindestens 20 Prozent aufstocken und zusätzliche Rentenbeiträge auf der Basis von 80 Prozent Ihres Lohns für Sie weiter einzahlen.

Beim Gleichverteilungsmodell arbeiten Sie über den gesamten Zeitraum der Altersteilzeit weniger. Beim Blockmodell arbeiten Sie in der ersten Hälfte Vollzeit, beziehen aber ein reduziertes Gehalt. In der zweiten Hälfte arbeiten Sie gar nicht mehr und bekommen das Altersteilzeit-Gehalt bis zum regulären Rentenbeginn weiter gezahlt. Die genaue Verteilung der Arbeitszeit können Arbeitgeber und Arbeitnehmerinnen individuell vereinbaren. So ist beispielsweise auch eine stufenweise Reduzierung der Arbeitszeit oder -tage möglich.

Lebensarbeitszeitkonto

Hier sammeln Sie Arbeitszeit in Form von Überstunden, Weihnachtsgeld oder Boni an. Entsprechend früher können Sie aufhören zu arbeiten. Die angesparte Summe bekommen Sie ausgezahlt. Auch hier gibt's keinen Rechtsanspruch.

Teilrente

Mit der Teilrente soll der Übergang in den Ruhestand erleichtert werden. Versicherte können in diesem Fall steuern, in welchem Maß sie noch arbeiten oder in den Ruhestand gehen wollen. Dann beziehen sie sowohl das Gehalt aus der reduzierten Arbeitszeit als auch die Teilrente. Der Anteil der Teilrente kann bei den Altersrenten beliebig gewählt werden, solange er mindestens zehn Prozent oder höchstens 99,99 Prozent der Vollrente beträgt.

Gesetzliche Rente nachzahlen

Allen Unkenrufen zum Trotz: Es kann sich durchaus rechnen, freiwillig Beiträge in die gesetzliche Rentenversicherung nachzuzahlen und sich damit Rentenpunkte (→ Seite 91) zu kaufen.

Bis zum 45. Lebensjahr können Sie innerhalb bestimmter Grenzen Beiträge für Ausbildungszeiten nachzahlen. Dazu zählen

Zeiten für den Besuch einer Schule, Fach- oder Hochschule sowie für die Teilnahme an einer berufsvorbereitenden Bildungsmaßnahme zwischen dem 16. und 17. Lebensjahr.

Ab 50 Jahren können Sie unabhängig von Auflagen Rentenpunkte kaufen. Einzige Voraussetzung ist, dass die Käuferin schon zuvor einmal Einzahlungen in die gesetzliche Rentenversicherung geleistet hat. Die Einzahlungen lassen sich zugleich als Altersvorsorge von der Steuer absetzen. Wer die Einzahlung über mehrere Jahre streckt, kann den Freibetrag mehrfach nutzen.

Wer bislang gar nicht pflichtversichert ist, kann sich freiwillig gesetzlich rentenversichern. Und wer als Selbstständige, Frührentnerin oder Beamtin schon Rente bezieht, kann unter Umständen noch Beiträge nachzahlen. Das lohnt sich oft steuerlich.

GUT ZU WISSEN

Häusliche Pflege

Menschen, die Altersrente beziehen und eine Person mit mindestens Pflegegrad 2 im häuslichen Umfeld pflegen, können damit ihre Rente aufbessern. Sie müssen dafür pro Woche mindestens zehn Stunden pflegen, verteilt auf mindestens zwei Tage pro Woche.

Wie immer kommt es auf den Einzelfall an. Klären Sie Ihre Möglichkeiten kostenlos im Gespräch mit der Deutschen Rentenversicherung ab. Das Angebot gilt auch für alle, die noch keine Beiträge einzahlen.

Zahltag: Erspartes für den Lebensabend einteilen

Wenn Oda in Rente geht und ihre Sparziele erreicht hat, stellt sich die Frage: Wie soll sie das angesparte Kapital dann auf- oder einteilen? Regelmäßig etwas davon auszahlen und wie mit dem Rest verfahren? Gerade bei größeren Summen lohnt sich vorausschauende Planung, um weiterhin bestmöglich Zinsen oder Börsengewinne mitzunehmen.

Schauen wir uns beispielhaft an, wie Oda mit ihren Ersparnissen in Höhe von 100.000 Euro vorgehen kann.

BEISPIEL

1. Sie kann die 100.000 Euro zur Hälfte in Festgeld mit unterschiedlichen Laufzeiten anlegen. Die anderen 50.000 Euro verteilt sie auf zwei verschiedene ETFs. Je näher es auf ihren letzten Arbeitstag zugeht, desto genauer behält sie die Wertentwicklung der ETFs im Auge. Fallen die Kurse, beginnt sie umzuschichten. Dann verkauft sie die ersten Anteile ihrer ETFs und legt den Erlös in sicheres Festgeld an. Entwickeln sich die ETFs gut, behält sie sie und verkauft Anteile, wenn sie wieder für ein Jahr Zusatzrente benötigt. Sie berücksichtigt auch, dass ihre Kapitalerträge steuerpflichtig sind.

Oder:

2. Sie braucht in den ersten drei Jahren monatlich 300 Euro, also insgesamt 10.800 Euro ohne Zinsen. Über die restliche Anlagesumme will sie frühestens in drei Jahren verfügen. Diese Summe behält sie ein und verwahrt sie auf einem Tagesgeldkonto.

→ Aus den restlichen 89.2000 Euro bildet sie eine Zinstreppe. 50.000 Euro investiert sie in einen Sparbrief mit einer Laufzeit von drei Jahren. Dafür gibt es – Stand 2024 – immerhin knapp 4 Prozent Zinsen pro Jahr oder insgesamt etwa 6.000 Euro.

→ Weitere 20.000 Euro zahlt sie in einen Sparbrief mit einer Laufzeit von sechs Jahren ein. Dafür gibt es derzeit zwar etwas weniger Zinsen. Bei drei Prozent Zinsen pro Jahr sind es aber immer noch 3.600 Euro Obolus. Die restlichen 19.200 Euro packt sie in einen Sparbrief mit einer Laufzeit von zehn Jahren. Erhält sie dort vielleicht rund 4 Prozent Zinsen pro Jahr, sind das am Laufzeitende weitere 7.680 Euro zusätzlich.

→ Berücksichtigen muss sie bei ihrer Rechnung aber immer, dass noch Kapitalertragsteuer fällig wird, wenn die Kapitalerträge über dem Freibetrag von aktuell (2025) 1.000 Euro für eine Alleinstehende (Paare: 2.000 Euro) im Jahr liegen.

Auszahlplan bei einer Bank

Bei einem Bankauszahlplan legen Sparerinnen einen bestimmten Anlagebetrag für eine vertraglich festgelegte Dauer und Zinshöhe an. Zinsen und Kapital werden in gleichbleibenden Raten auf ein Referenzkonto ausgezahlt. Banken bieten Auszahlpläne für unterschiedliche Laufzeiten – zwischen zwei und 30 Jahren – an. Die angelegte Summe ist am Ende der Laufzeit dann in der Regel vollständig verbraucht. Insbesondere wer vorzeitig in den Ruhestand geht, kann von Banksparplänen profitieren. Denn damit können etwa Lücken bis zum Rentenbeginn ausgeglichen werden.

BEISPIEL

Wollen sie etwa vier Jahre lang monatlich rund 500 Euro zur Verfügung haben, müssen sie bei 3,50 Prozent Zinsen rund 22.390 Euro anlegen. 10.000 Euro reichen bei fünf Jahren Laufzeit und gleichem Zins für knapp 182 Euro pro Monat. Musterrechnung der Stiftung Warentest, Heft Juli 2023
www.test.de/node/5218018-0/

Bis zum Zeitpunkt der Auszahlung bleibt das Vermögen weiter investiert. Anlegerinnen können entscheiden, ob sie nur die Zinsgewinne erhalten möchten (Entnahmeplan mit Kapitalerhalt) oder sich auch einen Teil ihres Vermögens auszahlen lassen (Entnahmeplan mit Kapitalverzehr). Bei der Variante mit Kapitalverzehr muss genau geplant werden, damit es nicht zu früh aufgebraucht ist. Übrigens: Kapital aus Auszahlungsplänen ist voll vererbbar.

→ TIPP

Länger als zehn Jahre sollten Sie Ihr Kapital nicht binden. Verträge über Bankauszahlpläne lassen sich nicht ändern.

Sofortrente: Einmalzahlung an Versicherung

Die meisten Rentenversicherungen funktionieren so: Es werden viele Jahre lang Beiträge eingezahlt – und später gibt es dann eine Einmal- oder eine monatliche Rentenzahlung. Auf jeden Fall muss erst mal gewartet werden, bis es Geld gibt (die sogenannte Aufschubzeit).

Anders bei der Sofortrente: Wie der Name schon vermuten lässt, gibt es das Geld bei dieser Form der privaten Rentenversicherung direkt nach Abschluss des Vertrags direkt ausbezahlt. Dazu zahlen Sie zu Vertragsbeginn eine große Summe ein (vielleicht aus einer Erbschaft oder aus dem Verkauf einer Immobilie). Dieser Einmalbetrag ist Ihr Startkapital, aus dem der Versicherer eine in der Regel monatliche Rente kalkuliert und sich verpflichtet, diese lebenslang an die Versicherungsnehmerin zu zahlen. Vorteil: Bis zum Tod erhalten Sie Monat für Monat eine Zusatzrente. Und da kommt auch schon der Nachteil: Die Sofortrente ist eine Wette auf ein langes Leben. Zwar muss man sich keine Gedanken machen, in 30 Jahren ohne diese Zusatzrente dazustehen. Aber bei einem unerwartet schnellen Tod ist der Versicherer im Plus.

→ TIPP

Eine Sofortrente ist möglicherweise dann eine Option, wenn das Rentenalter in Sicht, Sie selbst fit und gesund sind und ein langes Leben erwarten. Jüngere Frauen sollten das Geld besser in Tages- oder Festgeld oder ETF-Sparpläne stecken.

Außerdem: Die sichere Rente ist mit Abstrichen bei der Rentenhöhe verbunden. Denn zum einen rechnen die Versicherer bei der lebenslangen Rente in der Regel mit einem Lebensalter über 90 Jahren, sodass sie die Rentenzahlung auf dieses Datum strecken. Abhängig von der Höhe der Einmalzahlung fällt die monatliche Rente entsprechend gering aus. Geringer Garantiezins (→ Seite 102) und magere Überschussbeteiligung (→ Seite 103) sowie die Inflation (→ Seite 93) tun ein Übriges, dass die Sofortrente immer weniger wert ist.

GUT ZU WISSEN

Sofortrente nicht vererbbar

Vermögen, das in die Sofortrente eingezahlt wird, ist nicht vererbbar. Bei Ihrem Tod kommt es in den Topf des Versicherers. Zwar kann eine Hinterbliebenenversicherung vereinbart werden, sodass die Familie eine Zeitlang weiterhin eine Rente erhält. Diese sogenannte Rentengarantiezeit wird allerdings mit Abschlägen bei der monatlichen Rente erkauft. Die Hinterbliebenenabsicherung führt also dazu, dass sich die Sofortrente noch weniger lohnt.

Bei einem Test Ende 2022 hat die Stiftung Warentest unter die Lupe genommen, welche Anbieter die höchsten Sofortrenten zahlen. Gute oder sehr gute Tarife gab es leider nicht. Die Spanne reichte von befriedigend bis mangelhaft.
www.test.de/node/5250384-0/

Weiterarbeiten trotz Rente

Es geht aber auch ganz anders. Niemand hindert Sie daran, als Rentnerin oder Früh-Rentnerin noch einige Stunden pro Woche weiterzuarbeiten. Das frischt nicht nur die Haushaltskasse auf. Es bedeutet auch soziale Kontakte und hält den Verstand geschmeidig. Seit 2023 gibt es bei vorgezogenen Altersrenten keine Hinzuverdienstgrenzen mehr. Der Staat ist froh, je länger Fachkräfte arbeiten. Sie können seither Rente und Arbeitsentgelt gleichzeitig bekommen.

Weil Sie von Ihrem Gehalt weiterhin Beiträge in die gesetzliche Rentenversicherung einzahlen, bessern Sie so zusätzlich Ihre späteren Auszahlungen auf. Allerdings müssen Sie auch auf dieses Zubrot Kranken- und Pflegeversicherungsbeiträge zahlen, ab einer bestimmten Höhe auch Steuern.

Ob dieses Doppeleinkommen so wie heute auch noch in zehn oder zwanzig Jahren möglich sein wird? Das hängt von vielen Faktoren ab. Zum Beispiel, wie viel Geld in der staatlichen Rentenkasse sein wird oder ob der Arbeitsmarkt weiter dringend Fachkräfte brauchen wird. Das ist eine politische Entscheidung.

Weiterarbeiten ohne Rentenbezug

Sie können über die Regelaltersgrenze hinaus auch weiterarbeiten und ihre Regelaltersrente gar nicht in Anspruch nehmen. In diesem Fall erhalten Sie für jeden Monat des späteren Rentenbeginns einen Zuschlag von 0,5 Prozent auf Ihre Rente. Somit erhöht sich die Altersente bei einem um ein Jahr verschobenen Rentenbeginn bereits um sechs Prozent. Zudem bringen die dann gezahlten Rentenbeiträge zusätzlich ein Rentenplus.

Rente und Steuern

Wichtig ist auch die Frage, wie viel Steuern Sie im Alter auf Ihre Rente und andere Einkünfte zahlen müssen. Das Thema ist sehr komplex, deshalb hier nur die wichtigsten Punkte.

Seit 2005 gilt für Altersrenten die nachgelagerte Besteuerung. Das bedeutet, dass die Beiträge zur Rentenversicherung steuerfrei sind, dafür aber später die Rente versteuert werden muss. Allerdings wurde der Einstieg in die nachgelagerte Besteuerung nicht in einem Schritt vollzogen. Bis 2040 gibt es eine Übergangsphase, in der nur ein Teil der Rente zu versteuern ist (die Bundesregierung hat angekündigt, den Übergangszeitraum bis zur Vollversteuerung der Renten bis zum Jahr 2058 zu strecken).

Besteuerungsanteile bei Rentenbeginn

RENTENBEGINN	BESTEUERUNGSANTEIL	STEUERFREIER ANTEIL
2025	85 Prozent	15 Prozent
2030	90 Prozent	10 Prozent
2035	95 Prozent	5 Prozent
2040	100 Prozent	keiner

Anders als Renten aus der gesetzlichen Rentenversicherung werden Leibrenten aus einer privaten Rentenversicherung regelmäßig mit dem günstigeren Ertragsanteil besteuert. Weil die Rentenbezieherin bereits Beiträge aus größtenteils versteuertem Einkommen eingezahlt hat, muss sie nur den im Rentenbetrag enthaltenen Zinsanteil versteuern. Der Ertragsanteil hängt davon ab, wie alt sie bei Beginn der Rente ist: Je jünger, umso höher. Nicht mit dem Ertragsanteil besteuert werden Rentenzahlungen aus einer privaten Versicherung, deren eingezahlte Beträge steuerlich begünstigt waren. Dazu gehören Rentenzahlungen aus einer privaten Rürup-Rente und einer privaten Riester-Rente.

→ TIPP

Detaillierte Informationen gibt es in der Broschüre „Versicherte und Rentner: Informationen zum Steuerrecht" der Deutschen Rentenversicherung.
www.deutsche-rentenversicherung.de

Rentnerinnen und Rentner haben einen Grundfreibetrag, den sie nicht versteuern müssen, nämlich das Existenzminimum. Dessen Höhe wird jährlich angepasst. 2025 liegt der Grundfreibetrag bei Alleinstehenden bei 11.940 Euro jährlich. Einkünfte neben der Rente wie Mieteinnahmen oder Einkünfte aus einer Nebenbeschäftigung werden eingerechnet.

Genau wie im Berufsleben kann man auch als Rentnerin einige Ausgaben steuerlich geltend machen und damit die Steuerlast senken. So mindern Werbungskosten das steuerpflichtige Einkommen und somit die Steuerlast. Und auch wenn Rentnerinnen keine weiteren Einkünfte mehr haben, rechnet das Finanzamt mindestens die Werbungskostenpauschale an. Als Freibetrag steht Ihnen der sogenannte Altersentlastungsbetrag zu, wenn Sie das 64. Lebensjahr vollendet und positive Einkünfte (zum Beispiel Rente, Arbeitslohn, Einkünfte aus Vermietung und Verpachtung) beziehen. Die Höhe des Altersentlastungsbetrags ist abhängig von Ihrem Geburtsjahr und der Höhe der Einkünfte. 2025 liegt der Höchstsatz bei 627 Euro.

Kranken- und Pflegeversicherung als Rentnerin

Viele vergessen beim Hochrechnen ihrer späteren Rente, dass sie darauf auch noch ihren Beitrag zur Kranken- und Pflegeversicherung zahlen müssen. Bei den Privatversicherten richtet sich die Summe nach ihrem persönlichen Tarif.

Die Erfahrung zeigt: Oft fallen vermeintlich günstig Privatversicherte im Alter aus allen Wolken, wenn sie sehen, wie teuer ihr Tarif im Laufe der Jahre geworden ist und wie schwer sie solche Summen aus ihrer Rente bezahlen können. Für privatversicherte Rentnerinnen kann es da manchmal eng werden, denn anders als die gesetzliche passt die private Krankenversicherung den Beitrag nicht an das niedrigere Einkommen im Rentenalter an. Und weil ein Wechsel von der privaten in die gesetzliche Krankenversicherung ab einem Alter von 55 Jahren kaum noch möglich ist, muss innerhalb des Systems der privaten Krankenversicherung nach Möglichkeiten gesucht werden, den Beitrag zu senken. Etwa, indem ein Selbstbehalt vereinbart oder ein bereits vereinbarter Selbstbehalt erhöht wird, der Leistungsumfang eingeschränkt oder in einen Sozialtarif (Standard- beziehungsweise Basistarif) gewechselt wird.

Für gesetzlich Krankenversicherte gilt: Freiwillig versicherte Rentnerinnen zahlen auf ihre gesetzliche Rente den allgemeinen Beitragssatz von 14,6 Prozent auf sämtliche Einkünfte (auch Kapitalerträge) – minus einem kleinen Freibetrag – plus Zusatzbeitrag, der von Kasse zu Kasse unterschiedlich ist. Gesetzlich pflichtversicherte Rentnerinnen zahlen die Hälfte, die Rentenversicherung übernimmt die andere Hälfte. Nicht vergessen: Zu den Einkünften zählen auch Betriebsrenten (allerdings gibt es einen monatlichen Freibetrag von aktuell – 2025 – 176,75 Euro), Witwen- oder Waisengeld sowie Renten aus Versorgungswerken für bestimmte Berufe.

Im Detail ist die Berechnung kompliziert, aber die Deutsche Rentenversicherung hilft weiter.

Vorhandenes Vermögen umschichten

Je näher Ihr Renteneintritt kommt, desto wichtiger wird ein kritischer Blick auf Ihre vorhandenen Geldanlagen.

Passen die vor vielen Jahren gewählten Risikoklassen eigentlich noch zu Ihrer aktuellen Lebenssituation? Viele Menschen fahren mit zunehmendem Alter etwa den Aktienanteil ihres Kapitals herunter und setzen stattdessen auf sicheres Festgeld. Kann man, muss man aber nicht. Es ist auch eine Frage des Alters: Mit 60 Jahren haben Sie zumindest laut Ihrer statistischen Lebenserwartung noch mehr als zwei Jahrzehnte, um einen möglichen Börsen-Crash auszusitzen, bis die Aktienkurs wieder gestiegen sind. Mit 75 Jahren sieht das anders aus.

Immobilie im Alter

Auch wenn es Banken und Bausparkassen so verkaufen: Eine selbst genutzte Immobilie ist kein sanftes Ruhekissen im Alter. Als Eigentümerin müssen Sie zwar keine Miete zahlen. Dafür müssen Sie von Ihrer Rente jede Menge andere Rechnungen für die Eigentumswohnung oder das Haus begleichen. Hausgeld, Grundsteuer, Wartungen. Ist Ihre Immobilie mit Ihnen zusammen alt geworden, werden Sie ganz tief in die Tasche greifen müssen. Dann wollen nicht nur laufende Instandhaltungskosten, sondern auch Sanierungsmaßnahmen bezahlt werden. Geht's an die Heizung oder das Dach, wird es schnell fünfstellig.

Und dass Immobilienwerte immer steigen, ist auch nur eine schöne Erzählung von Maklern und Kreditinstituten. Wie sich der Wert Ihres Eigentums in den kommenden 20 Jahren konkret entwickeln wird, ist Kaffeesatzleserei.

Wie lässt sich also im Alter finanziell das Beste aus einer selbst genutzten Immobilie machen? Sie haben die Wahl.

Kleiner setzen: Sie können eine Mietwohnung beziehen und die eigene Immobilie vermieten. Die Mieteinnahmen wären eine zusätzliche Einnahmequelle. Der Aufwand rund um die Immobilie bleibt aber weiter an Ihnen hängen.

Teilverkauf: Dafür können Sie zehn bis 50 Prozent der Immobilie an einen Investor „ideell" verkaufen. Das bedeutet: Er zieht nicht bei Ihnen ein, ihm gehört ab sofort nur ein Teil Ihres Hauses. Weil Sie aber weiterhin das Haus allein nutzen, müssen Sie dem Investor für seinen Anteil eine Miete zahlen. Das nennt sich nur anders, nämlich Nutzungsentgelt. Den von ihm erhaltenen Kaufpreis können Sie im Gegenzug entweder anlegen oder sich daraus eine monatliche Rente zahlen.

Aber Obacht: Rechnen Sie sich den erhaltenen Kaufpreis nicht schön. Ein Großteil des erhaltenen Betrags fließt als monatliches Nutzungsentgelt an den Investor zurück. Treffen Sie eine möglichst langfristige Vereinbarung zur Höhe des Entgelts, damit es nicht immer wieder erhöht wird. Zudem sind nicht alle Berechnungsmodelle fair für den Verkäufer. Gilt zum Beispiel der Verbraucherpreisindex als Maßstab, kann das Entgelt in Zeiten einer hohen Inflation dramatisch steigen. Auch die Instandhaltungskosten müssen Sie weiterhin zahlen.

Manchmal droht auch Krach. Etwa, wenn sich die Parteien nicht auf neue Konditionen einigen können oder die Alteigentümer versterben beziehungsweise ihren verbliebenen Anteil verkaufen wollen. Dann wird die vollständige Immobilie verkauft. Teilverkauf ist keine einfache Lösung.

Immobilienrente: Dabei verkaufen Sie Ihr Eigentum komplett, aber Sie erhalten ein meist lebenslängliches Wohnrecht. Im Gegenzug überweist Ihnen der private oder gewerbliche Investor keinen einmaligen Verkaufspreis, sondern eine monatliche Summe. Das nennt sich Leibrente. Die fällt aber oft niedriger aus als erhofft. Denn über ihre Höhe entscheiden der von den Eigentümern oft überschätzte Verkehrswert der Immobilie und das Lebensalter des oder der Verkaufenden. Entsprechend niedriger fällt die Rente aus, je jünger man ist. Eine Immobilienrente ist also eine Wette auf die eigene Lebenszeit.

Wichtig: Im Kaufvertrag muss auch geregelt werden, ob Ihre Erben eine Abschlagssumme bekommen, falls Sie eher als erwartet versterben.

Hausverkauf: Sie verkaufen Ihr Haus. Ziehen in eine Mietwohnung. Legen den Erlös an, etwa in Festgeld, und entnehmen Ihre monatliche Wunschrente. Damit sind Sie alle rechtlichen Verpflichtungen rund um Ihre Immobilie los, alle Wartungsarbeiten auch und können das Kapital immer wieder neu so flexibel anlegen, wie es zu Ihrer jeweiligen Lebenssituation passt.

GUT ZU WISSEN

Umkehrhypothek

Bei einer Umkehrhypothek vereinbaren Immobilieneigentümerin und Bank, dass eine Immobilienrente ausgezahlt wird. Damit lässt sich also eine Zusatzrente aus der Immobilie beziehen, ohne diese verkaufen oder vermieten zu müssen. Die Bank nutzt die Immobilie als Sicherheit für den Kredit. Nach dem Tod der Kundin kann sie die Immobilie verkaufen, um das Darlehen zu begleichen. Haken daran: Wollen die Erben die Immobilie behalten, müssen sie Darlehen plus Zinsen auf einen Schlag zurückzahlen. Vorsicht: Die Umkehrhypothek ist ein relativ teures Produkt. Dies betrifft sowohl den Zinssatz für das Darlehen als auch die anfallenden Gebühren. Und Eigentümer müssen weiter selbst für Reparaturen und Umbauten aufkommen.

Pflegefall: Wer zahlt?

Müssen Sie für die Pflege Ihrer Eltern zahlen? Mit Mitte Fünfzig wird diese Frage für viele Töchter und Söhne relevant. Denn wenn ein Elternteil zum Pflegefall wird, müssen die Kinder dafür unter Umständen finanziell aufkommen.

Pflege wird immer teurer. 2024 mussten Bewohnerinnen und Bewohner in Pflegeheimen monatlich im Schnitt 2.871 Euro Eigenanteil im ersten Jahr ihres Aufenthalts zahlen. Das können sich viele alte Menschen nicht mehr leisten – trotz Rente, Rücklagen und Leistungen aus der gesetzlichen Pflegekasse.

Die örtlichen Sozialämter übernehmen in solchen Fällen die finanzielle Lücke. Aber sie fordern das Steuergeld von den Kindern zurück. Denn die sind als Verwandte ersten Grades gesetzlich dazu verpflichtet, ihre bedürftigen Eltern finanziell zu unterstützen. Eigene und adoptierte Kinder ab einem eigenen Jahresbruttoeinkommen von 100.000 Euro werden zum Elternunterhalt herangezogen. Zu den Einnahmen zählen außer Lohn- oder Gehaltszahlungen auch alle anderen Geldquellen, etwa Mieteinnahmen oder Zinserträge.

Hat der oder die Pflegebedürftige mehrere Kinder, werden die Geschwister anteilig nach ihren finanziellen Möglichkeiten herangezogen. Stiefkinder und Kinder, die selbst jemanden pflegen, jedoch gar nicht.

GUT ZU WISSEN

Unterhaltspflicht

Wird die Jahresbruttogrenze von 100.000 Euro nicht erreicht, besteht auch keine Unterhaltspflicht aus vorhandenem Vermögen des Kindes. Es können nur die Kinder oder Eltern, nicht aber die Enkelkinder, zur Unterhaltsfinanzierung des Pflegebedürftigen verpflichtet werden. Auch für Geschwister, Cousins oder Onkel und Tanten besteht keine gesetzliche Pflicht, Pflegekosten füreinander zu übernehmen. Schwiegerkinder sind mit ihren Schwiegereltern nicht verwandt und damit auch nicht zu Unterhaltsleistungen verpflichtet.

→ TIPP

Ein Blick in Ihren aktuellen Einkommensteuerbescheid klärt, ob Sie zum Elternunterhalt herangezogen werden können. Nach der Auflistung der einzelnen Einkunftsarten wie zum Beispiel Ihr Gehalt (Einkünfte aus nichtselbstständiger Arbeit), der Einkünfte aus Vermietung und Verpachtung sowie der Kapitaleinkünfte wird eine „Summe der Einkünfte" gezogen. Liegt die über 100.000 Euro, müssen Sie Elternunterhalt zahlen.

Ihnen verbleibt jedoch ein Schonvermögen, das nicht angetastet werden darf. Dazu gehört unter anderem auch ein Schonbetrag von 10.000 Euro. Schließlich soll die Zahlung von Elternunterhalt nicht dazu führen, dass Sie im Alter selbst auf staatliche Unterstützung angewiesen sind. So ist beispielsweise Ihre private Altersvorsorge geschützt, auch Unterhaltsleistungen gegenüber dem Ex-Partner oder Kindern haben Vorrang. Eine selbst bewohnte Immobilie muss auch nicht verkauft werden, um die Pflegekosten der Eltern zu stemmen.

Geldsegen mit Tücken – Erben und Vererben

Spätestens mit 50 plus steht für viele Frauen das Thema Erbschaft erstmals ernstlich im Raum. Denn das Lebensende der Eltern rückt unweigerlich näher. Aber nicht erst, wenn der Nachlass an die nächste Generation geht, gilt: Erben und Vererben ist Arbeit. Und wer allein auf die gesetzliche Erbfolge vertraut, kann böse Überraschungen erleben.

An Vermögen mangelt es in Deutschland nicht: Geschätzte 400 Milliarden Euro werden jährlich vererbt oder verschenkt. Bei den staatlichen Finanzverwaltungen wurden im Jahr 2023 Erbschaften und Schenkungen im Wert von 121,5 Milliarden Euro erfasst, so das Statistische Bundesamt. Und das ist nur die Summe, auf die Erben oder Beschenkte tatsächlich Steuern zahlen mussten: nämlich rund 11,8 Milliarden Euro.

Die meisten Erbschaften, Vermächtnisse und Schenkungen liegen innerhalb der gesetzlich festgelegten Freibeträge, sodass sie in dieser Statistik gar nicht auftauchen. Doch selbst bei „kleineren" Vermögenswerten gilt: Erbinnen wie Vererbende sollten die wichtigsten Regeln des Erbrechts kennen, um durch Nachlassfragen nicht in finanzielle Abhängigkeiten zu geraten.

Grundzüge des Erbrechts

Grundsätzlich kann jede von jedem und jeder erben. Dafür braucht es aber ein Testament oder einen Erbvertrag. Darin kann bestimmt werden, wer mit welchem Anteil oder welchem Wertgegenstand bedacht werden soll. Wenn keine Regelungen getroffen wurden, gilt die gesetzliche Erbfolge: Nämlich alles geht an die Familie. Das heißt im Umkehrschluss: Falls Katharina und Oda verliebt, aber unverheiratet sterben, würden ihre Lebensgefährten oder -gefährtinnen von Gesetzes wegen nichts erben.

Als Alleinerbin erhalten Sie den gesamten Nachlass. Das bedeutet: Alles, was dem Erblasser gehörte – und alle Schulden, die er hatte. Gibt es mehrere Erben, steht jedem Miterben der gesetzlich oder testamentarisch festgelegte Anteil am Nachlass zu.

Wollen Sie das Erbe zum Beispiel wegen Überschuldung nicht annehmen, können Sie es ausschlagen. An Ihrer Stelle erbt dann die nächste Person aus der gesetzlichen Erbfolge. Das ist vor allem wichtig für Julia und Katharina: Wenn sie das Erbe ausschlagen, landet es automatisch bei ihren Kindern. Sind Tochter oder Sohn noch minderjährig, sollten die Eltern ein etwa verschuldetes Erbe deshalb auch für sie ablehnen.

Gesetzliche Erbfolge

Der Gesetzgeber hat die Reihenfolge, nach der geerbt wird, genau festgelegt.

Für Ehepaare gilt: Der hinterbliebene Ehepartner oder die -partnerin ist gesetzlicher Erbe beziehungsweise Erbin. Aber nicht automatisch der Alleinerbe. Für ein Paar mit Kindern heißt das: Stirbt etwa der Vater, erben die Mutter und die Kinder. Wie hoch das Erbe konkret ausfällt, hängt jedoch von zwei Faktoren ab: Zum einen, in welchem Güterstand – also Zugewinngemeinschaft oder Gütertrennung (→ Seite 117) – die Eheleute leben. Zum anderen ist entscheidend, ob und welche Verwandten insgesamt erben.

Das Beispiel zeigt schon eine wichtige Regelung des gesetzlichen Erbrechts: Solange Erben und Erbinnen einer vorherge-

§ GRUNDLAGEN

Fünf Ordnungen gesetzlicher Erbinnen und Erben

Gesetzliche Erben der

- → ersten Ordnung sind die Nachkommen des Verstorbenen, also Kinder und erbberechtigte Enkelkinder, falls deren erbberechtigter Elternteil schon gestorben ist.
- → zweiten Ordnung sind die Eltern der vererbenden Person; Geschwister, Neffen und Nichten.
- → dritten Ordnung sind die Großeltern der vererbenden Person und deren Abkömmlinge. Hier kommen Onkel, Tanten, Cousins und Cousinen ins Spiel.
- → vierten Ordnung sind die Urgroßeltern der vererbenden Person und deren Nachkommen.
- → fünften Ordnung sind die Ururgroßeltern der vererbenden Person und deren Nachkommen.

BEISPIEL

Julia und Philipp leben in einer Zugewinngemeinschaft. Beim Tod von Philipp würde ihr Erbteil drei Viertel des Nachlasses betragen; ein Viertel würde den noch lebenden Eltern von Christian zustehen. Nach der Geburt ihres gemeinsamen Kindes ändert sich dann die Erbfolge: An Julia wie an das neue Familienmitglied würde jeweils die Hälfte des Erbes gehen. Philipps Eltern bekämen dann nichts mehr.

henden Ordnung vorhanden sind, werden alle weiteren Verwandten von der gesetzlichen Erbfolge ausgeschlossen.

Hinterlässt die vererbende Person mehrere Kinder, so erben diese zu gleichen Teilen. Auch ein minderjähriges Kind kann Erbe oder Erbin sein. Die gesetzlichen Vertreter, also in der Regel die Eltern, nehmen dann die Erbschaft an.

GUT ZU WISSEN

Seit dem 1. April 1998 sind nicht eheliche Kinder ehelichen gleichgestellt. Das heißt, auch sie haben einen gesetzlichen Anspruch auf alle Teile des Nachlasses und werden Mitglied einer Erbengemeinschaft (→ Seite 189).

Erben ist nicht einfach. Denn wenn ein Nahestehender stirbt, gilt es, unter Zeitdruck zu handeln. Oft streiten sich auch noch die Geschwister. Das klingt nach viel Stress. Die Juristin Dr. Stephanie Herzog erklärt im Interview (→ Seite 186), wie er sich vermeiden lässt.

Der Fiskus erbt mit

So wie der Fiskus von dem mühsam erarbeiteten Einkommen Steuern zur Finanzierung des Gemeinwesens einfordert, so hält er es auch mit Geldsegen aus einer Erbschaft. Wer für sein Geld arbeitet, soll nicht schlechter gestellt werden als jemand, dem oder der es in den Schoß fällt. Deswegen muss jedes Erbe versteuert werden. Im Detail kommt es dabei auf den Verwandtschaftsgrad und Freibeträge an. Erben Sie unterhalb Ihres Freibetrags, müssen Sie dem Fiskus auch nichts abgeben.

„Erben ist Arbeit"

DR. STEPHANIE HERZOG, Fachanwältin für Erbrecht in Würselen

Welche Fehler machen Erbinnen unter Stress?
Manche verfallen in wilden Aktionismus. Dabei müssen Sie erst mal gar nichts tun. Sie können in Ruhe die Beerdigung organisieren und Kraft sammeln. Sie haben sechs Wochen Zeit zu entscheiden, ob Sie ein Erbe annehmen oder ausschlagen. Stichtag für den Beginn dieser Frist ist dabei nicht der Todestag, sondern der Tag, an dem Sie von dem Erbe erfahren.

Was sollte man auf keinen Fall machen?
Wichtig ist es, keine Handlung auszuführen, die nur den Erben zusteht. Das passiert schnell. Beispielsweise bieten Beerdigungsinstitute an, laufende Verträge des Verstorbenen, etwa Zeitungsabos, zu kündigen. Wenn die Institute aufgrund der Vollmacht eines potenziellen Erben handeln, kann man dadurch das Erbe schon angenommen haben. Das lässt sich – wenn überhaupt – nur mit großem Aufwand rückgängig machen. Eine Beerdigung darf man aber immer organisieren.

Oft befürchten Erben, dass der Verstorbene verschuldet war. Was dann?
Erben ist Arbeit: Checken Sie in Ruhe die Finanzen des Verstorbenen. Organisieren Sie die Passwörter zu dessen wichtigsten Mailadressen: Viele Menschen bewahren inzwischen ihre Bank- und sonstigen Unterlagen digital auf dem Rechner statt im Aktenordner auf. Damit die Banken Auskunft geben dürfen, müssen die Erben einen Erbschein beim örtlichen Nachlassgericht beantragen und ihn der Bank vorlegen. Wenn sich danach herausstellt, dass das Erbe überschuldet ist, kann die damit verbundene Annahme der Erbschaft durch Anfechtung rückgängig gemacht werden. Ich erlebe es oft, dass ein Erbe gar nicht wie befürchtet überschuldet ist. Manchmal hatte der Verstorbene Geldanlagen, die die Erben nicht kannten, oder er hat die Verbindlichkeiten längst beglichen. Wenn die Nachlassverpflichtungen das Erbe tatsächlich übersteigen, schlagen es die meisten Menschen aus. Grundsätzlich kann man aber immer auch ohne Ausschlagung die Haftung für Nachlassverpflichtungen auf das Kapital aus dem Erbe begrenzen. Komplizierter wird es, wenn das Erbe auch Unternehmensanteile enthält. Hier gelten andere Fristen und juristischer Rat ist wichtig.

Wie lässt sich ein Erbstreit unter Geschwistern verhindern?
Gar nicht: Eine Erbengemeinschaft ist eine Zwangsgemeinschaft, die in einer psychisch schwierigen Lage einstimmig entscheiden muss. Wo gäbe es da keinen Är-

ger? Unter Geschwistern geht es zudem oft um alte Verletzungen. Mein Rat: Lassen Sie alle Schwiegerkinder außen vor. Nur die Geschwister sollten sich treffen und klären: Wer hat welche Bedürfnisse? Gegenseitige Vorwürfe helfen ebenso wenig wie missverständliche Diskussionen in WhatsApp-Gruppen. Die taugen nur für Organisatorisches! Ist keine Einigung möglich, hilft es oft, wenn die Geschwister zurücktreten und Anwälte ihre Interessen vertreten lassen. Die klären das sachlich.

Woran erkennt man gute Fachanwälte für Erbrecht?
Laufen Sie weg, wenn Ihnen ein Anwalt nach fünf Minuten sagt: Ich habe alles verstanden, der Fall ist einfach und ich kläre das alles. Erbrecht ist nicht einfach. In einer Erstberatung erklärt ein guter Anwalt oder Anwältin, was möglich ist und was nicht. Oft ist ein Vergleich ohnehin sinnvoller und günstiger als der Rechtsweg.

Wie kann man es für den eigenen Todesfall besser machen?
Machen Sie ein Testament und formulieren Sie es individuell. Vertrauen Sie keinen vorgefertigten Vorlagen, auch nicht vom Notar und schon gar nicht von ChatGPT. Sprechen Sie mit Ihren Kindern über Ihren letzten Willen. Und machen Sie sich klar: 100-prozentige Kontrolle über Ihr Erbe ist unmöglich. Nach Ihrem Tod sind Sie dafür nicht mehr zuständig.

Freibeträge beim Erben

Bei Eheleuten sind es 500.000 Euro Freibetrag, bei Kindern 400.000 Euro, bei Enkelinnen und Enkeln 200.000 Euro. Väter und Mütter eines Verstorbenen steht ein Freibetrag von 100.000 Euro zu. Geschwister, Nichten und Neffen dürfen sich über 20.000 Euro steuerfreies Erbe freuen. Unverheiratet, stehen auch dem Lebenspartner nur 20.000 Euro Freibetrag zu. Diese Regelung hat schon für böse Überraschungen gesorgt.

GUT ZU WISSEN

Selbstgenutzte Immobilie

Als Witwe können Sie das Familienheim steuerfrei übernehmen. Unter einer Voraussetzung: Sie müssen in den zehn Jahren nach der Erbschaft selbst in der Eigentumswohnung oder dem Haus wohnen. Kinder können das Familienwohnheim steuerfrei erben, wenn sie die Immobilie zehn Jahre selbst nutzen und die Wohnfläche 200 Quadratmeter nicht übersteigt.

Verwandtschaftsgrad und Freibeträge

PERSONEN	FREIBETRAG IN EURO
Ehemann/Ehefrau und eingetragene Lebenspartner/Lebenspartnerin	500.000
Eheliche und nicht eheliche Kinder Adoptivkinder und Stiefkinder sowie Kinder von bereits verstorbenen Kindern	400.000
Enkel, Urenkel	200.000
Eltern, Großeltern (bei einer Erbschaft im Todesfall)	100.000
Eltern, Großeltern (bei Schenkungen zu Lebzeiten) Geschwister, Neffen und Nichten, Stiefeltern, Schwiegereltern und -kinder, geschiedener Ehemann oder geschiedene Ehefrau (bei Erbschaften im Todesfall)	20.000
Übrige Personen der Steuerklasse III (z. B. Partner einer eheähnlichen Lebensgemeinschaft)	20.000

Das Erbschafts- und Schenkungssteuerrecht unterscheidet drei Steuerklassen. Auch hier gilt: Je enger das verwandtschaftliche Verhältnis der Beteiligten zueinander ist, desto niedriger ist die Steuer.

Zur günstigsten Steuerklasse I gehören etwa Ehemann, Ehefrau, eingetragene Lebenspartner oder -partnerin, Kinder, Enkel. Zur Steuerklasse II zählen Eltern und Großeltern, Geschwister oder auch der geschiedene Ehepartner. In die Steuerklasse III sind entferntere Verwandte wie Cousinen und Cousins, nicht eheliche Lebenspartner und -partnerinnen sowie Freundinnen und Bekannte eingruppiert.

BEISPIEL

Eine nicht eheliche Lebenspartnerin erbt 100.000 Euro. Ihr steuerlicher Freibetrag liegt bei 20.000 Euro, der bei Erbschaften vorgesehene Satz in der Steuerklasse III beträgt 30 Prozent. Sie muss also 30 Prozent Erbschaftssteuer auf 80.000 Euro zahlen – in diesem Fall 24.000 Euro, der Freibetrag (hier 20.000 Euro) wird zunächst abgezogen.

Steuersätze

WERT DES STEUERPFLICHTIGEN ERWERBS DURCH ERBE BIS EINSCHLIESSLICH	PROZENTSATZ IN DER STEUERKLASSE		
	I	II	III
75.000 Euro	7	15	30
300.000 Euro	11	20	30
600.000 Euro	15	25	30
6.000.000 Euro	19	30	30
13.000.000 Euro	23	35	50
26.000.000 Euro	27	40	50
über 26.000.000 Euro	30	43	50

Übersteigt das steuerpflichtige Erbe eine dieser Grenzen – also beträgt es etwa 300.001 Euro – so wird die gesamte Erbschaft oberhalb des Freibetrags nach dem maßgeblichen Steuersatz besteuert.

Erbengemeinschaft

Bei der gesetzlichen Erbfolge entsteht in den meisten Fällen eine Erbengemeinschaft. Vor allem Geschwister, Nichten und Neffen müssen dann gemeinsam entscheiden – ob sie wollen oder nicht. Der Gesetzgeber will es so. Wehren kann man sich dagegen in der Regel nicht. In einer Erbengemeinschaft haften alle auch gemeinsam für die Schulden des oder der Verstorbenen.

→ TIPP

Solange der Nachlass nicht unter den Miterben aufgeteilt ist, kann eine Miterbin, die mit Forderungen eines Nachlassgläubigers konfrontiert wird, darauf verweisen, dass diese nach der Aufteilung aus dem Nachlass beglichen werden. So kann sie verhindern, dass sie auch mit ihrem Privatvermögen haftet.

Am häufigsten bringen Immobilien eine Erbengemeinschaft in Schwierigkeiten. Denn alle Beteiligten müssen sich einigen, was damit passieren soll. Behalten, vermieten, verkaufen? Egal wie, die Erben entscheiden gemeinsam. Wenn auch nur eine oder einer ausschert, wird die Zwangs-Gemeinschaft handlungsunfähig. Dabei spielt es keine Rolle, wie groß oder klein der Erbanteil des Nein-Sagers ist.

In der Praxis ist das ein Eiertanz. Eine Schwester will das Elternhaus erhalten, die andere bräuchte dringend das Geld aus dem Verkauf. Keine hat Recht oder Unrecht, aber berechtigte unterschiedliche Interessen.

Düster sieht es aus, wenn sich eine Erbengemeinschaft gar nicht mehr einigen kann. Jeder Miterbe und jede Miterbin kann grundsätzlich jederzeit die Teilung des Nachlasses, die sogenannte Auseinandersetzung, einfordern. Sind die Verbindlichkeiten aus dem Nachlass bezahlt, kann ein Miterbe gegenüber den anderen verlangen, dass der Nachlass verteilt wird. Dieser Anspruch muss gegebenenfalls eingeklagt werden. Das kostet alle Beteiligten Nerven und Anwaltshonorar.

Jeder Erbe kann seinen Anteil auch verkaufen. Dann haben die Miterben aber ein Vorkaufsrecht.

Vermögen durch Schenkung übertragen

Möchten Sie es Ihren eigenen Erben so leicht wie möglich machen? Das ist gar nicht schwer. Sie können zum Beispiel schon zu Lebzeiten jederzeit jede Ihnen nahestehende Person mit einer Schenkung beglücken.

> **! ACHTUNG**
>
> Eine Schenkung ist aber ein riskantes Rechtsgeschäft! Schließlich verlieren Sie als Schenkende Vermögen. Daher sollten Sie gut überlegen, ob das vernünftig ist. Denn eine Rückforderung ist nur in Ausnahmefällen wie schweren Verfehlungen und grobem Undank gegenüber dem Schenkenden möglich.

So übertragen Eltern häufig schon vor ihrem Tod Vermögen ganz oder teilweise an Kinder oder Enkelkinder. Auch Ehepartner dürfen einander großzügig Vermögen schenken.

Vor allem, wenn Wohneigentum schon zu Lebzeiten übertragen wird, sollte Vorsorge getroffen werden. Wer darf das Haus oder die Wohnung dann noch mit welchen Rechten und Pflichten nutzen? Häufig wird ein sogenanntes Nießbrauchsrecht eingeräumt. Heißt: Sie können die Immobilie weiter uneingeschränkt nutzen, aber Sie gehört dem Beschenkten. In diesem Fall ist es wichtig schriftlich festzulegen, wer von beiden im Laufe der Zeit für Unterhaltungs- und Sanierungskosten aufkommt.

Eine Schenkung ist auch ein Steuersparmodell. Hier fallen viel niedrigere Summen an, als wenn die milde Gabe erst nach dem Tod vererbt würde. Wie immer gilt auch hier: Es gibt ein paar Vorgaben zu bedenken.

Aus Sicht des Finanzamts dürfen die Deutschen alle zehn Jahre Ehepartner, Kinder, Freunde und Verwandte steuerfrei innerhalb der jeweiligen Freibeträge beschenken. Hier gelten dieselben Größenordnungen wie beim Erben. Eheleute dürfen sich gegenseitig Vermögen im Wert von 500.000 Euro ohne Abgabe ans Finanzamt schenken. Bei Kindern sind 400.000 Euro steuerfrei. Die Enkel dürfen sich über steuerfreie 200.000 Euro freuen und Eltern sowie Großeltern über 20.000 Euro. Das ist alle zehn Jahre wieder möglich.

Bei wohlhabenderen Familien sind Schenkungen daher ein steuersparendes Modell, um über Jahre und Jahrzehnte gezielt Vermögen weiterzugeben. Im optimalen Fall ist das Vermögen verteilt, solange der Schenkende noch lebt und niemand der Bedachten muss Steuern darauf zahlen.

Die Schenkungssteuer ist – wie beschrieben – erst oberhalb der Freibeträge fällig. Wie hoch die Summe dann tatsächlich ist, hängt – wie bei der Erbschaftssteuer – auch bei einer Schenkung vom Verwandtschafts-

! WICHTIG

Kettenschenkung

Angenommen, Sie möchten Ihrer Enkelin eine Eigentumswohnung im Wert von 300.000 Euro schenken. Deren Freibetrag beträgt aber nur 200.000 Euro. Auf die Differenz von 100.000 Euro müsste die junge Frau also Schenkungssteuer zahlen. In ihrem Fall wären das elf Prozent, also 11.000 Euro. Das geht auch anders. Nämlich indem Sie die Wohnung erst Ihrem Sohn statt Ihrer Enkelin schenken. Ihr Sohn hat einen Freibetrag von 400.000 Euro. Weil die Wohnung weniger wert ist, fällt keine Steuer an. Ihr Sohn kann die Wohnung im zweiten Schritt seiner Tochter, Ihrer Enkelin schenken. Dann hat die junge Frau als Tochter einen Freibetrag von 400.000 Euro statt 200.0000 Euro für eine Enkelin. Also muss sie für die Wohnung gar keine Steuer zahlen. Aber Vorsicht: Hier könnte eine verbotene Kettenschenkung und damit ein Missbrauch der Steuervorschriften vorliegen. Sie sollten in jedem Fall vermeiden, dass mit der Schenkung ausdrücklich eine Verpflichtung zur Weitergabe verbunden ist. Außerdem sollte vor der Weitergabe auch eine „Anstandsfrist“ von mindestens einem Jahr abgewartet werden.

grad ab. Der Steuersatz reicht von 7 bis 50 Prozent. Am stärksten langt das Finanzamt bei Lebensgefährten und Freunden zu. Sie kommen bei mehr als 20.000 Euro an geerbtem oder geschenktem Vermögen nicht an der Steuer vorbei.

Einen Notar braucht man für eine Schenkung nicht, wenn diese sofort erfolgt, also beispielsweise der Geldbetrag direkt an den Beschenkten überwiesen wird. Wird allerdings eine Immobilie verschenkt, muss dies notariell beurkundet werden. Das gilt auch, wenn sich der Schenkende vertraglich zu einer Leistung gegenüber dem Beschenkten verpflichtet (sogenanntes Schenkungsversprechen). In jedem Fall muss die Schenkung dem Finanzamt angezeigt werden. Das gilt auch, wenn sie niedriger als der Freibetrag ist. Das Amt soll prüfen können, ob Steuern fällig sind oder nicht.

Eine Schenkung kann weit mehr sein als eine Kleinigkeit oder ein Grundstück in Seelage. Als Schenkung betrachtet der Gesetzgeber beispielsweise auch die Abfindung wegen Erbverzicht oder einen vorzeitigen Erbausgleich. Da wird es endgültig kompliziert und der Besuch eines kundigen Steuerberaters lohnt sich.

GUT ZU WISSEN

Rückwirkende Besteuerung

Verstirbt der Schenkende innerhalb von zehn Jahren nach seiner Gabe, bekommt der Beschenkte Post vom Finanzamt. Dann wird die Schenkung nämlich ganz oder zum Teil doch noch steuerpflichtig. Sie wird auf ein mögliches Erbe angerechnet. Immerhin nicht auf die ganze Summe. Denn nur Schenkungen im Jahr vor dem Tod müssen vollständig versteuert werden. Danach verringert sich der zu versteuernde Anteil mit jedem Jahr vor dem Tod um 10 Prozent. Nach fünf Jahren ist beispielsweise nur noch die Hälfte steuerpflichtig.

Vermögen durch Testament übertragen

Grundsätzlich ist ein Testament eine gute Erfindung: Zu Lebzeiten wird hierin mit klarem Kopf festgelegt, was mit dem Erbe passieren soll. Dieser letzte Wille wird handschriftlich niedergeschrieben sowie mit Datum und Unterschrift versehen. Diese Formalien müssen eingehalten werden. Es reicht rechtlich nicht, einen Text am Computer aufzusetzen, auszudrucken und dann zu unterschreiben. Dann ist das Testament ungültig!

→ TIPP

Vorsicht vor Standardvorlagen für ein Testament aus dem Internet. Diese Verfügung ist eine sehr individuelle Sache. Nehmen Sie sich Zeit für Ihre letzten Wünsche und formulieren Sie sie so präzise wie möglich selbst. Ach ja, und man sollte Ihre Schrift lesen können.

Tatsächlich gibt es ein paar mehr Dinge zu bedenken. Alle Formulierungen müssen kristallklar und eindeutig sein. Ein Satz wie: „Wer mich pflegt und bis zum Tod begleitet, soll Alleinerbe sein." ist uneindeutig. Er öffnet einem Streit mit Miterben Tür und Tor.

Sie dürfen Auflagen und Bedingungen in Ihrem Testament formulieren: Etwa, dass ein Enkelkind nur dann erbt, wenn es die Schule abgeschlossen hat. Das ist durchaus sinnvoll, weil es vorher vermutlich nicht mit Geld oder anderem Erbe umgehen kann. Wichtig ist in jedem Fall, dass sich die Erbeinsetzung entweder auf den gesamten Nachlass oder auf einen Bruchteil, zum Beispiel ein Viertel, bezieht. Einzelne Gegenstände können nicht vererbt werden, sondern werden einer Person konkret vermacht. Diese erhält nur diesen Teil und zählt nicht zur Erbengemeinschaft. Dann gilt für den Rest des Vermögens die gesetzliche Erbfolge.

Sie können in Ihrem Testament auch festlegen, wer ausdrücklich nichts erben soll. Warum Sie diejenige enterben? Dafür müssen Sie nicht einmal einen Grund angeben. Allerdings hat der Gesetzgeber Grenzen gesetzt: Auch wenn Kinder, Eltern oder ein Ehepartner, so die Ehe bis zum Tod bestand, enterbt werden, haben sie Anspruch auf ihren gesetzlichen Pflichtteil.

GUT ZU WISSEN

Pflichtteilsrecht

Jede vererbende Person kann selbst entscheiden, an wen ihr Vermögen nach ihrem Tod gehen soll. Diese sogenannte Testierfreiheit beinhaltet auch, dass sie gesetzliche Erben ausschließen kann. Eingeschränkt wird diese Freiheit jedoch durch den Pflichtteil. Den nächsten Familienangehörigen will der Gesetzgeber einen Mindestanteil am hinterlassenen Vermögen garantieren. Dazu zählen Ehefrau oder -mann, die Nachkommen – auch nicht eheliche und adoptierte Kinder – und die Eltern der vererbenden Person. Der Anspruch auf den Pflichtteil kann nur bei sehr schwerwiegendem Fehlverhalten entzogen werden.

Die Höhe des Pflichtteils beträgt die Hälfte des gesetzlichen Erbteils. Dieser bemisst sich nach dem Wert des Nachlasses und der Anzahl der Erben.

Enthält Ihr Testament komplizierte Regelungen, ist nicht nur steuerlicher, sondern auch juristischer Rat gefragt. Denn der Gesetzgeber macht es auch hier seinen Bürgerinnen nicht leicht. So unterscheidet er zwischen Allein- und Miterben, Vollerben und Vorerben, Ersatz- und Nacherben. Und es gibt sogar den Ersatz-Ersatzerben. Welche Nicht-Juristin behielte da den Überblick?

Wenn Sie Ihr Testament beim örtlichen Amtsgericht hinterlegen, stellen Sie damit sicher, dass es nach Ihrem Tod auch gefunden wird. Das Amtsgericht wird darüber automatisch informiert und benachrichtigt dann die Erben.

Berliner Testament

Julia und Philipp wollen sich gegenseitig als Erben einsetzen: Der oder die Längerlebende erbt alles. Erst nach dessen Tod soll das gemeinsame Kind das gesamte verbliebene Vermögen beider Elternteile erben. Mit dieser als „Berliner Testament" bezeichneten Verfügung wollen viele Eheleute sicherstellen, dass beim Tod eines Partners der Längerlebende wirtschaftlich versorgt ist.

Insbesondere wenn das Erbe hauptsächlich aus einer selbst bewohnten teuren Immobilie oder einem großen Wertpapierdepot besteht, könnte der an die Kinder auszuzahlende Erbteil den Längerlebenden schnell finanziell überfordern. Aber haben Söhne und Töchter trotzdem Anspruch auf ihren Pflichtteil? Ja – aber da kann vorgebeugt werden. Entweder indem mit den (volljährigen) Kindern bereits zu Lebzeiten ein Pflichtteilsverzicht – notariell beurkundet – vereinbart wird. Oder aber indem in das Berliner Testament Klauseln aufgenommen werden, die es für die Kinder unattraktiv machen, den Pflichtteil in Anspruch zu nehmen. Also zum Beispiel die Regelung, diesen Sohn oder diese Tochter dann vom Schlusserbe des Längerlebenden auszuschließen.

Das Berliner Testament hat auch seine Tücken. Beispielsweise wenn die Witwe ein zweites Mal heiratet. Dann ginge bei ihrem Tod ihr Erbe nicht – wie einst im Berliner Testament der Eltern geplant – komplett an die gemeinsamen Kinder. Stattdessen stünde die Hälfte des Vermögens womöglich ihrem zweiten Ehemann zu. Was in diesem Fall passieren soll, kann eine Wiederverheiratungsklausel in dem Berliner Testament regeln. Eine Öffnungsklausel kann es dem Längerlebenden wiederum erlauben, von den gemeinsamen, grundsätzlich bindenden Verfügungen im Berliner Testament abzuweichen und beispielsweise ein Kind zu enterben oder unter den Kindern andere Erbteile festzulegen. In der Praxis kann das Fluch und Segen sein. Zudem bedeutet das Berliner Testament auch, dass der oder die Überlebende das gesamte eheliche Vermögen verbrauchen kann. Den Kindern bleibt dann nichts. Dafür müssen der Vater oder die Mutter gar nicht verschwenderisch leben. Das kann schon der Fall sein, wenn das vorhandene Vermögen für die Pflegekosten draufgeht.

Auch für Patchworkfamilien mit einseitigen und gemeinsamen Kindern der Eheleute kann ein Berliner Testament tückisch sein, wenn nicht genau festgelegt ist, welche Kinder (alle Kinder oder nur die leiblichen Kinder des Erblassers) als Schlusserben eingesetzt sind.

Das zeigt: Auch bei dem vermeintlich einfachen Berliner Testament sollten Sie sich vorab beraten lassen.

GUT ZU WISSEN

Kein Steuersparmodell

In Sachen Steuern ist das Berliner Testament kein Sparmodell: Dasselbe Vermögen ist zweimal zu versteuern, wenn die steuerlichen Freibeträge überschritten werden. Zunächst, wenn der Ehepartner oder die -partnerin erbt. Und dann, wenn das verbliebene Vermögen der Witwe oder des Witwers an die Kinder übergeht. Zudem können beim ersten Erbfall die Steuerfreibeträge der Kinder nicht genutzt werden.

Vermächtnis: Einzelne Gegenstände übertragen

Etwas zuwenden, aber nicht vererben – so lautet kurz gefasst die Überschrift für das Vermächtnis. Dafür wird im Testament festgehalten, dass einzelne Vermögenswerte einer bestimmten Person vermacht werden sollen. Also dass beispielsweise der Schmuck an eine Freundin, die Tauchausrüstung an den Neffen oder ein Grundstück an die Enkelin gehen soll. Ein Vermächtnis ist übrigens auch die Festlegung, dass etwa dem Patenkind bestehende Schulden erlassen werden sollen.

Die gute Gabe kommt aber nicht automatisch. Die Begünstigten müssen sich an die Erben wenden. Die wiederum sind verpflichtet, den vermachten Gegenstand oder das Geld aus dem Nachlass zu übergeben. Eine Steuer ist gegebenenfalls auch bei einem Vermächtnis zu zahlen.

Erben in der Patchworkfamilie

Das ist bitter: Das deutsche Erbrecht ist nicht auf „komplizierte“ Familienverhältnisse ausgelegt. Und das, obwohl mehr als ein Drittel aller hierzulande geschlossenen Ehen geschieden werden und viele Ex-Partner neue Familien gründen. Wer erbt dann was von wem?

Grundsätzlich gilt: Waren die Partner nicht verheiratet, erben jeweils nur die leiblichen Kinder. Für den Staat sind Lebensgefährtinnen und -gefährten keine Familienmitglieder. Sie haben auch lediglich einen Steuerfreibetrag von 20.000 Euro.

War das Paar verheiratet, erbt der oder die Längerlebende – neben den leiblichen (gemeinsamen und einseitigen) Kindern – die Hälfte des Nachlasses (bei einer Zugewinngemeinschaft, → Seite 116). Haben die Eheleute einer Patchworkfamilie kein Testament gemacht, hängt die Höhe des Erbes der nicht gemeinsamen Kinder daran, wer von beiden eher verstirbt. Ihr Erbe hängt also vom Zufall ab, könnte man auch sagen.

BEISPIEL

Die Eheleute A und B leben im Güterstand der Zugewinngemeinschaft. Ehemann wie Ehefrau haben jeweils ein Vermögen von 60.000 Euro. Sie haben zwei gemeinsame Söhne und jeweils eine Tochter aus einer früheren Beziehung. Die Grafik rechts zeigt, dass die Kinder der oder des Längerlebenden nach der gesetzlichen Erbfolge bevorzugt werden. Ein Teil des Vermögens des zuerst Versterbenden geht an die einseitigen Kinder des länger lebenden Ehemanns oder der länger lebenden Ehefrau.

GUT ZU WISSEN

Die gesetzliche Erbfolge in Patchworkfamilien ist ungerecht. Rechtssichere Verfügungen im Testament, die auch mögliche Pflichtteilsansprüche berücksichtigen, sind kaum ohne anwaltliche oder notarielle Beratung möglich.

Nachlasskosten

Wer erbt, zahlt erst einmal eine Menge Rechnungen. Nicht nur für die Beerdigung. An vielen Stellen regnet es Zahlungsaufforderungen. So schmelzen gerade kleine Erbschaften dahin.

Die Sterbeurkunde vom Standesamt am Wohnort des Verstorbenen bekommen Sie günstig: Sie kostet 10 bis 15 Euro. Der Erbschein – damit können Sie nachweisen, dass Sie allein oder mit anderen gemeinsam Erbe sind – wird beim Nachlassgericht beantragt. Die Gebühr dafür richtet sich nach dem sogenannten Geschäftswert des Erbes. Dafür werden die Verbindlichkeiten von der Höhe des Nachlasses abgezogen. Hat der Verstorbene zum Beispiel ein Barvermögen von 200.000 Euro hinterlassen, aber auch noch einen Kredit über 100.000 Euro, liegt der Geschäftswert bei 100.000 Euro. Dann müssen Sie für den Erbschein und eine notwendige

Erben in der Patchworkfamilie

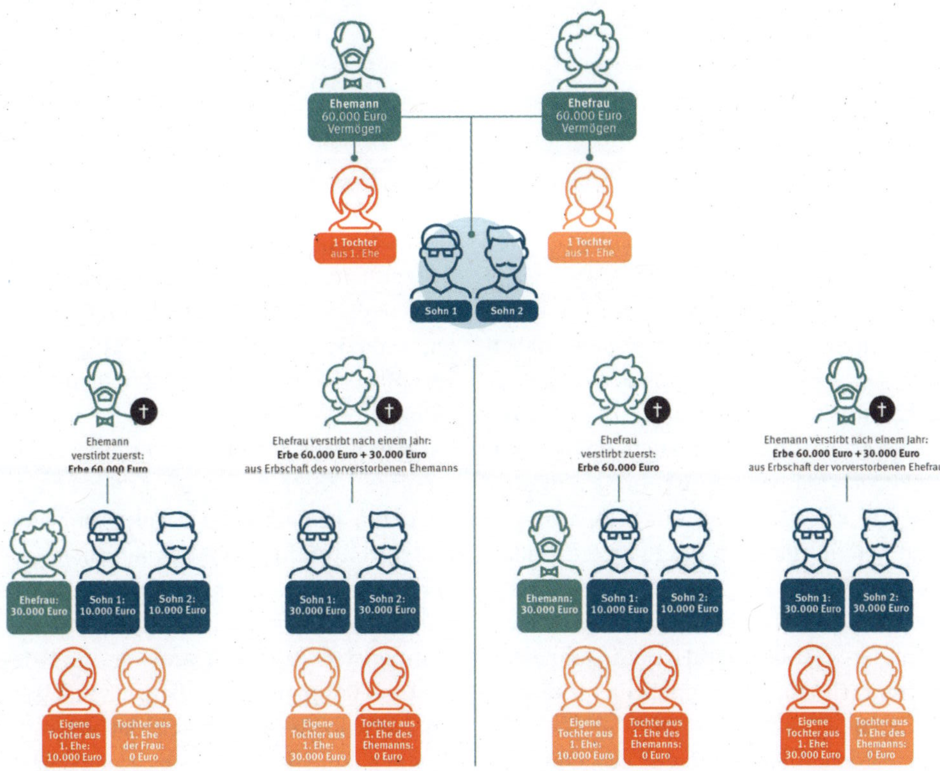

Diese Beispielfamilie zeigt, dass die Kinder des jeweils längerlebenden Elternteils bevorzugt werden.

eidesstattliche Versicherung 546 Euro Gebühr überweisen. Das war der günstige Teil.

Teurer wird es, wenn sich eine Erbengemeinschaft streitet. Dann können Kosten für die Erbauseinandersetzungsklage und etwa die Teilungsversteigerung einer Immobilie anfallen. Auch deren Höhe richtet sich nach dem Wert, um den gestritten wird.

Eine geerbte Immobilie bringt ebenfalls eine Vielzahl an Rechnungen mit sich. Viele Erben haben kein Interesse daran, in das alte Familienhaus einzuziehen. Die einen wohnen zu weit entfernt, die anderen haben längst eine eigene Wohnung oder ein Haus gekauft. Ein Verkauf erscheint die naheliegende Lösung. Aber auch vor diesem Geldregen müssen Sie erst einmal investieren. Die vier Wände entrümpeln, ausfegen und schon stehen die Kaufinteressenten Schlange? Diese Zeiten am Immobilienmarkt sind wohl vorbei. Und sie werden wegen der gestiegenen Hypothekenzinsen vermutlich auch so schnell nicht wiederkommen.

Also muss die Immobilie aufgehübscht werden. Nur so erweckt sie Interesse bei zahlungswilligen Käufern. In Zahlen heißt das: Je älter das Objekt ist, desto teurer wird es für Sie. Schalten Sie einen Makler für den Verkauf ein, umso mehr.

Dann müssen Wände gestrichen, manches renoviert und im teuersten Fall muss sogar einiges saniert werden. Gerade energetisch veraltete Häuser liegen wie Blei in den Immobilienportalen im Internet. Ohne einen Finger fürs Sanieren krumm zu machen, sind solche Häuser heute nur noch mit großen Abschlägen zu verkaufen. An dieser Stelle haben sich schon viele Erben, die viele Jahre still und leise auf ein hohes Erbe spekulierten, böse verkalkuliert.

Aber auch, wer das Haus behält und einzieht, braucht Rücklagen. Sie müssen für die Instandhaltung aufkommen. Wollen Sie das Haus oder die Eigentumswohnung vermieten, reduzieren Hausgeld, Rücklagen und Verwaltungskosten Ihre monatlichen Mieteinnahmen.

Aber nichts verzehrt ein Erbe schneller als ein Streit. Zofft sich die Erbengemeinschaft um die Immobilie, hagelt es hohe Anwaltsrechnungen. Dann können auch Kosten für die Teilungsversteigerung der Wohnung oder des Hauses anfallen. Im schlimmsten Fall noch Anwalts- und Gerichtsgebühren für eine Erbauseinandersetzungsklage. Jeder Kompromiss ist günstiger.

Auch eine mögliche Testamentseröffnung geht ins Geld. Das Gleiche gilt für einen Nachlassverwalter. Vielleicht müssen die Erben auch einzelne Vermächtnisse auf Wunsch des Verstorbenen auszahlen. Gibt es pflichtteilsberechtigte Familienmitglieder, müssen auch die bedient werden.

Und dann kann da noch die Erbschaftssteuer drohen. Die gute Nachricht: Alle nachweisbaren Kosten, die mit dem Erbe in direktem Zusammenhang stehen, reduzieren die Steuerlast.

→ TIPP

Alles Wichtige übers Erben und Verschenken finden Sie im gleichnamigen Ratgeber der Verbraucherzentrale **www.ratgeber-verbraucherzentrale.de**

Erbe ausschlagen

Ein Erbe ausschlagen: Auch dafür kann es gute Gründe geben. Es ist überschuldet, man konnte den Verstorbenen noch nie leiden. Aber allzu viel Zeit gewährt der Gesetzgeber für diese Entscheidung nicht. In der Regel sind es nur sechs Wochen. Die Uhr läuft ab dem Tag, an dem Sie als potenzielle Erbin von dem Erbfall erfahren. Hat der Verstorbene ein Testament gemacht, beginnt die Frist mit dem Erhalt des Briefes vom Nachlassgericht. Darin werden Sie nur informiert, dass es ein Testament gibt. Aber nicht darüber, was darin steht.

Haben entweder der Verstorbene oder die Erben im Ausland gelebt, bleiben immerhin sechs Monate Zeit, die Lage in Ruhe zu sortieren und ein Erbe auszuschlagen. Wenn Sie sich zu diesem Schritt entscheiden, müssen Sie ein Gericht darüber informieren. Das kann entweder das Nachlassgericht am letzten Wohnort des Verstorbenen sein oder das Amtsgericht an Ihrem Wohnort. Sie können dort persönlich erscheinen und Ihren Willen kundtun. Oder Sie beauftragen eine Notarin damit. Am Ende bleiben aber immer Sie dafür verantwortlich, dass das Gericht in der Sechswochenfrist von Ihrer Ausschlagung erfährt.

Ganz oder gar nicht: Wer ausschlägt, hat keinerlei Anspruch mehr auf irgendetwas aus dem Erbe. Auch nicht auf den gesetzlichen Pflichtteil (→ Seite 193) für Ehepartner oder Kinder. Wer sich vorher schon vermeintliche Kleinigkeiten aus dem Nachlass gesichert hat, muss sie den rechtmäßigen Erben zurückgeben. Schlagen alle Erben aus, erbt der Staat.

Getrübtes Erbe: Vorsicht vor Pflegekosten

Vor dieser Herausforderung steht Oda. Eigentlich rechnet sie damit, nach dem Tod ihres Vaters das Reihenhaus ihrer Eltern zu erben. Aber sie überlegt schon jetzt: Erben und ganz entspannt den Geldsegen verplanen? Das ist keine gute Idee, wenn der Verstorbene in einem Pflegeheim gelebt hat und die Kosten dafür nicht alleine tragen konnte.

Noch reichen Rente und die Rücklagen ihres Vaters, um den Eigenanteil für Pflege und Unterkunft aufzubringen. Die Frage ist: Wie alt wird er werden? Denn wenn seine Einkünfte und das Ersparte nicht mehr reichen, wird sein örtliches Sozialamt die Differenz übernehmen. Oda weiß: Das Amt kann unter bestimmten Voraussetzungen von ihr als Tochter das Geld zurückverlangen. Denn Sozialhilfeträger dürfen alle Leistungen, die in den letzten zehn Jahren vor dem Erbfall gezahlt wurden, zurückfordern. Für viele Erben ist dieser Erbenregress oft eine böse Überraschung. Mit dem Erlös aus dem Verkauf des geerbten Hauses müsste Oda erst die Rückforderungen begleichen.

Aus Steuerzahlersicht ist das durchaus vernünftig. Schließlich ist die Solidargemeinschaft für die hohen Kosten der Pflege und Heimunterbringung des Verstorbenen eingesprungen. Wer die Immobilie erbt, soll dann auch zumindest einen Teil der vom Staat übernommenen Pflege- und Heimkosten zurückzahlen. Das Bundessozialgericht nimmt lediglich Härtefälle von dieser Regel aus.

Geerbt – Was tun?

Sie sind in der glücklichen Lage, Kapital geerbt zu haben, das Sie nun anlegen möchten? So, dass es Zinsen bringt? Mit mehr oder weniger Risiko? Damit wären wir wieder bei den beiden ersten Kapiteln dieses Ratgebers – wohin mit dem Geld?

Auch Sie haben viele Möglichkeiten, Ihr Erbe nicht nur zu erhalten, sondern zu mehren. Trauen Sie sich. Geld anlegen macht mehr als Freude. Es macht Sie auch nachhaltig finanziell unabhängig.

Beispiele gewünscht?

Für die junge Berufsanfängerin Elif wäre das Kapital am Aktienmarkt gut investiert, zum Beispiel in kostengünstigen ETFs. Noch wichtiger wäre eine Berufsunfähigkeitsversicherung, die sie auch aus dem Erbe bestreiten könnte.

Für die Mütter Julia und Katharina, die ihre Kinder betreuen und dafür im Beruf kürzertreten, wäre ein Produkt mit längerem Anlagehorizont die richtige Wahl, um damit ein Polster für die geringeren Ansprüche aus der gesetzlichen Rentenversicherung zu schaffen.

Und Oda, die sich als Single um ihre Rente in zehn Jahren Sorgen macht, könnte ihr Erbe oder einen Teil davon in den Kauf von Rentenpunkten investieren.

Anhang

Adressen

Verbraucherzentrale Baden-Württemberg e. V.
Telefon: 07 11/ 66 91-10
www.verbraucherzentrale-bawue.de

Verbraucherzentrale Bayern e. V.
Telefon: 0 89/5 52 79 4-0
www.verbraucherzentrale-bayern.de

Verbraucherzentrale Berlin e. V.
Telefon: 0 30/2 14 85-0
www.verbraucherzentrale-berlin.de

Verbraucherzentrale Brandenburg e. V.
Telefon: 03 31/2 98 71-0
www.verbraucherzentrale-brandenburg.de

Verbraucherzentrale Bremen e. V.
Telefon: 04 21/1 60 77-7
www.verbraucherzentrale-bremen.de

Verbraucherzentrale Hamburg e. V.
Telefon: 0 40/2 48 32-0
www.vzhh.de

Verbraucherzentrale Hessen e. V.
Telefon: 0 69/97 20 10-900
www.verbraucherzentrale-hessen.de

Verbraucherzentrale Mecklenburg-Vorpommern e. V.
Telefon: 03 81/2 08 70-50
www.verbraucherzentrale-mv.eu

Verbraucherzentrale Niedersachsen e. V.
Telefon: 05 11/9 11 96-0
www.verbraucherzentrale-niedersachsen.de

Verbraucherzentrale Nordrhein-Westfalen e. V.
Telefon: 02 11/9 13 80-10 00
www.verbraucherzentrale.nrw

Verbraucherzentrale Rheinland-Pfalz e. V.
Telefon: 0 61 31/28 48-0
www.verbraucherzentrale-rlp.de

Verbraucherzentrale Saarland e. V.
Telefon: 06 81/5 00 89-0
www.verbraucherzentrale-saarland.de

Verbraucherzentrale Sachsen e. V.
Telefon: 0341/69 62 90
www.verbraucherzentrale-sachsen.de

Verbraucherzentrale Sachsen-Anhalt e. V.
Telefon: 03 45/2 98 03-29
www.verbraucherzentrale-sachsen-anhalt.de

Verbraucherzentrale Schleswig-Holstein e. V.
Telefon: 04 31/5 90 99-0
www.verbraucherzentrale.sh

Verbraucherzentrale Thüringen e. V.
Telefon: 03 61/5 55 14-0
www.vzth.de

Verbraucherzentrale Bundesverband e. V.
Telefon: 0 30/2 58 00-0
www.vzbv.de

Stichwortverzeichnis

A

B, C

D

E

F

G, H

I, K

L, M

Bildnachweis

zitiert nach de.statista.com:
Seite 58: boerse.de, Entwicklung des DAX in den Jahren von 1987 bis 2023, Statista, https://de.statista.com/statistik/daten/studie/199158/umfrage/jaehrliche-entwicklung-des-dax-seit-1987/
Seite 62: Statista Consumer Insights, Frauen nutzen Finanzprodukte nicht so häufig wie Männer, Statista, https://de.statista.com/infografik/31823/anteil-der-befragten-die-folgende-finanzprodukte-und-anlagen-derzeit-nutzen/
Seite 103: Assekurata. Laufende Verzinsung der Lebensversicherer in Deutschland von 2006 bis 2023, Statista, https://de.statista.com/statistik/daten/studie/168461/umfrage/ueberschussbeteiligung-der-lebensversicherer-seit-1995/
weitere Urheber: Seite 41, 65: Verbraucherzentrale NRW, Seite 80, 112: Statistisches Bundesamt, Seite 95, 97: Deutsche Rentenversicherung, Seite 120, 148, 186: Privat
Adobe Stock: S. 4, 54: Eléonore H, S. 4, 36: Kateryna, S. 5, 110: taramara78, S. 5, 11, 160: fizkes, S. 6: Grady R/peopleimages.com, S. 8: bnenin, S. 9: Anna Zhuk, S. 10, 138: Jacob Lund, S. 12: Ratko, S. 55: Musarrof, S. 88: sepy, S. 136: ABCreative, S. 182: WavebreakMediaMicro, S. 201: NDABCREATIVITY
Titel: Tom Werner/gettyimages

---

1. Auflage 2025

ISBN 978-3-86336-175-4 (Buch)
ISBN 978-3-86336-356-7 (E-Book PDF)
ISBN 978-3-86336-357-4 (E-Book EPUB)

Impressum

Herausgeber
Verbraucherzentrale
Nordrhein-Westfalen e. V.
Helmholtzstraße 19
40215 Düsseldorf
Telefon: 02 11/9 13 80-10 00
ratgeber@verbraucherzentrale.nrw
www.verbraucherzentrale.nrw

Text
Anke Henrich

Koordination und Lektorat
Dr. Mechthild Winkelmann

Fachliche Beratung
Otto Bretzinger, Astrid Broeker

Layout und Satz
Lala Majidova, Düsseldorf
www.lav-ka.de

Umschlaggestaltung
Ute Lübbeke, Köln
www.LNT-design.de

XML-Produktion
pagina GmbH, Tübingen
www.pagina.gmbh

Druck
AZ Druck und Datentechnik GmbH,
Kempten

Redaktionsschluss:
Dezember 2024